ARQUITETURA CONTEMPORÂNEA
Uma história concisa

ARQUITETURA CONTEMPORÂNEA
Uma história concisa
Diane Ghirardo

Tradução: Maria Beatriz de Medina

166 ilustrações, 40 em cores

Esta obra foi publicada originalmente em inglês com o título
ARCHITECTURE AFTER MODERNISM
por Thames and Hudson, Londres.
Copyright © 1966, Thames and Hudson Ltd.
Publicado por acordo com Thames and Hudson Ltd, Londres.
Copyright © 2002, Livraria Martins Fontes Editora Ltda.,
São Paulo, para a presente edição.

1ª edição 2002
2ª edição 2009
2ª tiragem 2020

Tradução
MARIA BEATRIZ DE MEDINA

Revisão da tradução
Jeferson Luiz Camargo
Revisões
Flavia Schiavo
Ivete Batista dos Santos
Produção gráfica
Geraldo Alves
Paginação
Studio 3 Desenvolvimento Editorial

Dados Internacionais de Catalogação na Publicação (CIP)
(Câmara Brasileira do Livro, SP, Brasil)

Ghirardo, Diane Yvonne
  Arquitetura contemporânea : uma história concisa / Diane Ghirardo ; tradução Maria Beatriz de Medina. – 2ª ed. – São Paulo : Editora WMF Martins Fontes, 2009. – (Coleção mundo da arte)

Título original: Architecture after modernism
Bibliografia.
ISBN 978-85-7827-076-6

1. Arquitetura moderna – Século 20 2. Arquitetura pós-moderna I. Título.

09-00872   CDD-724.6

Índices para catálogo sistemático:
1. Arquitetura pós-moderna : Século 20   724.6
2. Pós-modernismo : Arquitetura : Século 20   724.6

Todos os direitos desta edição reservados à
Editora WMF Martins Fontes Ltda.
Rua Prof. Laerte Ramos de Carvalho, 133 01325.030 São Paulo SP Brasil
Tel. (11) 3293.8150 e-mail: info@wmfmartinsfontes.com.br
http://www.wmfmartinsfontes.com.br

ÍNDICE

Agradecimentos .... **IX**

Introdução **1**
   Da margem ao centro **1**
   Em busca da teoria **26**
   Megaprojetos **40**

1. O espaço público **45**
   Disney assume o controle **48**
   Os espaços públicos de *shopping centers* e museus **70**
   Espaço público: um epílogo **117**

2. O espaço doméstico **123**
   IBA (Internationale Bauausstellung), Berlim **124**
   Casas para a família tradicional **151**
   Habitações multifamiliares **170**

3. A reconfiguração da esfera urbana **201**
   Ruínas industriais **202**
   Intervenções urbanas na Espanha e na França **229**
   O mundo do trabalho **245**

Notas sobre os arquitetos **271**
Bibliografia selecionada **283**
Créditos das ilustrações **291**
Índice remissivo **295**

A meus pais,
Margaret Madden Ghirardo e Joseph Ghirardo

AGRADECIMENTOS

Como acontece com a maioria dos autores, recebi vários tipos de ajuda da parte de muita gente durante a elaboração deste livro. Nikos Stangos, da Thames and Hudson, e Robin Middleton, da Universidade de Colúmbia, foram de grande paciência na espera pelo manuscrito final. Francesca Rogier, Howard Smith, John Uniak e Sally Nicholls ajudaram a encontrar fotografias em vários lugares. Robin Middleton, Denise Bratton e Margaret Crawford leram e comentaram de forma muito útil diferentes versões do livro. Stephen Fox, da Fundação Anchorage e da Universidade Rice, no Texas, submeteu o manuscrito a uma leitura particularmente rigorosa e, embora eu tenha me aferrado teimosamente a alguns pontos, muitas sugestões suas foram incorporadas ao texto. Na revisão do manuscrito final, Emily Lane não só me salvou de alguns erros como, em vários casos, contribuiu com idéias brilhantes, em particular na seção sobre as docas de Londres. Para Emily, agradecimentos especiais. Aaron Hayden expressou visualmente, com muito zelo, os argumentos apresentados no livro.

Os alunos presentes a um seminário de pós-graduação na Universidade Rice, na primavera de 1995, aguçaram minhas idéias a respeito do espaço público, e a platéia presente a conferências na Universidade de Houston, na Universidade da Colúmbia Britânica, na Universidade Rice e na Universidade da Califórnia, em Berkeley, fez críticas estimulantes. Diane Beckham, Ireen Brooks e Christine

Hess, da Associação de Escolas Superiores de Arquitetura, e Valezra Earl, da Universidade do Sul da Califórnia, prestaram apoio logístico em momentos de importância crucial. Morris Adjmi, Barbara Allen, Armando e Marina Antonelli, Justin Antonin, Lee Buckley, Frances Chamberlain, Mike Davis, Faiza Al-Hassoun, Richard Ingersoll, Carlos Jiménez, Lars Lerup, Sandra Macat, Mark Mack, Karen McCauley, John McRae, Vince Pecora, Nicole Pertuiset, Margaret Power e Sophie Spalding ofereceram sua amizade e participação em estimulantes discussões sobre arte, arquitetura, pós-modernismo e outros temas importantes, enquanto eu pesquisava e escrevia. Wil Bailey, Brad Brown, Richard Loring e Brad Surber, da Archetype, reconstruíram maravilhosamente minha casa depois do terremoto de 1994 em Northridge.

    Escrevi este livro durante dois anos dos mais difíceis de minha vida. Foram o amor e o apoio de Rachel, Joe, Natasha, JoAnn, Ferruccio, Vittoria e Carlo Trabalzi, além de meus pais, que me deram a força de que necessitei.

INTRODUÇÃO

DA MARGEM AO CENTRO

O período posterior a 1965 abriu caminho para uma abordagem da arquitetura que veio a ser conhecida como pós-modernismo, de início nos Estados Unidos e depois em todo o mundo industrializado. O pós-modernismo é um conceito diversificado e instável que tem denotado abordagens estéticas específicas na crítica literária, na arte, no cinema, no teatro e na arquitetura, sem falar na moda e nos conflitos armados. Em 1995, o *New York Times* definiu a guerra da Bósnia como uma "guerra pós-moderna" na qual civis e forças armadas já não se distinguem, o armamento sofisticado quase não tem papel algum a desempenhar e pequenos grupamentos informais, como milícias ou grupos tribais, substituem o Estado. É difícil lidar com essas guerras e dar-lhes fim através de negociações, porque já não existe a autoridade central.

No domínio da filosofia e da ciência política, o pós-modernismo também pode remeter à epistemologia ou a modos determinados de reflexão e conhecimento, ou mesmo a caracterizações específicas da economia política e das condições sociais do final do século XX. O fato de ser uma categoria instável é uma de suas características inerentes em estética e epistemologia, uma vez que os teóricos do pós-modernismo lhe atribuíram a rejeição da possibilidade de unidade de forma ou ideologia. A definição do significado de pós-modernismo varia entre os campos e até entre os autores. Na arquitetura, suas conotações mudaram consideravelmente entre 1970 e 1995. É digno de nota que poucas idéias da economia política ou da sociologia passaram para a arquitetura, especialmente as do equivalente econômico e social do pós-modernismo, isto é, o pós-fordismo (ver adiante, p. 37). Em vez disso, no último quarto de século teorias do conhecimento e da estética, vindas de outras disciplinas, infiltraram-se na arquitetura praticamente sem relação com outras forças talvez mais importantes.

Nesses campos, o pós-modernismo apresenta características comuns, tais como a rejeição da visão de mundo unitária incorporada ao que chamamos de narrativas mestras, ou seja, os grandes sistemas de explicação, inclusive os da maioria das religiões e grupos políticos ou os de Karl Marx e Sigmund Freud. Enquanto as forças da modernização do início do século XX tendiam a obscurecer diferenças locais, regionais e étnicas, o pós-modernismo concentra-se precisamente nessas diferenças e traz para primeiro plano o que fora marginalizado pelas culturas dominantes. Talvez isto seja mais bem exemplificado pela ênfase renovada nos estudos étnicos e feministas, com a finalidade de dar atenção a vozes que tradicionalmente não têm sido ouvidas. Em outras disciplinas, há variantes do pós-modernismo que causaram impacto na arquitetura, como o pós-estruturalismo e a desconstrução, que discutirei mais adiante nesta Introdução.

Na arquitetura, em geral, o pós-modernismo é compreendido como fenômeno estilístico. Em primeiro lugar, porém, deveria ser entendido no contexto daquilo a que o movimento se opôs e, em segundo lugar, daquilo que afirmou. O próprio termo pós-modernismo indicava a distinção que os entusiastas da nova abordagem pretendiam fazer no início da década de 70: uma arquitetura diferente e sucessora do modernismo, que muitos já começavam a considerar anacrônico. Os melhores registros acadêmicos dessa transformação da arquitetura foram publicados por Kenneth Frampton, Mary McLeod, Magali Sarfatti Larson e Heinrich Klotz.

Em boa medida, como observam Frampton e McLeod, os primeiros polemistas favoráveis ao pós-modernismo e contrários ao movimento moderno apresentaram uma caricatura daquilo a que se opunham, ou seja, a elaboração formal do modernismo e suas pre-

1. Louis Kahn, Instituto Salk, La Jolla, Califórnia, 1959-65.

missas sociais e políticas subjacentes. Ficariam isentos desta crítica edifícios como o Instituto Salk, em La Jolla, Califórnia (1959-65), de Louis Kahn, que a muitos parece transcender os piores fracassos do modernismo da década de 60 nos Estados Unidos, sobretudo a fetichização da estrutura e da tecnologia. Majestosamente localizado defronte ao Oceano Pacífico, o Instituto Salk demonstrou toda a gama de interesses formais de Kahn: sistemas mecânicos e de serviço integrados e instalados em andares separados entre os laboratórios, a exploração de "vazios positivamente expressos". Kahn respondeu ao programa relativamente simples com a proposta de uma divisão espacial de funções, com escritórios isolados dos laboratórios para estudo e pesquisa solitária e salas de reuniões separadas. Deixou claros e visíveis os aspectos funcionais do programa ao mesmo tempo que celebrava o local e seu tratamento virtuosístico do concreto armado.

O movimento moderno teve seu florescimento mais rico e atingiu o maior prestígio histórico nas décadas entre as duas Guerras

Mundiais, quando nasceu com um espírito de renúncia ao velho mundo, um compromisso de se voltar para as necessidades habitacionais das massas e um entusiasmo de explorar o potencial arquitetônico de materiais e tecnologias muitas vezes desprezados pela geração anterior. Exigiu a energia de arquitetos talentosos e dedicados em toda a Europa, embora representasse as idéias de um grupo de arquitetos relativamente marginal e socialmente homogêneo e só resultasse em uma quantidade modesta de edifícios.

Embora marcadas por ênfases diversas – de um lado, o determinismo tecnológico e, de outro, a idéia de auto-expressão estética – as idéias de muitos arquitetos modernistas mantiveram, como constante básica, a crença no poder da forma para transformar o mundo, ainda que geralmente vinculada a alguns objetivos amplos e vagos de reforma social. Os arquitetos acreditavam de forma apaixonada que a falta de moradias e outros problemas sociais poderiam ser resolvidos com o uso das superfícies lisas, polidas a máquina, e do racionalismo estrutural da arquitetura moderna. Esses pressupostos constituíam o embasamento ideológico dos projetos urbanos de Le Corbusier para Paris, Marselha e norte da África, mas também de seus projetos menores de residências particulares, como a Villa Savoye.

Em meados da década de 30, a doutrina do movimento moderno era eclipsada, em vários locais, pela modernidade interpretada como um classicismo monumental, estimulada em parte pelo interesse e pelo patrocínio do governo da Rússia soviética, da Alemanha nazista, da Itália fascista e dos Estados Unidos. Incentivado por isso e pelo exílio de grandes expoentes alemães do modernismo, como Ludwig Mies van der Rohe, Walter Gropius e Erich Mendelsohn, encorajado pelo apoio entusiasmado de importantes historiadores como Sigfried Giedion, Nikolaus Pevsner e Henry-Russell Hitchcock, e, finalmente, pela explosão de construções do pós-guerra, o movimento moderno adquiriu um significado mítico muito maior que suas realizações concretas de antes da Segunda Guerra Mundial.

O movimento moderno não foi alimentado apenas pela nova tecnologia e pela rivalidade entre gerações, mas também por concepções bastante específicas do papel da arquitetura e da fonte da forma arquitetônica. Mary McLeod e Alan Colquhoun exploraram, de modo frutífero, as várias correntes de pensamento características do movimento moderno sobre a questão de como a forma arquitetônica é gerada. De um lado, alguns arquitetos enfatizavam o funcionalismo e a geração da forma por um tipo de determinismo biotécnico. De outro, os arquitetos enfatizavam a intuição e o gênio do arquiteto enquanto criadores da forma. Os primeiros modernistas mais importantes – Le Corbusier, Mies van der Rohe e Gropius – conseguiram combinar as duas concepções aparentemente opostas, mas foram exceções. A ruptura entre esses dois modos de entender o modernismo tornou-se bem visível na arquitetura da década de 60. McLeod argumentou que arquitetos como Eero Saarinen e Jørn Utzon consideravam o projeto como um meio de expressão altamente pessoal, embora sua arquitetura seja mais bem compreendida como estudo das possibilidades expressivas da construção, dos materiais e do programa. Outros comentaristas, como Cedric Price e Tomás Maldonado, enfatizaram a geração quase autônoma da forma. No entanto, o que unia ambas as posições era a relativa indiferença quanto à história e à tradição, e cada uma delas atraiu seu próprio grupo de seguidores.

O modernismo adquiriu vida nova depois da Segunda Guerra Mundial, principalmente nos Estados Unidos, onde a estética do movimento moderno, polida, mecânica e sem ornamentos, voltou-se para tecnologias como as estruturas de aço e as paredes de vidro para produzir arranha-céus, prédios de escritório e centros comerciais a um custo viável. Ao mesmo tempo, a noção do arquiteto como grandioso criador de formas começou a dominar as escolas e, depois, a profissão.

Os custos reduzidos e a construção mais rápida tornaram os prédios modernistas atraentes para incorporadores e administradores urbanos, que aproveitaram a oportunidade para remodelar o centro das cidades nas décadas de 50 e 60, quando a classe média norte-americana fugiu para os subúrbios. Como parte das grandes campanhas para "revitalizar" as áreas urbanas que se tornavam despovoadas, as cidades realizaram amplos programas de renovação urbana, com moradias de aluguel a preços razoáveis e grupos de baixa renda (principalmente minorias raciais e étnicas) sendo expulsos em favor das brilhantes caixas de vidro que Le Corbusier e Mies van der Rohe haviam previsto mais de um quarto de século antes. Governos, bancos, grandes empresas e instituições culturais como os

2. Albert C. Martin & Associates, Arco Towers, Los Angeles, Califórnia, 1973.
3. John Portman Associates, Hyatt Regency Atlanta, Peachtree Center, Atlanta, Geórgia, 1967: área central com clarabóia.

museus adotaram a arquitetura moderna como sua marca, em prédios geralmente bem construídos. Mas os arquitetos ganharam crescente prestígio ao produzirem edifícios para incorporadores mais preocupados com a rapidez, o custo baixo e o efeito espetacular.

Quando a estética modernista passou de tendência marginal a corrente dominante e o mundo assimilou as atrocidades da Alemanha nazista, as bombas A e H e a possibilidade iminente de destruição nuclear, as posições políticas opostas articuladas por alguns dos principais expoentes do modernismo no período entre as grandes guerras mundiais desapareceram, principalmente nos Estados Unidos. Privados da fé na possibilidade de transformar o mundo, as esperanças e os sonhos dos primeiros utopistas, embora equivocados e parciais, foram suplantados por uma reafirmação fundamentalmente branda que, nos Estados Unidos, veio a associar-se não à rebelião, mas ao poder do capitalismo. As torres de Lake Shore Drive 860-880, em Chicago, de Mies van der Rohe (1948-51) e seu Edifício Seagram, em Nova York (1958), armaram o palco para o grande número de arranha-céus esguios e quadriculados que foram construídos nos quinze anos seguintes, com contribuições, nos Estados Unidos, de outras firmas como Skidmore, Owings & Merrill (SOM), Pereira and Associates, John C. Portman Jr., Johnson/Burgee, Albert C. Martin & Associates, Kohn Pederson Fox e Welton Becket Associates. O hotel Hyatt Regency Atlanta, de Portman (1967), em Peachtree Center, Atlanta, Georgia, exemplifica as inovações apresentadas por um arquiteto ambicioso que se tornou incorporador. Promovido como núcleo da renovação do centro da cidade, o Peachtree Center abandonou a tipologia modernista de hotéis em bloco e criou um grande átrio interno com a altura de vinte e dois andares. Num projeto reproduzido em incontáveis hotéis posteriores de Portman e de outros, todos os quartos dão para o átrio central e para os elevadores envidraçados que levam os visitantes a um restaurante giratório encimado por uma cúpula de vidro azul.

Como os hotéis em arranha-céu de Portman demonstram com tanta eloqüência, nas décadas de 50 e 60 o capital empresarial já forjara com a estética arquitetônica moderna o mesmo tipo de aliança mantido com a economia keynesiana, eliminando por completo as conotações esquerdistas e recuperando ambas com objetivos diferentes. Durante a década de 30 a comunidade empresarial americana se opusera ao projeto de John Maynard Keynes de gastos maciços para reequilibrar a economia por considerá-lo financeiramente frágil e potencialmente ameaçador para a ordem política e social. No final da Segunda Guerra Mundial, porém, os empresários haviam criado um novo consenso sobre despesas deficitárias ao imaginarem um modelo de keynesianismo, conservador e voltado para os investimentos, que servisse a seus próprios objetivos. Com essa nova parceria, o capital dos Estados Unidos começou a penetrar em todos os cantos do globo; os emblemas arquitetônicos da modernidade acompanharam outros entulhos culturais americanos, como Levi's e Coca-Cola, para a Europa, a Ásia, a África e a América Latina, onde substituíram tradições nativas locais e reafirmaram a hegemonia do capital e das instituições americanas.

Da década de 50 em diante, a confluência de interesses econômicos e estéticos disseminou-se rapidamente a partir dos Estados Unidos e tornou-se a quintessência da expressão do capitalismo empresarial em regiões distantes do globo. O sonho de padronização que animara alguns segmentos do movimento moderno realizou-se bem mais do que o esperado nas construções comerciais, e em meados da década de 60 começou a formar-se uma reação. A tarefa de repetir estruturas de aço e paredes de vidro mostrou-se pouquíssimo exigente, sobretudo em termos de criatividade. Enquanto grandes firmas como Skidmore, Owings & Merrill e C. F. Murphy Associates seguiam a direção indicada por Mies van der Rohe e produziam prédios de alta qualidade, apesar de sóbrios e imitativos, outros grupos buscavam variantes do movimento moderno de tipo bem diferente, hipercelebrações das possibilidades supostamente libertadoras do infindável desenvolvimento tecnológico. Buckminster Fuller nos Estados Unidos, o grupo Archigram na Inglaterra, o Superstudio na Itália e os metabolistas japoneses foram os exemplos mais importantes. As pesquisas pessoais de Fuller com projetos utilitários de tecnologia sofisticada, de preferência para serem produzidos em massa, datavam do final da década de 20. Ele mantinha um senso de realidade em seus projetos e reconhecia a necessidade de propor soluções viáveis para problemas sociais reais. Mas Archigram, Superstudio e, em menor grau, os metabolistas puseram fim a qualquer conexão tediosa com a realidade. Com uma série de publicações vistosas e imagens de quadrinhos e ficção científica, deixaram sua marca sem levar a sério questões sobre como as coisas seriam construídas, como suportariam a ação do tempo e quais seriam as conseqüências sociais para as pessoas destinadas a ocupar suas cidades fantásticas. Quase ninguém levou a sério Superstudio e Archigram, menos ainda os incorporadores e banqueiros responsáveis pela encomenda e pelo financiamento de projetos em estilo modernista. Ainda assim, em conjunto eles assinalaram o fim do encanto do modernismo racionalista, a reação a um estilo de construção que passou a ser visto como tedioso, indiferente às cercanias e também à própria tradição da disciplina.

Os ataques mais sérios ao Movimento Modernista tiveram impacto duradouro. Quatro livros publicados em menos de uma década assinalaram a mudança que estava por vir: *The Death and Life of*

Great American Cities*, de Jane Jacob (1961), *Complexity and Contradiction in Architecture***, de Robert Venturi (1966), *The Architecture of the City****, de Aldo Rossi (1966), e *Architecture for the Poor*, de Hassan Fathy (intitulado, na primeira edição de 1969, *Gourna: A Tale of Two Villages*). Embora seu efeito fosse sentido em épocas diversas em diferentes culturas, devido às datas de tradução e publicação, e embora também tenham surgido outros livros básicos, juntos esses quatro indicam a dimensão das mudanças de atitude em relação à arquitetura.

Jacobs contestou as idéias de planejamento de Le Corbusier e de outros projetistas do movimento moderno, assim como o programa da Cidade-Jardim de Ebenezer Howard, popularizado nos Estados Unidos por Clarence Stein, que considerou inadequado para as cidades. Louvando a heterogeneidade dos bairros urbanos e dos prédios antigos, Jacobs usou seu próprio distrito em Nova York como forma de realçar a diversidade e a vivacidade possíveis das ruas das cidades, que contrastavam com a mortificante regularidade dos projetos habitacionais para população de baixa renda que matavam a rua. Ao contrário de muitos críticos de arquitetura da época, Jacobs reconhecia a ligação entre o dinheiro das incorporações e a mudança urbana, entre as práticas financeiras e a decadência das cidades.

Alguns de seus argumentos mais eloqüentes demonstram como os projetistas seguiram a ideologia de planejamento do movimento moderno em vez de seu próprio instinto no caso dos bairros urbanos. Jacobs afirmava que a ordem oculta da rua não reprojetada sustentava uma vida urbana rica e variada, além de aumentar a segurança. Alguns dos pontos que enfatiza – a experiência vivida da arquitetura, os rituais e padrões da vida cotidiana, a rede de relações humanas que forma nossa experiência de cidade e que a arquitetura e o planejamento modernos ignoraram – só aos poucos começaram a dar frutos. Ela concluía que as cidades contemporâneas não deveriam sofrer novas e devastadoras renovações urbanas segundo os princípios equivocados do movimento moderno, e sim ser alimentadas como os espaços vitais e atraentes que realmente são.

Com a aceitação gradual das idéias de Jacobs veio uma apreciação renovada da variedade visual da paisagem urbana. Os urbanis-

* Trad. bras. *Morte e vida de grandes cidades*, São Paulo, Martins Fontes, 2000.
** Trad. bras. *Complexidade e contradição em arquitetura*, São Paulo, Martins Fontes, 1995.
*** Trad. bras. *A arquitetura da cidade*, São Paulo, Martins Fontes, 1995.

4. Frank Gehry, Escola de Direito Loyola, Los Angeles, Califórnia, 1981-84.

tas começaram a justapor elementos diferentes, em vez de buscar uma tela contínua e uniforme, e a aceitar o valor dos variados elementos existentes na cidade. A nova preferência estética chegou inclusive à construção de complexos individuais de edifícios, alcançando total fruição muito tempo depois, em um projeto como a Escola de Direito Loyola, de Frank Gehry (1981-84), em Los Angeles, onde a justaposição de volumes dessemelhantes e de cores vivas sugere um tecido urbano diferente. Para a Universidade de Castellanza (1990), Aldo Rossi não inventou a heterogeneidade, mas descobriu-a e aperfeiçoou-a. Para o campus, ele simplesmente pegou uma fábrica de tecidos abandonada e a transformou, aceitando como válidas as diferentes estruturas.

O livro de Hassan Fathy, que detalha a construção da cidade de Nova Gourna, no Egito, na década de 30, constitui ao mesmo tempo uma crônica de sua tentativa de resistir à importação de tecnologias estrangeiras de construção, que, segundo ele, fracassaram por muitas razões nas várias tentativas de atender às necessidades do Egito rural. À parte da denúncia do alto custo desses sistemas e do conhecimento técnico, que os punha fora do alcance do egípcio médio, quanto mais do pobre, Fathy também lamentava a perda dos métodos tradicionais de construção e da competência cultural causada por esta imensa onda de tecnologia estrangeira. Além de resistir à influência avassaladora de estilos e métodos ocidentais de construção, Fathy questionou a idéia do arquiteto como principalmente um projetista, defendendo, em vez disso, que se visse esse profissional como detentor e guardião da tradição, e a construção mais como expressão de cultura do que da vontade ou do ego de um indivíduo. É uma triste ironia que, apesar de insistir com persistência na crença em que seus métodos e abordagens da construção poderiam beneficiar sobretudo os camponeses, Fathy tenha terminado por dedicar-se, com poucas exceções, a projetos para os ricos em estilos tradicionais, em grande parte como expressões nacionalistas da resistência contra o poder ocidental. Apesar de sua arquitetura engajada, Nova Gourna também não conseguiu evitar que seus residentes vivessem de roubar tumbas.

5. Geoffrey Bawa, Complexo do Parlamento, Sri Jayawardhanapura, Kotte, Colombo, Sri Lanka, 1982.

O livro de Fathy assinalou a resistência generalizada ao modernismo ocidental e o confronto muitas vezes litigioso com legados coloniais em muitos países não ocidentais. Nova Gourna também evidenciou conflitos profundos de valor e uma miríade de problemas sociais e políticos subjacentes apenas parcialmente abordados pelo arquiteto de uma forma que se possa considerar emblemática de muitos projetos de prédios governamentais em todo o mundo. O Complexo do Parlamento de Geoffrey Bawa (1982), em Sri Jayawardhanapura, Kotte, Colombo, Sri Lanka, confrontou e transcendeu tanto o modernismo quanto a tradição em um edifício projetado para abrigar o parlamento de um país profundamente dividido por diferenças étnicas e religiosas. O próprio projeto envolvia a transferência do Parlamento para um lugar distante e relativamente inacessível, a fim de limitar os confrontos entre facções rivais. Construído como

6. Geoffrey Bawa, Jardins de Lunuganga, Bentota, Sri Lanka, 1950.

uma ilha cercada de lagos, alude às tradições locais de templos insulares, mas também às fortalezas das potências coloniais que sucessivamente dominaram o país. O projeto paisagístico é especialmente sensível, embora em escala muito maior do que alguns projetos extraordinários de Bawa, como os Jardins de Lunuganga, em Bentota, Sri Lanka (1950). Com o uso de imagens polivalentes e de apelos diretos à tradição no teto e na elaboração das partes em madeira, Bawa buscou produzir um prédio público que englobasse as tradições de todas as facções – aspiração mais fácil de realizar em construções do que na sociedade.

O Projeto da Praça de Habitação de Ju'er Hutong, em Pequim, China, iniciado em 1987 e ainda em andamento, incorpora idéias semelhantes às apresentadas por Fathy, mas introduz uma colaboração entre arquitetos, moradores e governo. Planejado e projetado no Instituto de Estudos Arquitetônicos e Urbanísticos da Universidade de Tsinghua, com o professor Wu Liangyong como arquiteto principal, o objetivo principal do projeto era reabilitar as residências de um bairro antigo do centro da cidade para melhorar o ambiente físico e, ao mesmo tempo, integrá-lo às exigências modernas de moradia e continuidade cultural. Também pretendia servir de modelo de reforma habitacional e de desenvolvimento de meios para incorporar a pesquisa universitária a projetos locais. Os projetistas tiveram de enfrentar problemas como superpopulação, prédios dilapidados, habitações temporárias depois do terremoto de 1976 e má ventilação. O bairro reabilitado incorpora confortos modernos à antiga estrutura através da adaptação de tipologias tradicionais, mas também por trabalhar em estreita cooperação com os moradores.

A abordagem de Robert Venturi diferencia-se da de Jacobs por voltar-se especificamente para o que ele via como construções sem sentido projetadas pelos seguidores do Movimento Modernista, independentemente de suas motivações sociais ou de seus imperativos econômicos. Sua agenda envolvia diretamente estratégias para prédios individuais e para projetos de urbanismo, em especial aqueles produzidos por uma pequena classe de arquitetos de elite. Ao passar dois anos na Itália admirando as maravilhas da Antiguidade e da Renascença com a bolsa do Rome Prize*, Venturi descobriu as ri-

---

* Este prêmio, concedido anualmente pela American Academy in Rome a jovens artistas plásticos, arquitetos, *designers*, músicos e estudantes de ciências humanas norte-ameri-

cas possibilidades da história arquitetônica. Seguindo o caminho indicado por Gropius na Bauhaus, os estudos históricos haviam sido excluídos do currículo da maioria das escolas de arquitetura nos Estados Unidos (embora não em Princeton, onde Venturi se formara). Venturi via nisso uma enorme perda para os arquitetos, pois só essa ausência poderia explicar seu persistente fascínio por caixas de vidro sem graça e pelas maçantes construções do modernismo. Opondo-se à "arquitetura moderna ortodoxa", Venturi louvava o predomínio da "vitalidade confusa sobre a unidade óbvia", da riqueza sobre a clareza de significado e, em um trecho muito citado, do "não só, mas também" sobre o "ou isto ou aquilo". Ele também insistia em que a complexidade da vida contemporânea não permitia programas arquitetônicos simplificados, razão pela qual, a não ser no caso de construções com um único objetivo, os arquitetos precisavam voltar-se para programas multifuncionais. Nesse livro e em outro posterior, escrito com Denise Scott Brown e Steven Izenour, *Learning from Las Vegas* (1972), Venturi adotou posição não muito diferente da de Jacobs ao insistir para que os arquitetos levassem em consideração e inclusive homenageassem o que já existia, em vez de tentarem impor uma utopia visionária nascida de sua própria fantasia.

7, 8

Embora a maioria de seus exemplos de uma arquitetura capaz de exprimir as idéias que prezava fossem tirados da Itália entre 1400 e 1750, ele também incluiu prédios de Le Corbusier, Alvar Aalto e Louis Kahn, o que indicava que não era ao modernismo propriamente dito que se opunha, e sim às suas versões pouco imaginativas. A primeira tentativa de Venturi de enfrentar estes problemas foi o projeto da casa de sua mãe, a Casa Vanna Venturi, em Chestnut Hill, Pensilvânia (1964), onde fez experiências com alusões históricas na fachada ao mesmo tempo que desenvolvia um interior complexo e curioso, em seguida à Guild House (1960), prédio de apartamentos para idosos em Filadélfia. Em cada caso, o projeto incorporava princípios delineados em *Complexidade e contradição*: ênfase na fachada, em elementos históricos, no jogo complexo de materiais e alusões históricas, e em fragmentos e variações.

canos, consiste em uma bolsa de seis meses a dois anos para que os vencedores do concurso possam se aperfeiçoar em sua especialidade e desenvolver algum projeto em Roma. (N. da T.)

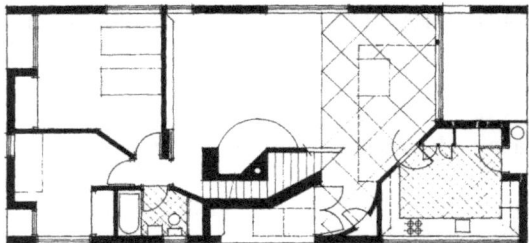

7, 8. Venturi and Short Architects (Robert Venturi e Arthur Jones), Casa Vanna Venturi, Chestnut Hill, Pensilvânia, 1964: fachada e planta-baixa.

A arquitetura da cidade do arquiteto e teórico italiano Aldo Rossi não combateu as cidades americanas devastadas pela renovação urbana, mas sim as cidades européias que sofriam os efeitos da destruição da guerra e da reurbanização do pós-guerra. Assim como Jacobs e Venturi, Rossi rejeitava o que chamava de funcionalismo ingênuo, ou seja, a idéia de alguns arquitetos modernistas de que "a forma segue a função". Seus alvos específicos eram os arquitetos que louvavam o determinismo tecnológico e desdenhavam a rica complexidade das cidades, não só de seus prédios como de sua história, formas urbanas, redes de ruas e histórias pessoais. Rossi também voltou-se para o passado, para a cidade européia, com o objetivo de identificar primeiro como as cidades cresceram e se transformaram com o tempo e, depois, como os tipos de construção participaram da evolução morfológica da cidade. Depois de estudar os elementos estruturais da cidade, Rossi propôs não um estilo, mas um modo de análise e uma abordagem da habitação urbana, de projetos e mudanças que levassem em conta histórias, padrões de mudança e de tradições específicos. Os tipos de construção formavam uma das bases sólidas de sua abordagem do desenho urbano, mas para Rossi os tipos de construção eram vistos como elementos enraizados nos costumes e hábitos de cidades específicas, ou de partes de cidades, e não como construtos abstratos independentes das condições históricas. Ele não pedia repetições, mas adaptações criativas baseadas em análises cuidadosas de cidades específicas. Em seguida Rossi desenvolveu suas idéias no Cemitério de San Cataldo, em Módena (iniciado em 1980), e na Prefeitura de Borgoricco (1982), baseando-se em tradições rurais, urbanas e arquitetônicas para seus projetos. A Prefeitura, por exemplo, localizada num campo com casas espalhadas pelas fazendas circundantes, lembra uma *villa* veneziana mas consiste nas formas compactas e muito diferenciadas de um prédio público urbano.

É útil comparar mais de perto as posições de Venturi e Rossi, porque suas diferenças de opinião são reproduzidas na arquitetura posteriormente praticada na Europa e nos Estados Unidos. Para am-

9. Aldo Rossi, projeto para a Prefeitura, Borgoricco, Itália, 1982: perspectiva vista do sul.

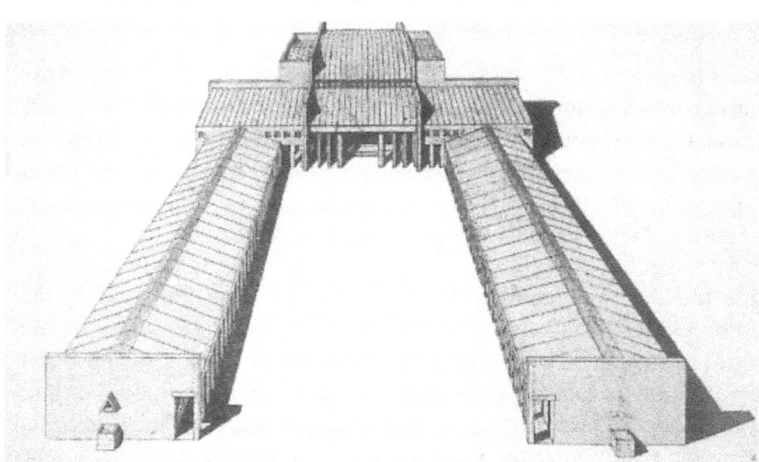

bos, o desafio da arquitetura transcende e, ao mesmo tempo, engloba as idiossincrasias dos arquitetos enquanto indivíduos, e foi com base nessa missão histórica que os dois escritores criticaram a arquitetura e o urbanismo do período posterior à Segunda Guerra Mundial. Ambos também se voltaram para o passado arquitetônico como ferramenta para devolver à arquitetura sua responsabilidade pública histórica. A diferença entre suas posições pode ser atribuída em boa parte a seus respectivos contextos. A tradição milenar de continuidade cultural urbana na Europa permitiu que Rossi ignorasse a ênfase do século XIX na história da arquitetura como uma sucessão de estilos. Esta continuidade urbana incorporava concomitantemente uma dimensão social significativa: novos prédios confirmavam e ampliavam tradições duradouras, que também incluíam a noção de que os governos eram obrigados a fornecer moradia e outros serviços aos cidadãos. A ampla estrutura dessas tradições culturais podia acomodar uma considerável invenção, além de interpretações pessoais, ao mesmo tempo em que mantinha o significado cultural geral.

Venturi adotou o ecletismo como ferramenta para fazer a crítica do modernismo americano, numa sociedade em que a experiência cultural mais ampla é determinada pela sensibilidade individual, e não pela tradição urbana milenar. Nos Estados Unidos, a cultura política que domina a Europa é substituída pela cultura do comércio e da publicidade. Em contraste, a descrição feita por Rossi da cidade como experiência que define a socialização na Europa é, nos Estados Unidos de Venturi, a cultura da comunicação. Em vez de unificar socialmente, refletir a identidade política ou reforçar identidades individuais, a cultura nos Estados Unidos consiste em símbolos alternativos por meio dos quais os indivíduos são convidados a definir-se. A inclinação de Venturi para a publicidade comercial como estrutura sobre a qual erigir a arquitetura pós-moderna encoraja, assim, uma arquitetura pessimista que transforma referências históricas em imagens esvaziadas e espacialidade ambígua. Portanto, o pós-modernismo americano tem estado fortemente associado a códigos visuais e a uma visão do público como consumidores que, sob outros aspectos, são indistintos.

Da mesma maneira, as preferências estéticas do pós-modernismo nos Estados Unidos inclinaram-se, muito mais do que as do modernismo, para a trivialidade dos quadrinhos e das embalagens. De modo mais expressivo, talvez, essa versão do pós-modernismo não pôde desenvolver possibilidades alternativas para que os arquitetos participassem profissionalmente do mundo da construção. Os críticos das condições contemporâneas em termos exclusivamente arquitetônicos também fracassaram na tentativa de desafiar a idéia de que a arquitetura é a culpada pelas limitações e pelos problemas do espaço construído. Embora Jacobs criticasse decisões arquitetônicas e urbanísticas e propusesse alternativas arquitetônicas e urbanísticas, sua crítica era muito mais abrangente e incluía uma compreensão muito mais matizada das causas da degradação urbana.

Embora o estudo de Jacobs só tenha exercido uma influência gradual sobre urbanistas e arquitetos e, da mesma forma, só muito lentamente Fathy tenha conquistado seguidores para sua abordagem no mundo islâmico, Venturi e Rossi logo atraíram um grupo de arquitetos com pensamento semelhante ao seu. Apesar das diferenças, Vittorio Gregotti, Giorgio Grassi e os arquitetos Mario Botta, Bruno Reichlin e Fabio Reinhardt, da escola de Ticino, de um grupo informal conhecido como Tendenza, seguiram Rossi na rejeição ao impulso universalizador do racionalismo modernista e na valorização das fontes históricas. Com graus variáveis de credibilidade, pretendiam recuperar e enfatizar tradições e materiais de construção locais e respeitar o tecido urbano histórico. A arquitetura seca e tensa de Rossi, baseada em volumes geométricos e tradições arquitetônicas populares abstratas, tornou-se a proposta dos outros arquitetos do norte da Itália e de Ticino. Talvez porque os prédios comuns italianos sejam muito pouco ornamentados, seus próprios projetos, pelo menos até o início da década de 80, dependiam menos da evocação de estilos históricos aristocráticos, através da ornamentação, do que os projetos dos pós-modernistas americanos.

A modesta casinha de Vanna Venturi anunciou uma tendência que logo encontraria seguidores nos projetos habitacionais dos Estados Unidos. Venturi e sua parceira Denise Scott Brown defenderam, nas décadas de 70 e 80, que a tarefa do arquiteto era transmitir significado ao público em geral, quer no projeto de uma casa, quer no de um edifício público. Para Venturi e Scott Brown, "o povo" transformou-se no detentor móvel do significado, passando a ser visto como autoridade em *Learning from Las Vegas* (1972) ou nas discussões em defesa de seus projetos decorativos. No entanto, quando o povo assumiu a forma de comissões de aprovação de projetos, foi descartado como um bando de idiotas e bufões. Michael Graves e Robert A. M. Stern também tentaram abordar o gosto popular em projetos com espantosas cores pastel e inspiração histórica ousada. Na verdade seu trabalho, como o do escritório de Venturi, apelava à sensibilidade do público bem informado sobre arquitetura e não à massa do público. Apesar de suas afirmações polêmicas e populistas, os arroubos ecléticos em nome do populismo parecem, em vez disso, pouco mais que o triunfo do gosto pessoal do arquiteto e sua capacidade de convencer uma classe de clientes ricos a aceitá-lo, sobretudo porque as obscuras alusões históricas só podiam ser decifradas por uma pequena elite de clientes e outros amantes da arquitetura.

No início da década de 70 as estratégias de projeto defendidas por Venturi já tinham nome – pós-modernismo – e uma lista de seguidores importantes, que incluía tanto Charles Moore quanto Robert Stern. Na Casa Burns em Santa Mônica, Califórnia (1974), de Burns, e na contemporânea Residência Lang, em Washington, Connecticut, os arquitetos apresentaram afirmações igualmente populistas em projetos que, em essência, propunham um programa estreitamente estetizante e historicista. Dominadas por tons pastel e colagens irreverentes de revestimentos aplicados com delicadeza e adornados com elementos históricos, essas misturas aparatosas acenderam o entusiasmo de jovens profissionais em ascensão por projetos para suas próprias residências e também, em especial, de incorporadores de *mini-malls* (pequenos centros comerciais) e *shopping centers* de beira de estrada nos Estados Unidos. No sul da Califórnia, bairros inteiros de casas exuberantes com referências historicistas, construídas por especuladores e inspiradas naqueles projetistas, pareceram brotar da noite para o dia. A Bienal de Veneza de 1980, organizada por Paolo Portoghesi, mostrou que o movimento se espalhara para fora dos Estados Unidos, não só para a Europa, com projetos de Portoghesi na Itália, de Christian de Portzamparc na França e de Ricardo Bofill na Espanha, mas também para o Extremo Oriente, com obras de Takefumi Aida e Arata Isozaki no Japão, principalmente o Museu de Artes Gráficas de Okanoyama, em Nishiwaki, Hyogo (1982-84), com seus pilares maciços de concreto na fachada que lembra um templo, galerias que se estendem como

10. Charles Moore, Casa Burns, Santa Mônica, Califórnia, 1974.

11. Robert A. M. Stern, Residência Lang, Washington, Connecticut, 1974.

12. Arata Isozaki, Museu de Arte Moderna da Prefeitura de Gunma, Takasaki, Japão, 1974.

os vagões de um trem, pódios com aspecto rústico e tons pastel. Foi um contraste marcante com o Museu de Arte Moderna da Prefeitura de Gunma, modernista e de acabamento polido, em Takasaki (1974), obra anterior de Isozaki, um ensaio em painéis de alumínio de variações sobre o cubo.

Como revelam os projetos de Isozaki, a abertura à tradição não levou invariavelmente a versões grandiloqüentes do classicismo. Nos Estados Unidos, a Residência Spear em Miami, Flórida (1976-78), da firma Arquitectonica, com seu ousado esquema cromático a enfatizar os volumes dramáticos do interior, marcou o esforço de casar as cores vivas do Caribe com a frieza do modernismo. Hans Hollein, na Áustria, adotou uma abordagem diferente que enfatizava projetos muito elaborados, quase jóias, que se propunham a problematizar o próprio objeto de sua arquitetura, como na Agência Austríaca de Viagens em Viena (1978).

13. Hans Hollein, Agência Austríaca de Viagens, Opernringhof, Viena, Áustria, 1978.

A chamada "volta à História" atraiu defensores ainda mais ardentes do que o pós-modernismo durante as décadas de 70 e 80. Quinlan Terry, Alan Greenberg e Leon Krier pregaram a volta ao classicismo acadêmico. Em diferentes contextos, Krier defendeu o retorno não só à arquitetura clássica, como também aos princípios de planejamento urbano anteriores ao século XX. Parte do apelo de sua proposta de uma nova arquitetura e um novo urbanismo devia-se a sua negação total de tudo o que acontecera às cidades, à arquitetura, à acumulação de capital ou às finanças desde a Revolução Industrial. A hábil eliminação da discórdia por Krier tornou seus alegres esboços de um mundo orgânico tão atraentes quanto os quadrinhos de Disney, e não menos indiferentes às complexidades do mundo moderno. Os princípios urbanos que Krier articulou tiveram uma evolução mais substancial nas mãos de arquitetos como Elizabeth Plater-Zyberk, Andrés Duany e Stephanos Polyzoides. Com o surgimento de seguidores, fundaram em 1993 uma organização, Congress on New Urbanism (Congresso sobre o Novo Urbanismo), para defender projetos urbanos e suburbanos em escala muito mais modesta, com mais variedade visual e maior tolerância a estilos diferentes do que no planejamento modernista. No entanto, associado

14, 15. Arquitectonica, Residência Spear, Miami, Flórida, 1976-78.

24 ARQUITETURA CONTEMPORÂNEA

16. Cees Dam, Prefeitura, Almere, Holanda, 1986.

16, 17

a esses projetos urbanos havia um conjunto de imagens sociais nostálgicas e separatistas que eram vistas com desprezo por muitos críticos e arquitetos – e com entusiasmo por clientes de classe média. Talvez o esforço mais bem sucedido na criação de uma nova cidade, apesar de fora dos princípios do Novo Urbanismo, seja Almere, na Holanda, perto de Amsterdam, à margem do Zuider Zee. A cidade foi planejada por Teun Koolhaas, teve sua Prefeitura projetada por Cees Dam e os prédios de apartamentos por Herman Hertzberger e outros arquitetos importantes. Em escala proporcional aos pedestres, mas atenta a outras formas de transporte, de bicicletas a automóveis, Almere aspira a ser uma cidade onde se possa viver e que respeite os padrões holandeses tradicionais de vida e trabalho e as tradições arquitetônicas, mas também as transformações modernas. Com certeza, uma importante diferença encontra-se não na arquitetura, mas no compromisso da Holanda com a habitação decente de baixo custo para todos os seus cidadãos: não há em Almere a segregação espacial de classe e renda tão característica das comunidades residenciais planejadas dos Estados Unidos. Na década de 70, os projetistas pós-modernos produziram cada vez mais panfletos (e alguns edifícios) contra o que veio a tornar-se uma versão caricatural do modernismo. Ignoraram os expoentes do modernismo das décadas de 20 e 30, que tinham atacado as instituições arquitetônicas burguesas e elitistas, e ridicularizaram a esperança modernista de que uma estética inovadora pudesse ser acompanhada por transformações sociais. Na verdade, a crença de que novas formas arquitetônicas seriam suficientes para melhorar o mundo parece hoje no mínimo ingênua. No entanto, os pós-modernistas que desdenharam os objetivos utópicos que os modernistas queriam alcançar por meio da forma incorreram em pelo menos dois grandes erros. Em primeiro lugar, com o passar do tempo, no final da década de 70 e ao longo da década de 80 eles abandonaram toda aspiração de mudança social, não só por meio da forma, mas em todos os sentidos. Embora em alguns casos os pós-modernistas tenham feito alianças com preservacionistas para conservar prédios antigos, isso foi relativamente raro; durante a explosão imobiliária dos impetuosos anos 80, as alianças com outras forças para melhorar a habitação foram a exceção, não a regra. A preocupação com a

17. Teun Koolhaas: uma rua de Almere, planejada em 1970.

ecologia ou com a conveniência de se construir em áreas geologicamente inadequadas sofreu uma marginalização ainda maior. Em toda a Europa e nos Estados Unidos, muitos dos ousados projetos pós-modernistas da década de 80 não pareciam incorporar sonho algum além de riqueza e poder.

O segundo erro foi que os adversários do modernismo utópico ainda acreditavam no poder da arquitetura de transmitir significado, como nas obras dos pós-modernistas de orientação populista, ou de criticar a sociedade contemporânea por meio da forma, como no caso de arquitetos como Peter Eisenman, com sua série de casas numeradas. Assim, paradoxalmente, reafirmavam o poder da forma, junto com seu próprio poder enquanto arquitetos, ao mesmo tempo em que ridicularizavam as aspirações utópicas dos primeiros modernistas. Talvez a continuidade fundamental entre arquitetos modernistas e pós-modernistas provenha da reafirmação do poder da forma e, daí, da primazia do projeto, até a exclusão de outras estratégias para a melhoria das cidades e das condições de vida. É evidente que o projeto deve ser um componente de qualquer programa urbanístico, mas não pode ser isolado de forma frutífera.

EM BUSCA DA TEORIA

Apesar dos violentos ataques aos antecessores e de sua própria celebração dos estilos históricos, os projetistas responsáveis pela nova onda de edifícios pareciam incapazes de criar uma teoria mais rica – ou seja, algo diferente do antimodernismo – para embasar suas próprias práticas. Nos Estados Unidos e na Europa, os debates sobre o pós-modernismo na década de 70 mantiveram-se exclusivamente no nível do estilo e, em alguns casos, da rejeição explícita de toda preocupação social. Os que defendiam o compromisso com o modernismo faziam-no muitas vezes alegando elevadas razões morais, em geral vinculando sua posição aos relatos apenas parcialmente verdadeiros da supressão do modernismo por regimes totalitários durante a década de 30. Também faziam afirmações sobre a lógica tectônica superior de seus projetos, a maior honestidade na expressão da estrutura e a elevada fidelidade aos imperativos dos materiais e da tecnologia contemporâneos. Nos Estados Unidos, uma vertente desse grupo, conhecida como os "Brancos", incluía Peter Eisenman, Richard Meier, Michael Graves e Charles Gwathmey, que seguiam estritamente a estética arquitetônica pura e polida do modernismo. Por outro lado, os "Cinzentos", Venturi, Moore e Stern, rejeitavam cada vez mais, como vimos, a aparência branca em favor de estilos históricos e elementos arquitetônicos. Outras posições historicistas foram defendidas na Europa por Paolo Portoghesi, Quinlan Terry e Leon Krier. Apesar de suas disputas ocuparem muitas páginas de revistas de arquitetura na década de 70, seus debates, como os dos modernistas da década de 30, ficavam à margem dos processos reais de encomenda, financiamento e construção de prédios.

O Edifício Portland, em Portland, Oregon (1980), de Michael Graves – que, durante a década de 70, abandonou gradualmente os Brancos em favor da vertente Cinzenta, cada vez mais em tons pastel – serve de protótipo da assimilação do pós-modernismo pela corrente dominante na arquitetura americana. Graves ganhou o concurso para a execução de um novo prédio administrativo da cidade devido, em parte, à presença de um partidário, Philip Johnson, no júri que avaliou os projetos. A um simples bloco cúbico que se eleva sobre um pódio, pontilhado de pequenas janelas quadradas, Graves adicionou festões, um padrão em pirâmide invertida delineado no revestimento, elementos arquitetônicos ampliados, tais como aduelas, e a figura de Portlândia moldada em massa elevando-se sobre a entrada. Como Robert Venturi, Graves também conquistara um Rome Prize que lhe permitiu estudar em primeira mão a arquitetura italiana. Quando abandonou os Brancos, foi para incorporar uma interpretação muito maneirista, para não dizer preciosista, de elementos decorativos clássicos e italianados em projetos de configuração simétrica, como o Edifício de Escritórios Portland. O esquema decorativo, de ousadia incomum e intenso cromatismo, fazia referência explícita à história arquitetônica italiana e provocou discussões polêmicas e apaixonadas sobre a adequação do estilo e das cores no contexto de um atraente centro urbano.

A casa de Frank Gehry em Santa Mônica (1978), apesar de mais provocante no uso pouco ortodoxo de materiais e de imagens toscas, despertou muito menos controvérsia. Na verdade, alguns críticos a descartaram como má arquitetura. Talvez o tamanho modesto

18. Michael Graves, Edifício Portland, Portland, Oregon, 1980.

19. Anton Alberts e Max van Huut, sede do Banco NMB (hoje ING), Amsterdam, Holanda, 1984.

da casa tenha contribuído para sua aceitação, mas Gehry não propôs uma teoria da arquitetura nem assumiu uma posição polêmica como a de Graves. Embora ambas as construções ficassem na costa oeste dos Estados Unidos, Graves, como professor de Princeton, ex-membro dos New York Five e figurinha fácil nas publicações de arquitetura da costa leste, gerou, dentro da profissão, muito mais controvérsia do que Gehry.

Do ponto de vista da década de 90, é espantosa a indiferença demonstrada nesses debates a tudo que extrapole as questões estéticas. Com algumas notáveis exceções, os arquitetos e a maioria de suas publicações ignoraram as conseqüências da construção de arranha-céus no centro das cidades, o crescimento dos subúrbios, as construções precárias na periferia das grandes cidades internacionais, a construção de parques de escritórios e questões como ecolo-

20. Frank Gehry, Casa Gehry, Santa Mônica, Califórnia, 1978.

gia, materiais tóxicos e degradação do meio ambiente, que condicionaram a transformação da paisagem em todo o mundo. A sede do Banco NMB (hoje ING) em Amsterdam (1984), de Anton Alberts e Max van Huut, por outro lado, veio de um dos muitos escritórios locais, pequenos porém sérios, que se preocupavam com suas comunidades. Dez unidades revestidas de tijolos rendem homenagem à tradição holandesa de construção, e um sistema solar passivo responde a preocupações ecológicas. Uma das melhores qualidades do prédio é que apresenta uma variedade de fachadas que dão para a rua e abre uma agradável praça no local. Com muita freqüência, os principais protagonistas dos debates arquitetônicos fizeram pouco dos que levantavam questões sobre tais assuntos. Seduzidos pelo dinheiro fácil disponível no grande jogo monopolista que caracterizou a era Reagan-Thatcher, ficou fácil, tanto para os arquitetos como para outros profissionais, ceder com voracidade aos ditames da expansão inconseqüente. Assim como os modernistas formularam teorias para embasar suas concepções tecnológicas e formais, alguns pós-modernistas da década de 80 buscaram uma estrutura teórica na qual pudessem encaixar seus projetos auto-referentes e indiferentes à sociedade. Na falta de idéias vindas da própria arquitetura, voltaram-se para outras disciplinas.

Depois da Segunda Guerra Mundial, a pesquisa nas disciplinas humanistas da antropologia, da filosofia e da crítica literária voltou-se para os problemas da linguagem. Os temas considerados envolviam a análise das estruturas históricas, científicas e filosóficas daquilo que era imprecisamente chamado de "Ocidente" – uma entidade coerente identificável em termos geográficos e filosóficos. A partir da década de 60, com sua origem primeiro nos textos do antropólogo e estruturalista Claude Lévi-Strauss e, depois, nos de Michel Foucault e Jacques Derrida, dois movimentos tomaram forma: o pós-estruturalismo e a desconstrução. Ambos tiveram um impacto imediato sobre as discussões a respeito da arquitetura e, a seguir, sobre o próprio processo de construção. Embora os movimentos tenham afetado com maior força o discurso e a prática arquitetônicos na Europa ocidental e nos Estados Unidos, sua influência também se estendeu para outras regiões do mundo. Ainda assim, é importante ter em mente o viés fortemente eurocêntrico do pós-modernismo nesta versão e nas anteriores.

Uma das áreas mais importantes em que o pós-estruturalismo e a desconstrução tinham algo a oferecer ao mundo da arquitetura dizia respeito às questões do significado e de como os indivíduos ordenam o mundo. Na ausência de uma visão social atraente e sob o ímpeto da exigência dos pós-modernistas historicistas de que a arquitetura expressasse significado e se comunicasse, os pós-modernistas que achavam impossível adotar o ecletismo histórico em busca de inspiração arquitetônica encontraram uma saída na adoção dos pressupostos teóricos do pós-estruturalismo e da desconstrução. Para compreender isso, precisamos examinar o aspecto do estruturalismo que exerceu maior impacto sobre a arquitetura. Entre outras coisas, os estruturalistas buscavam entender como se produz o significado. Lévi-Strauss caracterizou o significado e os mecanismos que o produzem como independentes de quaisquer idéias preexistentes, e com certeza fora do controle do indivíduo. Isso, então, exigia estudos que procurassem ir além do tema, voltando-se para aquilo que se via como um conjunto universal de mecanismos – em resumo, mecanismos que são imutáveis independentemente das particularidades dos indivíduos.

Na arquitetura, isso levou a um enfoque igualmente insistente do significado: é importante que a questão não era analisar como se produzia o importante, mas sim investir o arquiteto da responsabilidade de criar edifícios que irradiassem significado. No final da década de 70 e início da de 80, considerava-se que estruturas cobertas de motivos históricos passíveis de reconhecimento, como o Edifício AT&T, de Johnson/Burgee, em Nova York (1978-84), ou o Edifício Portland, de Grave, transmitiam significado apenas em virtude de sua apropriação de símbolos históricos reconhecíveis. Em sua tradução, portanto, a idéia de significado estreitou-se para ser entendida não como esfera de ação da sociedade em geral, nem mesmo do cliente, mas sim do arquiteto, tornando-a restrita e não universal como haviam desejado os estruturalistas.

Um aspecto do enfoque sobre o significado aflorou em narrativas de perda na obra de Alberto Pérez-Gómez e Manfredo Tafuri. Embora suas idéias se expressassem em termos de agressiva contemporaneidade, esses teóricos seguiram os passos de alguns dos teóricos mais nostálgicos da arquitetura do século XIX, de A. W. N. Pugin e John Ruskin a William Morris, ao proporem a Idade Média como o último momento de uma verdadeira arquitetura, menos por causa de preferências estéticas do que pelo desejo de recuperar um mundo idealizado e mais simples, de hierarquia ordenada, responsabilidades recíprocas e harmonia social. Além da leitura seriamente equivocada da história medieval e apesar de seu próprio ativismo social ou religioso, esses teóricos forneceram justificativas para

21. Johnson/Burgee, Edifício AT&T, Nova York, 1978-84.

que arquitetos posteriores dessem as costas aos problemas do mundo real e encontrassem refúgio em exóticos exercícios formais.

Tanto na crítica literária quanto na arquitetura, o "pós" de "pósmoderno" indicava inicialmente uma posição posterior e além do modernismo. Na verdade, porém, em ambos os casos o "pós" referia-se a uma série de práticas ainda muito ligadas ao modernismo. Na década de 70 Peter Eisenman, seguindo as teorias de Noam Chomsky, tentou produzir uma metodologia de projeto alinhada com a busca estruturalista do universal e do "estrutural", que, para Eisenman, significava uma estratégia de composição que fosse completamente autônoma, ou seja, independente da vontade do produtor específico, e universal. Isso demonstrava a ansiedade dos teóricos arquitetônicos norte-americanos, que ansiavam por uma base intelectual mais sólida para a arquitetura. Parecia que, se fosse possível encontrar teorias tiradas de outros campos que funcionassem na arquitetura, a posição desta como disciplina acadêmica seria revigorada. Vale a pena repetir que o número de arquitetos e educadores interessados em aplicar novas estruturas teóricas à arquitetura era extremamente pequeno e marginal. Mas sua presença no discurso arquitetônico mais amplo não o era. Por meio de periódicos como *Perspecta*, *Oppositions* e *Harvard Architectural Review*, e através de uma sucessão exaustiva de conferências e exposições, os que estudavam teorias lingüísticas adquiriram uma importância muito maior que a de sua produção arquitetônica.

Através deles, as teorias de Derrida e Foucault, principalmente as do primeiro, começaram a penetrar o mundo da arquitetura. Derrida concordava em essência com os estruturalistas a respeito das fontes do significado, mas seus argumentos passaram a abordar a tradição ocidental que, segundo ele, sempre funcionara a fim de dar a entender que as bases estruturais do significado poderiam ser elucidadas. Derrida afirmava que tal fundamento, fosse ele Deus, a natureza, a história ou a ciência, não existe, mas os estudos filosóficos foram sempre realizados com base nesse pressuposto subjacente. Portanto, os significados dos textos são infinitos e dependem de outros textos. Sua crítica desconstrutivista propunha a reaplicação contínua dessa estratégia analítica às grandes obras da tradição ocidental. Por exemplo, ele insistia na incoerência fundamental dos textos em lugar de uma ordem básica e subjacente, e rejeitava a noção de uma relação transparente entre os objetos e a linguagem que usamos para descrevê-los. O significado também não é gerado pela intencionalidade humana, mas sim pela própria ausência de estabilidade na linguagem. Portanto, a simples noção de representação com a qual trabalhamos normalmente é questionada pela linguagem e, como afirmavam os entusiasmados adeptos no campo da arquitetura, também pelos objetos arquitetônicos. Entre outras grandes falhas, a filosofia de Derrida supunha uma noção unitária de "Ocidente" ou "ocidental" que suas próprias teorias e argumentos tornavam problemática. Para tornar válida sua crítica, ele precisou considerar que este era um sistema totalizador que poderia desdobrar repetidamente em suas análises. A aceitação de Derrida foi auspiciosa, pois abriu as portas a estudos do feminismo, do imperialismo e do racismo, embora a maioria de seus seguidores copiasse seu exemplo e preferisse reflexões abstratas ao engajamento político. Ainda assim, a postura oposicionista que a desconstrução adotou ante uma suposta tradição "ocidental" e a forma como ajudou a estruturar a crítica feminista e pós-colonial permitiram-lhe adquirir a aparência de estar localizada na esfera do engajamento político.

Em sua forma americana, com certeza, a prática da desconstrução na crítica literária, na qual teve maior penetração, levou a uma passividade política em desacordo com a pretensão de Derrida sobre o impulso político de sua obra. Tendeu a produzir obras estéreis, obscuras e claramente não engajadas que pouco fizeram além de macaquear uma tradição existente de revisões e comentários de textos. A desconstrução permitiu, de forma conveniente, que seus praticantes evitassem entrar em acordo com o poder e seu exercício ou com a vida social e política, tanto nos Estados Unidos quanto na Europa. Parecia suficiente teorizar sobre problemas de raça, gênero e identidade para enfrentá-los, eliminando a necessidade de agir. Não houve conseqüências reais ligadas à prática da desconstrução, na teoria literária ou no projeto arquitetônico, o que se vinha somar ao encanto de algo que, fora isso, parecia envolver posições políticas.

Foi exatamente este o apelo da desconstrução para o mundo da arquitetura de meados para o fim da década de 80. Referindo-se modestamente a si mesmos como uma nova vanguarda, e assim filiando-se ao modernismo militante e politicamente engajado do início do século, os praticantes do "desconstrutivismo" identificavam suas fontes, de forma variada, como o construtivismo russo, a escultura e a pintura contemporâneas. Por associação, pretendiam-se radicais ao mesmo tempo em que mantinham uma distância segura das lutas políticas reais.

36 ARQUITETURA CONTEMPORÂNEA

22. Coop Himmelblau, remodelação de telhado, Falkestrasse, Viena, 1984-89.

A arquitetura produzida em nome da desconstrução tenta abarcar noções de fragmentação, dispersão e descontinuidade através de meios formais. A remodelação de um telhado de Coop Himmelblau, em Viena (1984-89), e o Corpo de Bombeiros de Zaha Hadid na Fábrica Vitra, em Weil-am-Rhein (1994), demonstram como se forçou o envoltório arquitetônico para além de seus limites costumeiros, com o deslocamento e a rotação de superfícies e com projetos coalhados de feixes de vários tipos de metal, que proclamam sua diferença em relação aos prédios adjacentes – e nada mais. Como na obra de Eisenman, Gehry e Koolhaas, os exercícios formais pouco oferecem para a construção de uma teoria diferente da do modernismo, e menos ainda para a reflexão sobre o papel do arquiteto – e isso apesar das dramáticas mudanças sociais e econômicas ocorridas desde a década de 60. Na verdade, em sua indiferença absoluta aos problemas de contexto, em sua exaltação do papel do arquiteto

23. Zaha Hadid, Corpo de Bombeiros, Fábrica Vitra, Weil-am-Rhein, Alemanha, 1994.

como formador e intérprete da sociedade, é difícil discernir diferenças significativas do modernismo dogmático, a não ser em particularidades da forma.

Durante esse período, um grupo de tendências diversamente rotuladas de "pós-industriais", "pós-fordistas" ou "globalizadas" tomou forma nas economias ocidentais avançadas. O "fordismo" refere-se ao sistema de produção e consumo de massa regulamentado pelo Estado, que, sustentado por políticas de bem-estar e segurança social, dominou os países capitalistas avançados do Ocidente mais ou menos desde a Grande Depressão até a crise da década de 70. O pós-fordismo, por outro lado, é um sistema de acumulação flexível e de consumo em nichos de mercado que vem se desenvolvendo desde a década de 70. Com uma mudança de rumo em relação à organização econômica fordista, esta nova configuração caracteriza-se fundamentalmente pela flexibilidade: máquinas e equipamentos flexíveis que podem ser adaptados com relativa rapidez a tarefas diferentes; empresas menores e mais especializadas; maior capacidade genérica por parte dos trabalhadores, que precisam adaptar-se a produtos que mudam constantemente; acumulação flexível de bens para responder com rapidez à demanda, e mais trabalho temporário e de meio expediente. Como discuto no capítulo três, isso também envolve maior aglomeração geográfica de informações em cidades como Nova York e Londres, distritos de alta tecnologia concentrados em novas áreas nos Estados Unidos e na Europa Ocidental e o modo de produção fordista deslocado para regiões do mundo com economias menos avançadas.

O mundo econômico global, pós-fordista e pós-industrial, é imaginado como possuidor de fluxos transnacionais de população e cultura e auto-estradas de informação. O movimento constante de turistas, refugiados e homens de negócios reflete-se na arquitetura, na qual, por exemplo, um arquiteto francês cria projetos para Bangkok, um arquiteto de Nova Jersey voa para Berlim para supervisionar a construção de um prédio e arquitetos italianos desenvolvem projetos em Houston e Galveston, Texas.

Todas essas características das economias ocidentais levaram a enormes alterações dos padrões de trabalho, dos padrões sociais (inclusive os raciais, étnicos e de gênero) e dos padrões de distribuição de renda, entre muitas outras coisas, assim como à industrialização cada vez maior do setor de serviços. No total, o padrão de aumento da polarização da renda leva a uma marginalização social e econômica muito maior. Essas tendências também levantam questões sobre seu impacto na diversidade e autonomia em nível local. Áreas que praticamente não se comunicavam entre si estão agora ligadas de forma mais visível, simbolizada pela presença da Cable Network News (CNN) até em cidadezinhas longínquas.

Embora essas mudanças causem impacto na vida cotidiana de todo o mundo e, certamente, também no ambiente construído (como discutirei mais adiante), é surpreendente verificar como raramente aparecem nas discussões arquitetônicas. Dos edifícios polidos e rígidos do movimento moderno aos ajuntamentos eriçados de metal dos edifícios desconstrutivistas há um longo caminho em termos de estilo, mas no que se refere ao arquiteto heróico que formaliza interpretações pessoais de crises sociais não há distância alguma. No entanto, como até sociedades profissionais reconheceram nos Estados Unidos e em outros países, o papel do arquiteto vem sendo cada vez mais depreciado e marginalizado em um mundo dominado por incorporadores, engenheiros e construtores desde o século XIX. Nos Estados Unidos, os arquitetos projetam apenas uma fração do total de prédios, e o número é ainda mais baixo em outros locais. Isso significa que subúrbios, mercados, armazéns, escolas, apartamentos e a maior parte do resto do ambiente construído são projetados por construtores ou empreiteiros. Pelo lado negativo, o talento e a experiência que poderiam melhorar a paisagem ficam geralmente restritos aos prédios públicos, às casas dos ricos e aos escritórios de grandes empresas. Pelo lado positivo, dada a indiferença geral dos arquitetos para com o ambiente construído e, principalmente, para com o ambiente daqueles de poucas posses, isso deixa espaço para que grupos marginalizados possam dar forma a seu entorno e projetar os locais onde vivem, brincam e, às vezes, também trabalham.

Um dos defeitos históricos da profissão de arquiteto nos Estados Unidos é que seu modelo econômico dominante é o serviço profissional a ser contratado; numa economia dominada pelo capitalismo empresarial, isso elimina muitas possibilidades de construção. Como resultado, em geral os arquitetos concentram-se em projetos grandes e caros, com freqüência megaprojetos, e não na diversidade e na multiplicidade da experiência de indivíduos e grupos nos espaços sociais e públicos das cidades, e inclusive das áreas rurais, ignorando o impacto potencial até mesmo de uma intervenção muito pequena. O estúdio rural de Sam Mockbee para a Universidade de Auburn em Hale County, Alabama, ensina aos alunos como seu talento pode fazer diferença para famílias e indivíduos que vivem à margem da sociedade. A Casa Hay Bale (Monte de Feno) foi projetada e construída com 6.000 dólares por trinta e três alunos em três semestres letivos, no período de 1993-94. A casinha não proclama elevados objetivos sociais. Em vez disso, insiste na dignidade dos moradores e em seu direito a uma residência decente e barata construída segundo seus desejos, e mesmo a um bom projeto. Prédios construídos pelos futuros moradores em países em desenvolvimento ou em áreas com más condições econômicas buscam atingir

24. Sam Mockbee, supervisor, Casa Hay Bale, Universidade de Auburn, Hale County, Alabama, 1993-94.

as mesmas metas. Em áreas urbanas, firmas de arquitetura como a Cavaedium, de Los Angeles, enfrentaram pesadelos burocráticos para produzir hotéis modestos de quartos individuais, como o Hotel Prentice (1990).

Alguns desses projetos estão incluídos neste livro. No entanto, o que pretendo é um exame não do ambiente construído, mas das tendências gerais da arquitetura no último quarto de século. Nenhuma pesquisa de dimensões razoáveis poderia cobrir todos os prédios interessantes e importantes desse período, e assim preferi concentrar-me em um conjunto específico de obras. Também quis evitar as desvantagens das pesquisas, justapondo uma vasta gama de prédios a uma análise mais concentrada de projetos específicos definidos como "megaprojetos".

MEGAPROJETOS

Movimento, distúrbios violentos e choques ideológicos: os anos pós-1970 foram marcados por mudanças significativas, aí incluí-

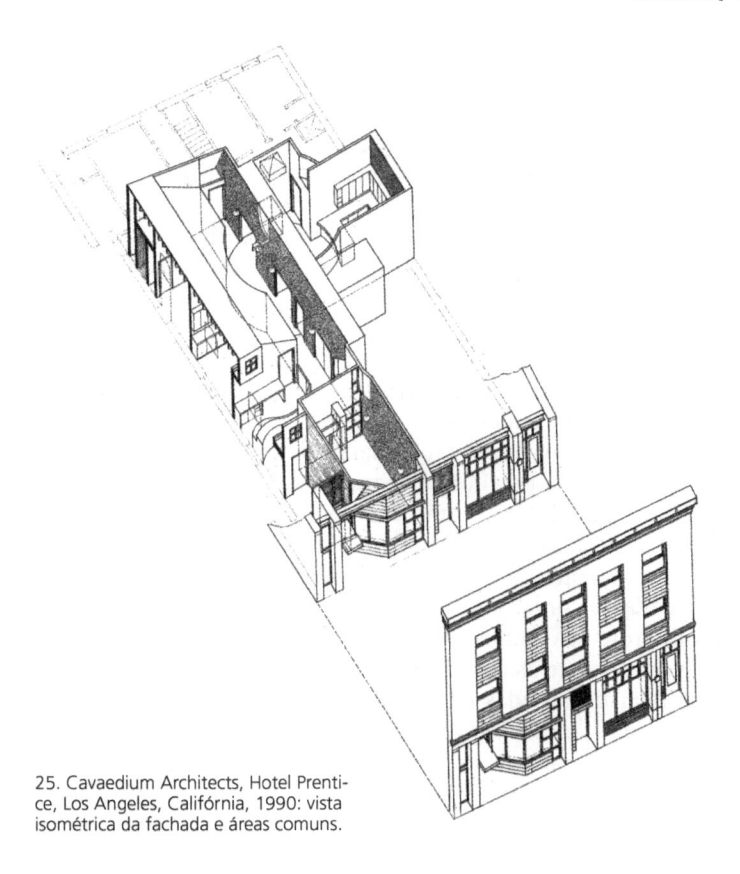

25. Cavaedium Architects, Hotel Prentice, Los Angeles, Califórnia, 1990: vista isométrica da fachada e áreas comuns.

dos o colapso do bloco soviético, a mobilidade-relâmpago do capital e enormes migrações de pessoas que fugiam da guerra e das dificuldades econômicas. Essas forças reconfiguraram vigorosamente as paisagens topográfica e econômica. A especulação, tanto em nível global quanto local, concentrou-se em grande escala na construção, mas as modalidades, muito menos que as conseqüências, de tais transformações no ambiente construído raramente aparecem na história e na crítica da arquitetura, ainda que exerçam um impacto direto sobre esta e sobre os arquitetos. Na verdade, na década de 80 arquitetos e incorporadores imaginaram uma paisagem remodelada de acordo com idéias extravagantes de grandeza, concebida segundo megaprojetos dos quais fluiria um jorro interminável de riqueza.

Nos anos 80, Vittorio Gregotti elaborou o arcabouço teórico de uma megaarquitetura em uma série de artigos para a revista *Casabella* e depois concretizou-a em projetos como o Centro Cultural de Belém, em Lisboa (com Manuel Salgado, 1992). Apesar de tratar com sucesso as exigências de um local muito difícil – foi projetado sem perder de vista a relação com o imponente Mosteiro de São Jerônimo, do século XVI, do outro lado da rua – o Centro Cultural expressa enfaticamente a idéia de Gregotti de uma arquitetura de dimensões gigantescas que é imposta à força ao lugar e à cidade, uma fortaleza em roupagem moderna. Surgiram megaprojetos com várias outras formas: hectares de áreas de lazer e parques temáticos, imensos *shopping centers* regionais à deriva em mares de estacionamento asfaltado, gigantescos parques de escritórios bem afastados dos centros urbanos, complexos habitacionais inseridos em densos tecidos urbanos. De todas as construções estudadas neste livro, esses megaprojetos podem ser os emblemas mais duradouros de uma década de cobiça e desperdício.

Embora projetos de construção em grande escala não sejam novidade – vêm à mente as transformações de Viena e Paris no século XIX, sem falar de décadas de construção colonialista na América Latina e na Ásia –, a escala global do financiamento, o envolvimento de corporações internacionais, a participação de arquitetos de todo o mundo ocidental diferenciam os megaprojetos aqui estudados de seus antecessores. Para os fins deste estudo, dividi a produção arquitetônica em três categorias: espaço público, espaço doméstico e reestruturação urbana para novos ambientes de moradia e trabalho. Cada tópico é, então, subdividido, com a análise de uma ampla gama de projetos na qual se aborda um conjunto geral de problemas e o estudo mais detalhado de um megaprojeto específico que permite o exame mais cuidadoso das forças envolvidas na produção desses empreendimentos arquitetônicos. As construções podem, assim, ser compreendidas tanto em termos formais como em conexão com forças sociais, econômicas e políticas subjacentes. No caso do espaço público, estudo os parques temáticos de Disney; no caso do espaço doméstico, a IBA em Berlim; e na reestruturação das cidades para adequá-las a novos padrões de trabalho, as Docklands de Londres. A escolha desses empreendimentos não é fortuita; o papel da arquitetura foi fundamental em cada um deles, especificamente para fornecer imagens vendáveis. E assim a participação de grandes firmas internacionais, muitas vezes chamadas de vanguarda, deveu-se a razão semelhante: dotar os empreendimentos de legitimidade cultural. Os três, cada um a seu modo, resumem o caráter novo e internacional da prática arquitetônica e também simbolizam muitos outros projetos menores terminados na década de 80. De maneira fundamental, todos vieram a tornar-se manifestações arquitetônicas que têm mais em comum com Disneylândias do que, a princípio, poderia parecer.

Os parques temáticos de Disney parecem importantes por terem explicitado os tipos de controle social que foram encarregados de definir os "espaços públicos" nas cidades e reservá-los para a classe média. Na maioria dos casos, os mecanismos usados para consegui-lo foram ocultos dos beneficiários de classe média, que poderiam reivindicar os espaços como espaços públicos sem enfrentar os mecanismos de exclusão. Quando Charles Moore e outros examinaram a Disneylândia num esforço de compreender sua capacidade de atração, reconheceram que seus atributos muito restritivos (custo da entrada, acesso restrito, limites definidos, código de conduta para funcionários e códigos implícitos para visitantes, regulamentação, serviços eficientes) eram fontes de conforto para os visitantes de classe média e lhes permitiam sentir-se à vontade e seguros.

Há um vínculo direto entre a cultura do megaprojeto e o papel da arquitetura no final do segundo milênio. Talvez isso tenha sido expresso de forma mais reveladora numa reunião em 1992 na Faculdade de Arquitetura da Universidade do Sul da Califórnia, em Los Angeles, para examinar a proposta da Universidade de fundir a Arquitetura com outra faculdade. A Faculdade de Arquitetura resistiu a formar parcerias que pareciam, à primeira vista, as mais plausíveis, com a Escola de Planejamento Urbano ou com a Escola de Belas-Artes. Em vez disso, um ex-reitor propôs que a Arquitetura se unisse ao Teatro, com base na convergência de suas práticas: ambas as escolas estavam preocupadas sobretudo com a produção de cenografia. A flácida cultura arquitetônica dos Estados Unidos e da Europa Ocidental parece, em muitos casos, ser composta de pouco mais que cenografia, e, sem dúvida, os elementos semelhantes mais visíveis do megaprojeto e da visão Disney de realidade comercializada e sistemática são forças muito importantes por trás dessa evolução.

1. O ESPAÇO PÚBLICO

O espaço público, nos séculos XIX e XX, tem sido definido de forma otimista como o espaço do coletivo, compreendido não como pertencente a um indivíduo, uma classe ou uma corporação, mas ao povo como um todo. A discussão do espaço público pode ser compreendida de forma útil em relação ao debate contemporâneo da esfera pública, uma vez que o espaço público constitui a realização espacial da esfera pública. Esfera pública é o termo empregado pelo filósofo alemão Jürgen Habermas para referir-se ao local onde os cidadãos se dedicam especificamente à participação política, e na verdade ele insiste em que isso é essencial para as práticas políticas democráticas. Habermas insistiu na afirmação de que a esfera pública era tradicionalmente diferente das esferas do mercado e do governo mas que, no final do século XX, quando esse território tão necessário para a democracia se tornou uma impossibilidade, novos modelos deveriam ser desenvolvidos.

Entre as principais suposições da teoria de Habermas estava a noção de que essas esferas e espaços públicos eram locais onde cidadãos livres e iguais poderiam deliberar sobre temas políticos. Os acadêmicos Nancy Fraser, Geoff Eley, Joan Landes e Mary Ryan opuseram-se às definições de Habermas, ressaltando que o território público burguês liberal que ele descrevia como antecedente histórico só existira, na verdade, através da prática rigorosa da exclusão baseada em classe, raça e sexo. Esse público era apenas uma dentre várias esferas públicas possíveis, embora aquelas constituídas por outros grupos fossem sistematicamente ignoradas ou desprezadas, tanto na prática quanto por historiadores posteriores. Essas esferas incluiriam associações voluntárias de mulheres ou trabalhadores que eliminavam a distinção rígida entre público e privado, um "território público" no qual a discussão política não era condição *sine qua non*. Boa parte disso também se aplica a nosso conceito de espaço público: celebrado de maneira otimista como aberto a todos, muitas vezes mascara, na verdade, uma série de práticas exclusivistas, em geral baseadas em raça, sexo ou classe, que limitam a definição de "público" de modo significativo. O que muitas vezes vemos como locais publicamente acessíveis – parques temáticos, *shopping centers*, feiras comerciais – é descrito de maneira mais apropriada como espaço social.

Talvez um dos avanços mais significativos do final do século XX tenha sido a interpretação do espaço público de duas formas afins: como espaços para o consumo e como espaços a serem segregados de maneiras muitíssimo específicas, a serem monitorados e controlados. As práticas exclusivistas que tanto transformaram os espaços públicos mais antigos em território das elites masculinas e que permitiram defini-los como públicos, negando, desse modo, legitimidade a outras definições possíveis, correspondiam às práticas paralelas de monarcas, oligarquias e ditadores que também exerciam controle sobre a esfera pública, definindo, por sua vez, o acesso a homens e mulheres das classes mais baixas.

A aspiração ao espaço público democrático, embora às vezes concretizada, continua sendo uma aspiração de abertura e acessibilidade. Quando as elites masculinas brancas dos Estados Unidos, durante o século XIX, definiram praças e ruas das cidades como públicas, conceituaram o único "público" relevante como instância formada por homens como eles. No século XX, a retórica da inclusão das mulheres e de outras raças substituiu aquela retórica exclusivista, e as áreas públicas das cidades tornaram-se verdadeiramente mais acessíveis à maioria das pessoas. Hoje, porém, há sinais funestos de um novo conjunto de práticas exclusivistas mascaradas pela retórica inclusivista. As ações violentas para expulsar os sem-teto de seus abrigos temporários em propriedades públicas, o aumento da vigilância com câmeras de vídeo e o fechamento do espaço supostamente público indicam uma tendência na qual o objetivo tradicional de se conseguirem cidades democráticas, e até mesmo a própria noção de público, vêm passando por uma redefinição. Talvez o reconhecimento mais convincente seja o de que não há "um" público, mas sim públicos diversos, muitas vezes em conflito entre si e com seus próprios rumos de ação – na verdade, com suas próprias definições de ação.

Com muita freqüência, os arquitetos entendem o espaço público como negativo ou vazio, inútil para objetivos mercadológicos sem que haja alguma intervenção por parte das autoridades civis para controlar o acesso, acompanhar o comportamento e minimizar tudo o que possa desviar a atenção das atividades de consumo, muitíssimo mais importantes. É quase completamente ignorada por esta concepção popular do espaço público a ampla gama de reivindicações temporárias ou provisórias de áreas urbanas para coisas como o passeio de adolescentes (de carro nas cidades norte-americanas, grandes ou pequenas, e em pequenas motocicletas ou a pé em muitas cidades européias); *garage sales** e outras feiras de rua temporárias; manifestações, marchas e desfiles; festas de quarteirão e outras comemorações urbanas e suburbanas. Nenhuma dessas atividades depende de grandes mecanismos de controle e, para seu sucesso, nenhuma depende de espaços públicos bem projetados. Pelo contrário, muitas vezes quanto menos hospitaleiro e mais devastado um local, mais bem sucedido o evento efêmero. Por causa disso, essas atividades são tipicamente ignoradas por arquitetos e urbanistas. No entanto, não são ignoradas por outros. É esclarecedor examinar os muitos esforços feitos em Los Angeles para restringir a circulação motorizada de adolescentes nos bulevares Sunset e Hollywood e em Westwood. Sob pressão de comerciantes que acreditavam que esse hábito reduzia as vendas e de moradores irritados com a dificuldade de acesso, a polícia impediu efetivamente a prática no início da década de 1990. Os adolescentes foram para outros lugares e as vendas caíram ainda mais. Só os moradores ficaram contentes com a volta ao fluxo normal do trânsito.

Em muitas cidades européias, uma batalha semelhante vem sendo travada tendo em vista o controle dos centros urbanos. Em Ro-

---

* ou "venda de garagem": atividade comum nos Estados Unidos, principalmente na primavera, em que as pessoas vendem na porta de casa móveis e objetos que não querem mais. (N. da T.)

ma, a expansão das linhas do metrô e a disponibilidade de outras formas baratas de transporte têm trazido moradores de áreas periféricas para o centro à tarde e à noite. Nos meses quentes de verão, seu número é engrossado pelos turistas. O barulho de restaurantes, cafés de rua, boates e milhares de pessoas passeando e conversando provocou protestos de moradores e a conseqüente ação do governo para reduzi-lo. No entanto, a principal queixa de muitos moradores é que grupos de classe baixa (imigrantes do sul, por exemplo) de conjuntos habitacionais da periferia da cidade agora têm acesso mais fácil a um centro urbano que eles gostariam de preservar para as elites.

Algumas das origens de atitudes relativas ao espaço público que enfatizam o consumo de massa e o controle oficial e empresarial surgem na discussão a seguir. O capítulo começa com uma discussão dos parques temáticos de Disney como exemplos dessa concepção de espaço público e depois passa a discutir centros comerciais e museus, dois dentre os tipos mais comuns de edifícios públicos do final do século XX, e, no terreno cultural, os gêneros afins representados por bibliotecas, teatros e salas de concerto.

DISNEY ASSUME O CONTROLE

A partir da década de 30, Walt Disney construiu um império baseado em seus personagens animados, passando em poucos anos de desenhos animados de curta-metragem para filmes de longa-metragem. Mickey Mouse, Pato Donald, Pateta e suas outras criações tornaram-se internacionalmente conhecidos e amados pelas crianças. No início da década de 50, a empresa acrescentara programas televisivos diários e semanais (o Mickey Mouse Club, o Walt Disney Show e outros) a seu repertório, e o projeto da Disneylândia, em Anaheim, Califórnia, estava em andamento. Com a inauguração em 1955, Disney deu um salto quantitativo e conceitual para uma nova zona, onde tempo e espaço se aglutinavam em um novo esquema de organização para o consumo do lazer. Rejeitada por outros proprietários de parques de diversões como condenada ao fracasso, a Disneylândia tornou-se um sucesso total e imediato. As três adições subseqüentes ao império – Disney World, na Flórida

(1971), em particular o Magic Kingdom (Reino Mágico de Disney) e o Epcot Center (1982), Tokyo Disney (1984) e EuroDisney, perto de Paris (1992) – aperfeiçoaram e ampliaram enormemente as idéias incorporadas ao primeiro projeto. Como resultado de seu apelo popular, a Disneylândia atraiu elogios de alguns setores como um belo exemplo de planejamento urbano, mas recebeu menos críticas favoráveis de intelectuais e jornalistas, que sempre a criticaram pela superficialidade, pelo pastiche histórico, pelo escapismo e pela fantasia oca. Quando Giuliano Amato, primeiro-ministro da Itália, alertou o Senado italiano a respeito de sérios problemas naquele país em 1992, expôs a perspectiva sombria de a Itália tornar-se a Disneylândia da Europa, um parque de diversões que não seria levado a sério em termos políticos, econômicos ou sociais. Apesar de válidas, as críticas não causaram prejuízo algum à condição econômica eternamente favorável da empresa ou à sua imagem popular como uma das maiores mecas turísticas do mundo. A proliferação de outros parques temáticos nos quarenta anos que se seguiram, não só nos Estados Unidos como na Europa e na Ásia, nos dá a medida do sucesso da Disneylândia. Na verdade, o sucesso esmagador de Tokyo Disney – quase uma réplica de Disney World –, juntamente com o fortalecimento do iene, levou ao florescimento de outros parques de diversão no Japão, todos com temas americanos ou europeus, como Sesame Street Land (Terra da Vila Sésamo), Canadian World, Festival Village e Holland World. De forma mais significativa, as abordagens do espaço público, do espaço de trabalho e do urbanismo incorporadas à Disneylândia e a seus sucessores vieram a atrair a atenção tanto de incorporadores quanto de arquitetos como padrões de avaliação de edifícios e espaços públicos.

A Disneylândia levou o conceito de parque de diversões e feira mundial a um novo nível. Dentro dos limites do complexo em expansão, aglomeraram-se cinco parques de diversões separados com temas diferentes: Adventureland (Terra da Aventura), It's a Small World (Que Mundo Pequeno), Fantasyland (Terra da Fantasia), Frontierland (Terra da Fronteira) e Main Street, USA (Rua Principal, Estados Unidos). Juntos, esses parques desintegraram a paisagem rural e urbana americana, transformando-a em um cenário idealizado e administrável. O que Disney apresentou tão candidamente

26, 27. Imagineers, Main Street, USA, Disneylândia, Anaheim, Califórnia, 1955.

como história no parque temático violentou os verdadeiros acontecimentos ao eliminar pontos de vista discordantes – por exemplo, ao apresentar a Frontierland como uma mudança tranqüila de cidadãos felizes para regiões desabitadas, sem mostrá-la também como uma campanha de conquista, roubo de terras e genocídio aprovada pelo governo. Mais tarde, no Epcot Center, no Disney World da Flórida, visões idílicas das bênçãos do capitalismo americano atingem seu ponto culminante no filme *The American Adventure* (*A Aventura Americana*), da American Express e da Coca-Cola, exemplo de propaganda empresarial disfarçada de educação.

Main Street, USA, que se abre na entrada do parque, encerra a complexa realidade de todo o empreendimento Disney. Consiste da representação em escala de sete oitavos de um centro de cidade ideal dos Estados Unidos no final do século XIX, com bondes coloridos puxados a cavalo, alegres casas no estilo Queen Anne e quarteirões de edifícios em estilo vitoriano, calçadas, postes de luz vitorianos e até mesmo personagens vestidos com roupas de época. Limpa e colorida, Main Street, USA, apropria-se de interpretações históricas rivais ao oferecer uma paisagem urbana que só em termos gerais faz lembrar uma cidade do século XIX; em termos funcionais e históricos, as coisas eram muito diferentes. O puro consumismo move a Main Street, pois as únicas atividades possíveis envolvem o gasto de dinheiro com comida ou lembranças. Falta a Main Street indústria, pobreza e, principalmente, vida política. Tem leis e polícia particulares, por mais disfarçadas que ali estejam. Como espaço privado, a Disney Corporation pode proibir, e proíbe, a atividade política, assim como impõe um código de vestimenta e comportamento a seus empregados, para os quais a desobediência significa demissão.

O apelo da Disneylândia repousa em parte na ficção de que só é habitada por visitantes, mas na verdade Walt Disney morou lá. A maioria dos andares superiores de um quarteirão da Main Street foi projetada como apartamentos provisórios de fim de semana, de onde ele podia observar, sem ser visto, o espetáculo móvel das massas passeando – e gastando – em seu império. Em contraste com os visitantes temporários e pagantes lá fora, só Disney e seus hóspedes privilegiados puderam habitar de verdade seu mundo de fantasia. Em alguns aspectos, porém, esse mundo era perturbadoramente real.

Segundo alguns relatos, ele equipou a sala de jantar com microfones ocultos para que, estrategicamente, pudesse deixar seus convidados conversar entre si e ouvir em segredo o que diziam. Como sabemos que na época ele era informante do FBI, não há dúvida de que muitas vezes esse esquema mostrou-se útil. Em contraste com o Panopticon de Jeremy Bentham*, o controle na Main Street de Disney é muito mais sutil, guiado por técnicas sofisticadas de *marketing* e de controle de multidões, mas a vigilância é da mesma forma onipresente – e igualmente minuciosa.

O desejo de viver em mundos de fantasia erguidos em forma de parques temáticos arquitetônicos não começou com Disney. O imperador romano Adriano erigiu os prédios de sua *villa* perto de Tívoli como imitações das construções mais espetaculares que encontrou em suas viagens em torno do Mediterrâneo. Muito depois, no século XVIII e início do XIX, governantes e proprietários de terras europeus decoraram seus parques com templos clássicos, leiterias rústicas, chalés suíços e casas góticas. Mas os contrastes entre Versalhes, Wörlitz ou parques ingleses como Stowe e Stourhead e a Disneylândia são evidentes. Esses precedentes eram retiros da elite, não abertos ao público em geral e, como rumos para a arquitetura, foram decisivamente rejeitados. Em meados do século XIX, arquitetos e teóricos alemães afastaram-se em grande medida da produção de imagens vazias para concentrar-se na tectônica. Em vez disso, os parques temáticos de Disney foram o modelo para boa parte da produção arquitetônica tanto dos Estados Unidos quanto da Europa ocidental. Entre os exemplos mais recentes da idéia de parque temático arquitetônico está a Universidade da Califórnia, em Irvine, onde Charles Moore, Frank Gehry, Rebecca Binder e outros arquitetos foram convocados a projetar edifícios para *o campus*. É verdade que alguns são belas obras de arquitetura, em especial o prédio da Engenharia, de Gehry, e o Refeitório Satélite das Ciências Sociais, de Binder, mas, coletivamente, eles transformaram a própria Universidade em um parque temático, com arquitetos famosos fornecendo uma variedade de temas arquitetônicos.

---

* O Panopticon do filósofo do direito inglês Jeremy Bentham (1748-1832) é uma instituição (uma espécie de prisão) projetada para permitir que todas as partes de seu interior possam ser vistas a partir de um único ponto central. (N. do R.)

28. Rebecca Binder em associação com Widom, Wein, Cohen Architects, Refeitório Satélite das Ciências Sociais, Universidade da Califórnia, Irvine, Califórnia, 1989.

Talvez mais impressionantes sejam os *resorts* em construção no Japão, como Nasu Highlands, do SWA Group, e o Furano Northstar Resort em Hokkaido, de Robert Mortensen. Para Nasu, o SWA Group aperfeiçoou e ampliou hotéis, *villas*, casas de férias, campos de golfe e de outros esportes. É digno de nota o fato de tudo ser inconfundivelmente ocidental, desde o parque temático, Fantasy Pointe, com sua Main Street, USA, da década de 1950, a Rock and Roll Plaza e o jardim de canteiros franceses até o Hotel Akebien, no estilo de um castelo renascentista francês. Apesar da localização do complexo nas florestas densas a cerca de 150 quilômetros a nordeste de Tóquio, tudo é tematizado e controlado, evidentemente porque a natureza não é vista como atração suficiente e, com certeza, não lucrativa o bastante para os incorporadores.

Embora a Disneylândia seja grande (31 hectares), a escala épica do Walt Disney World em Orlando, Flórida, torna-a muito menor. Lá, o Magic Kingdom sozinho cobre 40 hectares, aumentado pelo parque temático dos estúdios Disney-MGM, pela Typhoon Lagoon (Lagoa do Tufão), pela Pleasure Island (Ilha do Prazer) e pelo Disney Village Marketplace (Mercado da Aldeia Disney), pela Discovery Island (Ilha da Descoberta) e pelo Epcot Center, assim como várias instalações para hospedagem. Nos estúdios Disney-MGM, os visitantes visitam recriações de cenários de grandes filmes como *Tartarugas Ninjas*, uma exposição de desenhos animados, o Catastrophe Canyon e outros exemplos de efeitos especiais. Um dos principais eventos é a recriação do Hollywood Boulevard, não como é hoje mas "em sua época de ouro", incluindo a famosa esquina de Hollywood Boulevard e Vine, o Teatro Chinês de Grauman (com novas marcas de mãos e pés no cimento da calçada) e lugares famosos freqüentados por estrelas e depois demolidos, como o Brown Derby. Esta recriação de Disney representa mais uma demonstração emblemática da mistura de realidade e fantasia – a realidade Disney.

Hoje, Hollywood Boulevard, em Los Angeles, é uma mistura muito mais volátil e complicada do que a versão de Disney e, para a maioria dos visitantes, perde na comparação. Em Los Angeles, a população de rua inclui adolescentes que fugiram de casa, prostitutas, traficantes de drogas e pessoas sem casa, assim como lojas de livros novos e usados, de equipamento eletrônico, de discos e de suvenires, além de outras formas de novo enobrecimento. Na rebelião de Los Angeles de 29 de abril a 1.º de maio de 1992, o Hollywood Boulevard enfrentou um destino muito diferente daquele previsto em Orlando. As turbulentas corridas noturnas de adolescentes nas sextas-feiras e sábados haviam sido banidas das ruas e implantara-se um programa de redesenvolvimento urbano para erradicar os marginais e restaurar uma versão disneyesca e idealizada da época de ouro do Boulevard, mas naqueles dias a rua tornou-se um dos principais alvos, com os amotinados quebrando vitrinas e saqueando e queimando lojas. A atmosfera carnavalesca que rodeava a violência quase parecia realizar a visão de Nathanael West em 1939 do fim apocalíptico de Hollywood na pintura de Tod Hackett em *O dia do gafanhoto*: "Ele queria que a cidade tivesse um ar bem de gala enquanto se queimasse, que parecesse quase alegre. E as pessoas que a incendiaram seriam uma multidão em férias." O mundo de Disney não deixa lugar para os problemas políticos e econômicos que exasperaram massas de gente a ponto de fazê-las explodir em ação violenta: embora a Disneylândia de Orange County fique apenas a poucos quilômetros do centro da revolta na região centro-sul de Los Angeles, está a anos-luz de distância em tudo, menos na geografia.

Quando Disney se expandiu, parecendo cada vez mais um incorporador habilmente disfarçado, a Corporação demonstrou possuir uma percepção arguta da economia e da política. Depois de anunciar planos de uma grande expansão, em 1990 lançou habilmente Anaheim (onde já ficava a Disneylândia) contra Long Beach como locais possíveis para esse empreendimento supostamente lucrativo, forçando as duas cidades a elevar cada vez mais o valor da aposta até que Disney conseguiu o pacote financeiro e urbano que buscava – estratégia que a Corporação aplicou com sucesso em outros lugares. Quando a poeira baixou, Anaheim estava só. Seu atrativo inicial na década de 50 derivava em parte do fato de que consistia de terra agrícola, sem muitas construções. Long Beach, ao contrário, era uma cidade com um centro de verdade. A expansão da Disneylândia planejada para o novo milênio vai consumir milhões de dólares de fundos estatais e locais para o desenvolvimento de auto-estradas e infra-estrutura para tornar o parque mais acessível para os visitantes – e, assim, mais lucrativo para a Disney. Na esteira do levante de 1992, é difícil evitar a pergunta de como seria a região centro-sul de Los Angeles com um pacote financeiro de prodigalidade comparável vindo do Estado, da cidade e do condado.

Frontierland, Fantasyland e as outras unidades temáticas seguiram o modelo da Main Street ao oferecerem uma arquitetura cenográfica concebida para o prazer visual ininterrupto. Para conseguir o efeito desejado, como observou Disney, tiveram de controlar o meio ambiente. Isto significou que nada podia estar fora do lugar, nenhuma nota desafinada em ponto algum. Auxiliares catam o lixo imperceptivelmente quase no momento em que cai no chão, nenhuma música da Era Dourada* atrapalha a Frontierland nem a música do Velho Oeste se ouve em Adventureland, não há edifícios que reflitam a mudança e o desenvolvimento históricos com o passar do tempo. Além dos passeios e outras atrações interativas, comprar e comer são as duas maiores atividades da Disneylândia. A vida pública é concebida como movimento passivo ao longo de espaços controlados, onde as únicas arenas de escolha ativa são a seleção de alimentos e as compras. Os visitantes são conduzidos por exposições e passeios com rápida eficiência. Assim, pela organização so-

---

* No original "Gilded Age", a época do início da expansão imperialista dos Estados Unidos (1865-1900). (N. do R.)

cial e por causa de seu funcionamento, a Disneylândia não é uma cidade em nenhuma acepção do termo, como alguns observadores logo assinalaram. É uma combinação de parque de diversões, feira mundial, *shopping center* e estúdio de cinema.

Talvez por perceber que só realizara em parte sua cidade idealizada, no início de 1964 Walt Disney começou a planejar uma nova e verdadeira cidade como parte do Disney World da Flórida, que se chamaria Epcot Center – Experimental Prototype Community of Tomorrow (Protótipo Experimental de Comunidade do Amanhã). Essa vitrina de uma sociedade utópica nasceu dos projetos urbanos utópicos apresentados em feiras mundiais do século XIX, nas quais era possível partilhar de ambientes exóticos por meio da compra de lembranças e comida nos vários pavilhões. Precedentes mais recentes nos Estados Unidos incluíram a Feira Mundial de Chicago de 1893 (com o projeto da Cidade Branca) e a Feira Mundial de Nova York de 1939 (a Cidade do Amanhã), mas a realidade acabou por assemelhar-se à Feira Mundial de Nova York de 1964, da qual o próprio Disney participou.

Por vários anos Disney comprou discretamente cerca de 12.000 hectares de terra perto de Orlando, na Flórida (uma área duas vezes maior que Manhattan e comparável a São Francisco), bem antes de anunciar que planejava construir uma versão maior da Disneylândia na Costa Leste. Mas quando se desenvolveram os planos do Magic Kingdom, Disney também imaginou uma comunidade que "aproveitaria a deixa das novas idéias e tecnologias que surgem agora nos centros criativos da indústria americana". Em sua concepção, ela jamais seria terminada, mas em vez disso continuaria testando, implantando e demonstrando novos materiais e sistemas, uma "vitrina para o mundo da engenhosidade e da imaginação da livre empresa norte-americana". Esse impulso patriótico viria a expressar-se em uma nova cidade com 20.000 habitantes na qual novas tecnologias seriam usadas para tudo, do tratamento do lixo aos sistemas de esgoto e telefone. Embora destinada a contar com escolas e instituições culturais, em alguns aspectos básicos seria diferente das comunidades típicas dos Estados Unidos. Os moradores não possuiriam a terra, e portanto não poderiam exercer o controle pelo voto; não haveria cortiços ou favelas, e só trabalhadores estariam qualificados a viver ali – nada de velhos, portanto.

Walt Disney morreu em outubro de 1966, antes que pudesse concretizar seu sonho. Imediatamente, a Corporação abandonou a idéia da comunidade residencial com base na alegação de que provocaria demasiados problemas legais. Embora a escala do novo Epcot Center continuasse grande, os moradores seriam temporários. Em outras palavras, seria apenas um hotel com um parque temático futurista anexado. Indústrias como Eastman Kodak, Bell Telephone, Exxon, General Motors e Kraft Food Products patrocinaram exposições em Epcot que incluíam atrações como o vídeo em três dimensões *Captain EO*, de Michael Jackson, uma "Viagem pela Imaginação" surpreendentemente sem graça e uma visão otimista do futuro aperfeiçoado pelos benefícios da indústria e da tecnologia norte-americanas em "Horizons". Uma "geosfera" de 155 metros de altura coberta de painéis de alumínio, descendente do Cenotáfio erigido à memória de sir Isaac Newton por Etienne-Louis Boullée, arquiteto francês do final do século XVIII, domina todo o complexo.

Além das exposições industriais e da geosfera, uma terceira área, subscrita por outros países, consiste do World Showcase (Vitrina do Mundo), uma série de pavilhões internacionais que rodeiam uma lagoa na parte sul de Epcot. Aqui, interpretações liberais de monumentos ou ambientes estrangeiros, como o Templo do Céu de Pequim, partes da Praça de São Marcos de Veneza e uma aldeia alemã, são reduzidas em escala e inseridas em ambientes visualmente complementares sem nenhuma relação com o contexto das construções verdadeiras. Mais uma vez, abundam os precedentes históricos dessa abordagem, das pinturas de Canaletto de uma Veneza fantástica com obras de Palladio inseridas na paisagem urbana ao último panorama que Karl Friedrich Schinkel estava planejando antes de morrer, reunindo todos os monumentos do mundo em uma imagem de 360 graus em duas dimensões. Porém, assim como no caso da idéia de parques temáticos arquitetônicos, há flagrantes diferenças. O salto de duas para três dimensões é imenso, e não há dúvida de que a promoção do consumismo em escala muito maior é o que impulsiona o Epcot Center. Cada país abriga uma exposição como atração paralela à atividade principal, que é comprar lembranças do tipo encontrado em lojas de presentes em aeroportos do mundo inteiro. Certo grau de delírio *kitsch* evidencia-se nos pavilhões, onde visitantes podem comprar "passaportes" que são selados e autogra-

29. Imagineers, Pavilhão da Itália, Epcot Center, Walt Disney World, Orlando, Flórida, inaugurado em 1982.

fados na língua natal de cada "país" visitado. A aberração espacial aqui oferecida nos ambientes ilusórios de lugares distantes encontra seu complemento na aberração dos materiais dos prédios, nos quais telhas e outros elementos decorativos feitos de fibra de vidro pintada envolvem os pavilhões em uma aura irreal e frágil. Embora se trate, com certeza, apenas de um parque de diversões, muitas vezes e para muitos visitantes funciona, infelizmente, como uma versão mais asséptica e não estrangeira do original.

Todas as exposições, passeios e paisagens foram projetados pelos "Imagineers"* de Disney. Desapontado porque no início da década de 50 uma equipe de arquitetos foi incapaz de transformar em Disneylândia sua idéia de um novo tipo de parque de diversões,

---

* "Criadores de imagens", em tradução literal. Ainda nos anos 50, a Disney criou um grupo de "Imagineers" cujo objetivo era manter as tradições da empresa, imaginando novas atrações para os parques temáticos. (N. do R.)

Disney voltou-se para alguns dos arquitetos e projetistas de exposições da própria empresa. Depois que morreu, esses Imagineers continuaram com Walt Disney World, Epcot Center e Tokyo Disney. Quase meio século depois, profissionais de arquitetura finalmente perceberam a idéia. Com novo presidente, Michael Eisner, a Disney Corporation começou a estudar a possibilidade de arquitetos famosos constituírem uma arma poderosa em um arsenal já formidável para a conquista do mercado, e passou a contratar arquitetos importantes para projetar seus edifícios. Foram de início convidados para projetar apenas hotéis para o Disney World, na Flórida, seguidos de escritórios da empresa na Califórnia e na Flórida e, finalmente, hotéis e centros de entretenimento na EuroDisney. Outra adição ao Disney World, atualmente em construção, é uma sombra do antigo sonho de Disney de uma comunidade planejada; vai chamar-se Celebration, uma nova cidade de 20.000 habitantes prevista para conter um parque de escritórios de Aldo Rossi, um *shopping center* de Helmut Jahn e um Instituto Disney de Charles Moore, além de 8.000 unidades habitacionais.

Embora os arquitetos selecionados para participar de concorrências fechadas e informais para cada projeto representem tendências absolutamente diferentes, de Michael Graves, Robert A. M. Stern, Arata Isozaki, Frank Gehry e Gwathmey Siegel a Antoine Predock,

30. Michael Graves, Hotel Dolphin, Walt Disney World, Lago Buena Vista, Flórida, 1987.

60 ARQUITETURA CONTEMPORÂNEA

31. Michael Graves, Hotel Swan, Walt Disney World, Lago Buena Vista, Flórida, 1987.

são todos homens ocidentais (com exceção de Isozaki) e brancos, e os prédios que se espera que produzam devem ser "tematizados" com imaginação e fantasia.

30, 31
Arquitetos cujas obras foram há muito desprezadas como exercícios *kitsch* de emblemas disneyescos encontraram finalmente um patrono em Disney World. As expressões mais surreais de tipo Disney são sem dúvida os dois hotéis de Graves (na verdade para uma *joint venture* que incluía a Metropolitan Life Insurance Company), o Swan e o Dolphin (Cisne e Golfinho, de 1987). Embora pertençam à segunda das duas categorias de arquitetura identificadas por Venturi no início da década de 1970, o pato e o galpão decorado*, eles bem podiam ambicionar ser patos. Com gigantescas figuras epônimas de cisnes e golfinhos com quase 15 metros de altura nos cantos, imensas conchas jorrando água e toldos listrados como circos

---

* O "Big Duck" (grande pato) é uma famosa construção em forma de pato situada em uma rodovia de Long Island. O termo arquitetônico "pato" foi cunhado pelos arquitetos Robert Venturi e Denise Scott Brown em 1968. Os edifícios "pato" são formas extremamente esculturais que representam os produtos ou serviços disponíveis em seu interior (o "Big Duck" original vende patos e ovos de pata) em oposição aos mais comuns "decorated sheds" (galpões decorados), construções mais simples cuja função é indicada por algum tipo de sinalização. Venturi afirmava que o "Big Duck" era o perfeito antídoto contra a frieza das grandes torres de aço e vidro construídas segundo o Estilo Internacional. (N. do R.)

em todas as entradas, todo o exterior transpira excesso decorativo. O interior leva um pouco além o impulso decorativo, pois quase nenhuma superfície fica intocada. No Dolphin, de forma piramidal, o interior em tenda explode em plantas de plástico que descem de colunas treliçadas, feixes de colunas encimadas por peixes de histórias em quadrinhos ladeiam as portas e os tetos raramente deixam de ter algo drapejado ou pendurado. Tudo mascara uma organização espacial um tanto incoerente. No Swan, uma tenda engalana outro vestíbulo decorado com colunas em forma de caules de papiro e capitéis em copas de palmeira: Barnum & Bailey em madeira e plástico. Para a sede da empresa em Burbank, Califórnia, Graves apresentou um prédio de escritórios rotineiro em todos os aspectos, exceto pelos arcos ao longo do ático e por figuras gigantescas dos Sete Anões como cariátides modernas que parecem sustentar o frontão, demonstrando de uma vez por todas que nenhum ícone cultural é engraçado ou constrangedor demais para ser incorporado *in toto* a seu repertório de formas.

Em comparação, os outros prédios projetados por arquitetos e construídos em Disney World são modelos de contenção. Stern produziu dois hotéis historicamente exatos, o Yacht Club, baseado nos hotéis em estilo *Shingle** da Costa Leste, e seu vizinho, o Beach Club, baseado nos hotéis em estilo *Stick*** do mesmo período. Ambos dão para um lago artificial e compartilham a mesma planta e os mesmos materiais: werzalite (serragem colada) para o revestimento imitando madeira do exterior e fibra de vidro para cornijas, colunas, balaustradas e ornamentos. Impermeáveis à umidade da Flórida, esses materiais exigem menos manutenção do que a madeira, os blocos de cimento e o estuque dominantes no local. Mas, acima de tudo, resistem ao efeito corrosivo do tempo. Nada de gesso rachado, pedra lascada ou madeira envelhecida por aqui – a menos que deliberadamente projetados dessa forma pelos Imagineers. No mundo fantástico de Disney, não se permite que nada comprometa a per-

---

* *Shingle Style*: Estilo norte-americano de arquitetura residencial durante a segunda metade do século XIX, caracterizado pelo amplo uso de telhas chatas ("shingles") de madeira como revestimento externo sobre uma estrutura de madeira, e a distribuição freqüentemente assimétrica e fluida. (N. do R.)
** *Stick Style*: Estilo eclético da arquitetura norte-americana da segunda metade do século XIX, caracterizado pela construção em madeira, por telhados altos e íngremes e por formas que exprimem angularidade, assimetria e verticalidade. (N. do R.)

feição da imagem, seja o pedaço de papel jogado pelo turista negligente, a veracidade histórica ou o simples envelhecimento e desgaste dos materiais. Outro projeto de Stern, as instalações para aluguel do Lago Buena Vista, ostenta um ar vagamente neoveneziano, com losangos amarelos e cor-de-laranja nas fachadas e janelas salientes de origem estilística indeterminada. Ao contrário do ar festivo dos parques de diversões e hotéis de Disney, em seu interior este aspira à grandeza austera e autoritária, em especial pela rampa longa, estreita e deliberadamente intimidadora cujos murais mostram Walt Disney em límpidos ambientes em tons pastel. É por essa rampa que os futuros empregados devem subir para a sala de recepção.

Finalmente, o arquiteto japonês Arata Isozaki projetou o vizinho Edifício Team Disney, construção multicolorida em tons pastel com uma imensa silhueta das orelhas de Mickey Mouse ladeada por um estacionamento gigantesco na entrada e com o Lago Buena Vista atrás. No centro de duas longas alas de escritórios em painéis cinza e cor-de-rosa há uma torre multicolorida aberta para o céu. O interior funciona como um enorme relógio de sol. Como os outros edifícios Disney, seus materiais – fibra de vidro e werzalite – dão-lhe um vazio peculiar e o mesmo ar de novidade irreal e límpida que caracteriza os hotéis. O exterior carnavalesco oculta o interior austero, onde escritórios cercam longos átrios retangulares só quebrados por escadarias. Corredores avarandados flanqueiam filas intermináveis de cubículos de escritórios, cada um deles um pequeno módulo retangular aberto de um lado e em cima. A privacidade é mínima nesses espaços imensos e quase sempre abertos. Assim, não surpreende que o boletim dos empregados do Disney World, na Flórida, seja intitulado *Eyes and Ears* (*Olhos e Ouvidos*) – um lembrete arrepiante da atenção vigilante do empregador e descendente direto da espionagem secreta do próprio Walt Disney para o FBI em seu apartamento da Main Street e em outros lugares durante a década de 50.

Despida das fachadas caprichosas e da aparência reconfortante, a Disney Corporation é uma imensa empresa imobiliária, fato finalmente reconhecido em 1985 com a criação da Disney Development Corporation (DDC), subsidiária de propriedade total do grupo, para supervisionar seus extensos empreendimentos de incorporação imobiliária. Como vimos, foi a Corporação que manipulou habilidosamente as cidades de Anaheim e Long Beach em sua guerra de ofertas pelo próximo plano de expansão e depois ficou à espera para ver quem ofereceria o melhor pacote. A proposta de abertura da guerra de lances exigia concessões especiais de terra, códigos de edificação e obras de infra-estrutura, especialmente auto-estradas. A isca para as duas comunidades atingidas pela recessão foi a promessa de milhares de novos empregos, impostos sobre vendas e hotéis e o encanto inevitável, embora enganador, do prestígio.

O Estado da Flórida e a cidade de Orlando poderiam ter advertido as duas cidades da Califórnia de que as promessas da Disney Corporation não são tão cor-de-rosa quanto parecem. Além do impacto modesto sobre seu bem-estar financeiro, Orlando descobriu que a Corporação é um vizinho pouco cooperativo quando se trata de qualquer coisa que cruze suas fronteiras empresariais, sejam problemas de trânsito, meio ambiente ou planejamento regional. Quando Walt Disney decidiu mudar-se para Orlando, recebeu o direito de criar um governo separado, o Reedy Creek Improvement District (Distrito de Aperfeiçoamento Reedy Creek), com seus próprios departamentos de polícia e bombeiros, códigos de edificação e poder de cobrar impostos. Umas trinta famílias vivem no distrito, todas selecionadas pela Corporação. Todos os membros de sua Comissão de Supervisores trabalham para a Disney. Não é preciso dizer que esse órgão controla todas as obras no imenso pedaço de terra que Disney possui, e nenhuma outra entidade tem poder de intervir. Só em 1989 a Corporação concordou de má vontade em pagar ao condado 14 milhões de dólares por obras nas estradas, necessárias por causa do uso intensivo por turistas. Em troca, o condado concordou em não contestar durante sete anos o poder de governo de Disney. Poucas semanas depois, a Corporação anunciou um quarto parque de diversões, mais sete hotéis, mais de vinte novas atrações e 19.000 novos empregados, a maior parte de baixa renda, que buscariam moradia numa região que já sofria de insuficiência habitacional. Em 1990, o Estado da Flórida teve de conceder a Disney todo um fundo especial de 57 milhões de dólares, que seria liberado com base na ordem de chegada dos pedidos, simplesmente porque a Corporação foi a primeira a solicitá-lo. A cidade de Orlando planejara requisitar verbas para habitações de baixo custo. Mas, pelas regras da competição, Disney recebeu todo o dinheiro, além dos lucros empresariais de mais de 700 milhões de dólares no mesmo ano. O cínico interesse próprio e a ganância da Disney Corporation chocaram os habitantes da Flórida, que associavam o nome a seus adoráveis personagens de desenho animado.

A Disneylândia de Tóquio talvez seja o mais bem-sucedido de todos os empreendimentos, menos por causa do preço do ingresso do que pelas somas enormes gastas em suvenires. Os proprietários japoneses resistiram astuciosamente à tentativa da Corporação de introduzir elementos japoneses, como uma Terra dos Samurais, e insistiram para que a Disneylândia de Tóquio fosse uma réplica do original da Califórnia. Mas, na verdade, a versão japonesa incorpora diferenças sutis e expressivas. Em vez de Main Street, Tóquio tem "World Bazaar", deslocando a ênfase dos níveis de atividades possíveis em Main Street para um reconhecimento mais direto de um espaço programado para o consumo. Em vez da escala de três quartos, a rua vitoriana de Tóquio é em tamanho natural e coberta por um teto envidraçado por causa do clima, mais parecido com um *shopping center* gigante do que a atmosfera levemente nostálgica e exótica poderia sugerir. A seqüência narrativa da Disneylândia original da Califórnia leva o visitante pela Main Street e, a oeste, para Adventureland, New Orleans Square e os rigores da Frontierland como promessa do velho oeste americano, até chegar a uma visão de fantasias em Fantasyland, seguida por sua concretização potencial em Tomorrowland. A lógica abarca diferentes fases de sonhos americanos, passados e futuros. Esta seqüência muda no Japão, onde até mesmo alguns nomes são alterados. A idéia da fronteira como foco inicial do sonho americano é irrelevante em Tóquio, e na verdade ali as rebatizadas Westernland e Adventureland são separadas pela estrada de ferro, enquanto nos Estados Unidos a estrada de ferro envolve o parque todo. A Disneylândia e o Disney World apresentam versões depuradas da história e do destino americanos, livres do genocídio dos índios; da mesma forma, a versão de Tóquio ostenta uma exposição que limpa sua própria história de qualquer menção às complicadas relações com a Coréia.

Depois do sucesso dos três primeiros parques temáticos, sob a direção de Michael Eisner, a Disney Corporation avançou confiantemente para outro continente, desta vez a Europa, utilizando a mesma técnica de fazer uma seleção prévia de dois locais (Espanha e França) e depois fomentar uma guerra de lances entre os dois competidores. Todos, exceto os dois países-alvo, sabiam que a localização, a riqueza, o prestígio e a preferência do próprio Eisner transformavam a escolha da França em conclusão previsível, mas ainda assim Disney conseguiu espremer vantagens substanciais do governo francês, com um órgão governamental, EPA France, encarregado de fornecer as obras de infra-estrutura, tanto no local quanto na rede de transportes, além de comprar terras em nome de Disney e revendê-las a preço de custo. Os mais de 2.000 hectares, 32 quilômetros a leste de Paris, anteriormente fazendas e plantações de beterraba arrasadas e reconfiguradas para acomodar o conteúdo mastodôntico da EuroDisneyland, equivalem a um quinto da área terrestre da cidade de Paris.

EuroDisneyland, EuroDisney ou, como se intitula no material promocional, Disneyland Paris consiste de muitos elementos já conhecidos de parques anteriores de Disney, como Sleeping Beauty's Castle (Castelo da Bela Adormecida), Thunder Mountain (Montanha do Trovão), Pirates of the Caribbean (Piratas do Caribe) e It's a Small World (Que Mundo Pequeno), distribuídos pelas tradicionais terras de Disney – Main Street, USA, Adventureland, Fantasyland, Frontierland e Discoveryland –, embora a maioria tenha sofrido revisões de projeto em sua encarnação européia. Para o Velho Mundo, portanto, Disney traz um sabor das coisas americanas em sua habitual roupagem asséptica e tranqüila, assim como o World Showcase levou a Orlando uma lufada de falso internacionalismo. Por mais mastodôntica que seja a EuroDisney, os planos de desenvolvimento futuro apequenam todos os outros empreendimentos: a abertura de um parque temático dos estúdios Disney-MGM será seguida por um centro de convenções gigantesco, mais hotéis e locais de acampamento e um parque aquático, com um cronograma que se estende até 2017.

Como em Orlando, foram estrelas da arquitetura que, na maior parte, receberam encomendas de projetos de hotéis. De início, Eisner convidou personalidades arquitetônicas tão diversas quanto Rem Koolhaas, Robert Venturi, Hans Hollein, Bernard Tschumi, Peter Eisenman, Jean Nouvel e Christian de Portzamparc, mas nenhum foi capaz de concretizar a visão de Disney do modo como Eisner a concebia. Afinal, os arquitetos escolhidos eram quase todos americanos. O predomínio praticamente total e inconteste de arquitetos brancos do sexo masculino, visível em todos os megaprojetos aqui examinados, é menos justificável no caso de Disney, exatamente porque o poder e a responsabilidade a eles atribuídos eram tão insignificantes e controlados tão de perto pelos burocratas da empresa que, em muitos casos, qualquer um poderia ter feito o mesmo. Já que o serviço arquitetônico envolve a elaboração de um projeto que represente um tema, mesmo assim apenas em traços muito amplos, fica claro que Disney pretende monopolizar reputações de suposto prestígio cultural, o que predetermina a seleção de arquitetos brancos do sexo masculino. Fica a impressão de que mulheres e arquitetos das minorias (dos quais há, na verdade, um grande número) carecem desse prestígio.

O hotel Disneyland (1992), dos Imagineers e Wimberly, Allison, Tong e Goo, considerado o mais importante, forma a entrada da

EuroDisney. Equipado com ornamentos arquitetônicos vitorianos, com torrinhas e águas-furtadas, o hotel oferece uma vista panorâmica do próprio parque, quase como se o Magic Kingdom fosse um ambiente real. O arquiteto francês Antoine Grumbach concebeu um complexo hoteleiro rústico do oeste no caso do Sequoia Lodge (1992), uma série de construções espalhadas ao acaso, e equipadas com fachadas de madeira e pedra. Embora pareça diminuto nas fotos, o Sequoia Lodge é enorme e está muito distante do caráter menor e mais apropriado ao meio ambiente dos abrigos originalmente construídos nos parques de Yosemite, Glacier e Yellowstone. O mesmo problema de escala aflige o Newport Bay Club (1992) de Robert A. M. Stern, disfarçado de hotel da Nova Inglaterra mas igualmente aumentado a ponto de tornar-se irreconhecível – mais

32, 33. *página anterior e abaixo* Antoine Predock, Hotel Santa Fé, EuroDisney, perto de Paris, França, 1992: entrada e unidades de alojamento.

uma prova de que o maior nem sempre é o melhor. O Newport Bay Club divide a vista para o lago com o Hotel New York (1992) de Michael Graves, supostamente equipado com fachadas "típicas" de Nova York, mas a relação engana a maioria dos observadores. As cinco torres pretendem lembrar as torres de Manhattan, com alas que se estendem para os dois lados, uma que supostamente recorda as fachadas de arenito marrom do East Side, e outra, o Gramercy Park. O lago em frente ao hotel destina-se a virar rinque de patinação no inverno, aparentemente em homenagem ao Rockefeller Center.

Os outros dois hotéis, o Hotel Santa Fé, de Antoine Predock (1992), e o Hotel Cheyenne, de Stern (1992), seguem o tema do velho oeste. Como Predock há muito se especializou na arquitetura do sudoeste americano, foi a escolha perfeita para os prédios de falso adobe cinza-claro e cor-de-rosa, mas, assim como nos desenhos de Disney, o complexo de Predock visa a contar uma história sobre a vida e a experiência do oeste americano do final do século XX. A entrada é marcada por um letreiro de néon e uma imensa imitação de tela de *drive-in* (com uma pintura representando Clint Eastwood), uma faixa amarela que desaparece na distância, em homenagem às intermináveis auto-estradas do sudoeste, e uma série de caminhões abandonados amontoados no caminho. As unidades em estuque do hotel seguem o estilo dos antigos pueblos dos anasazi. O Hotel Cheyenne de Stern recria uma paisagem urbana do velho oeste não muito diferente de Frontierland, mas na verdade é montado a fim de evocar a atmosfera de cenários de cinema de um filme hollywoodiano de bangue-bangue, com suas fachadas finas e mal escoradas de madeira. Como já é habitual no caso de Disney, as coisas não são o que parecem, e assim a maior parte das fachadas consiste de materiais sintéticos. Quando foi inaugurado, os jardins recém-plantados deixavam todo o complexo exposto e desconfortável, e assim a passagem da densa textura histórica de Paris para a falsificação enfeitadíssima da EuroDisneyland era um deslocamento especialmente incômodo.

Dada a escala dos parques e hotéis, a combinação Disney-incorporador imobiliário impinge um artifício engenhoso que, diversamente da incorporação imobiliária tradicional, destina-se a manter o dinheiro rolando dia após dia. Onde um conjunto habitacional ou um parque de escritórios pode enfrentar longos atrasos na fase de planejamento, não só por causa das agências de planejamento como de bancos e outros grupos financeiros, a teimosia empresarial parece desaparecer diante do Magic Kingdom de Disney. Ainda assim, pelo menos por algum tempo o trem-da-alegria pareceu ter chegado a seu limite. Assim como no caso das Docklands, quando os incorporadores Olympia & York exigiram demais de seus recursos na corrida pela maior incorporação de todos os tempos, a Disney pareceu ter avaliado mal as perspectivas para a EuroDisney. Embora Paris exiba uma longa tradição de grandes exposições de comércio e lazer que assentaram estruturas no tecido urbano e condicionaram o futuro crescimento urbano, da Torre Eiffel ao recém-demolido Trocadero, a EuroDisney não foi assim tão bem-vinda. Eu mal acabava de redigir um parágrafo que comparava o sucesso financeiro de Disney com a situação financeira cada vez pior de Olympia & York e a falência da Nexus em Fukuoka quando os jornais anunciaram que "Mickey Mouse não consegue seduzir os franceses – EuroDisney continua demitindo". Na verdade, dois meses depois da inauguração em 1992, durante os meses de pico das viagens, maio e junho, o número de visitantes ficou entre 10.000 e 20.000 por dia, longe dos esperados 65.000. Com os estacionamentos e hotéis praticamente vazios, a Disney demitiu prontamente centenas de empregados e reduziu a força de trabalho de 16.000 para 13.000 ou 14.000 funcionários (os números da Disney e os da imprensa divergiam). Só os turistas ingleses e italianos visitavam a EuroDisney regularmente: os franceses esnobavam-na por completo. As ações da EuroDisneyland nas Bolsas de Nova York e Paris logo perderam um terço do valor, ameaçando o colosso do entretenimento e da incorporação imobiliária com a humilhação pública e problemas potencialmente sérios para os empreendimentos americanos. Mesmo no final do primeiro ano, quando Michael Eisner recebeu um bônus multimilionário planejado para evitar leis mais duras sobre vantagens oferecidas a executivos, EuroDisney ainda lutava para manter-se à tona. Desde então, a popularidade do parque vem aumentando lentamente.

Outro revés manchou a ficha de sucessos de Disney, até então imaculada. Em 1994, uma batalha feroz lançou a Corporação contra uma coalizão de historiadores, preservacionistas e outros quanto ao plano de abrir um parque temático sobre a história americana – a intitular-se "Disney's America" – perto de Manassas, Virgínia, campo de batalha da Guerra de Secessão. Devido ao verdadeiro insulto de uma versão fabricada e restrita da história americana situada perto de um dos genuínos monumentos da nação, e depois de uma batalha prolongada na imprensa e em reuniões com a comunidade, o projeto foi abandonado. No início de 1995, acompanhando mais uma vez as perdas recordes da EuroDisneyland e a visitação cada vez menor dos dois parques temáticos americanos, a Corporação reduziu a escala dos planos em Anaheim. Com a imagem arranhada mas não destruída, as ações voltaram a subir e os executivos ainda amealharam lucros inesperados.

Essas manchas no registro constante de sucessos de Disney não conseguiram reduzir o entusiasmo com o modelo; todos os empreendimentos produziram frutos em todo o mundo, em escalas diferentes e para diferentes tipos de atividade. Ainda mais deprimente é que a versão de espaço público de Disney infiltrou-se em diversos cenários.

Seja qual for o apelo das terras de Disney, como ética política representa a tirania da felicidade e do consenso planejados. Apóia-se na noção fundamental de que o conflito perturba a satisfação do consumo e, desse modo, a construção da identidade através da compra de ainda mais artefatos. Na verdade, o conflito é essencial para manter uma sociedade democrática, e é por isso que a tentativa de Disney de obter legitimidade cultural através de versões programadas da história e do patronato arquitetônico é tão perturbadora. Em 1995, a Disney controlava uma das maiores redes de televisão dos Estados Unidos, a ABC, o que colocava em suas mãos grandes programas de noticiário. A vinculação entre liberdade e livre-mercado feita por Disney dissemina-se em mais campos, enquanto seu patronato arquitetônico reforça sua imagem cultural como benigna e inócua.

OS ESPAÇOS PÚBLICOS DE
SHOPPING CENTERS E MUSEUS

Assim como a noção de Disney de parques temáticos arquitetônicos, históricos e contemporâneos tem precedentes históricos, ela também participou de grandes mudanças no caráter do espaço público desenvolvido e construído no último quarto de século. Embora eu tenha mencionado a Universidade da Califórnia em Irvine como parque temático arquitetônico, outros tipos de espaço público foram afetados por aquilo que mais caracteriza os mundos de Disney: espetáculo, vigilância e controle.

Charles Moore recebeu dos Imagineers de Disney a deixa de um espaço público para representar as contribuições italianas à cultura de Nova Orleans, a Piazza d'Italia (1979). Moore identificou como outras fontes de seu projeto a Fontana di Trevi de Nicola Salvi, em Roma (1732), a Basílica de Andrea Palladio, em Vicenza (1549), a Neue Wache de Karl Friedrich Schinkel, em Berlim (1818) e a ampla tradição da arquitetura clássica, reunidas para produzir um artefato de pura cenografia. Apesar das insinuantes aspirações populistas desse esquema, com sua vulgaríssima Ordem da Delicatessen (baseada em salames pendurados), cores vivas, enorme portal com motivos serlianos, chafariz no formato da Itália, estruturas e campanário como os de um templo deslocados para trás do elevado edi-

34. Charles Moore, Piazza d'Italia, Nova Orleans, Louisiana, 1979.

fício da Federação Ítalo-Americana, a Piazza d'Italia permanece teimosamente vazia de todos os turistas, a não ser dos mais intrépidos, em parte porque o empreendimento vizinho, que deveria atrair visitantes, nunca aconteceu. Além disso, a construção barata fez com que, em 1994, a Piazza estivesse em péssimo estado físico e precisasse de nova infusão de dinheiro para restauração, apesar de já ter sido restaurada uma vez para a Feira Mundial de Nova Orleans em 1984. Ainda assim, o pequeno empreendimento tornou-se um símbolo emblemático do projeto pós-modernista, tanto que se tornou cenário predileto de filmes situados em Nova Orleans, como *Acerto de contas* (*The Big Easy*), que começa com um corpo mergulhado no chafariz da Piazza. Com a abundância de elementos arquitetônicos, Moore abandonou toda pretensão de projeto de arquitetura ou de urbanismo que não fosse mera fantasia brincalhona.

Cidades de consumo

Talvez o caso mais óbvio de fusão dos três elementos essenciais dos mundos de Disney seja o *shopping center*, uma invenção de meados do século XX que atingiu seu ponto máximo no West Edmonton Mall, no Canadá (1986), projetado pelos incorporadores, de tamanho só excedido em 1992 pelo Mall of America, em Minnesota. Não há melhor indicador de como o *shopping center* regional suplantou os centros comerciais tradicionais das pequenas cidades do que os mapas distribuídos no Centro de Informações para Visitantes de Edmonton. De um lado há uma planta geral da cidade, enquanto do outro uma planta detalhada do *shopping* suplanta o tradicional mapa do centro. Com seu parque de diversões, ruas temáticas e hotel à moda de Fantasyland (com quartos temáticos), sem mencionar uma réplica quase em tamanho natural da nau de Colombo, a *Santa Maria*, o West Edmonton Mall representou o ápice de quase três décadas de refinamento da construção de *shoppings* na América do Norte. Sob os auspícios de incorporadores astutos, a localização é escolhida segundo análises demográficas e econômicas sofisticadas, assim como o *mix* de lojas e outras atividades, com o objetivo de melhorar as vendas e atingir populações específicas com tipos específicos de mercadorias.

Um dos primeiros pioneiros do *shopping center*, o arquiteto de Los Angeles Victor Gruen, nascido em Viena, acreditava que o crescimento dos subúrbios de classe média e da propriedade de automóveis nos Estados Unidos representava uma oportunidade de corrigir os problemas do centro das cidades por meio de ambientes saudáveis e felizes que acomodassem os automóveis com facilidade. Este projeto antiurbano, que ele realizou com seu primeiro *shopping center* regional fechado e com ar condicionado, o Southdale Mall, em Minnesota (1956), previa melhores oportunidades para uma ampla gama de atividades culturais, cívicas e recreativas, de fácil acesso e integradas ao ambiente suburbano mais amplo – tudo dentro do contexto do consumo. No *shopping*, exultava Gruen em 1955, as expressões individualistas das diferentes lojas seriam contidas por controles arquitetônicos e, como os primeiros esforços de planejamento dos capitalistas, os *shoppings* uniriam, idealmente, comércio e modernismo. O Fox Hills Mall, de Gruen, em Los Angeles (1975) exemplifica o tipo clássico: lojas de departamentos como âncoras nas extremidades e no meio de um dos lados, lotes de estacionamento ao longo do flanco sul e a tentativa de criar um interior urbano, com o que foi chamado de "praça pública" no centro, na interseção de duas "ruas" laterais.

Nas quatro décadas seguintes, a orgia de construção de *shopping centers* espalhou-se dos Estados Unidos para o resto do mundo, da Inglaterra para a Austrália, de Cingapura para a Coréia, da Itália para a Argentina, e envolveu incorporadores privados e públicos. De início estruturas de um ou dois andares pousadas num mar de asfalto para estacionamento, os *shoppings* aos poucos assumiram formas diferentes, com estacionamento subterrâneo ou em prédios separados, de muitos andares. Também passaram de regiões suburbanas, ou mesmo rurais, para o centro das cidades, aeroportos e outros locais. Infelizmente, quando se construíram *shopping centers* em outros países, eles muitas vezes adotaram as piores características do modelo dos Estados Unidos. Este é o caso de Joyland, na província de Marche, na Itália, onde o *shopping* envidraçado e cheio de arcadas situa-se em uma fértil região agrícola cercada por um enorme estacionamento.

Em termos arquitetônicos, uma das características mais notáveis dos *shoppings* tem sido o contraste entre o interior altamente articu-

35. Jon Jerde, Westside Pavilion, Los Angeles, Califórnia, 1985.

lado e o exterior relativamente não decorado. Faltava aos primeiros exemplos um contexto ao qual responder, uma vez que ficavam muito longe de outros edifícios. Na verdade, uma das funções específicas do *shopping* era abrigar todas as lojas com conforto, em geral ar refrigerado e sob o controle da administração. De forma bastante lógica, a atenção do projeto concentrava-se em atrair os compradores para dentro. No entanto, depois que os *shoppings* passaram para áreas mais urbanizadas, alguns projetistas começaram a dar atenção também a seu exterior. O Westside Pavilion (1985) de Jon Jerde, em Los Angeles, com sua fachada variegada, acenava com um gesto inesperado em direção à rua e à urbanidade tipicamente negada nos outros *shoppings*, apesar do interior banal. Este foi um caso relativamente isolado. É mais típico o Arndale Center, em Manchester, Inglaterra (1976), um dos muitos *shoppings* a exibir paredes nuas para a rua (outro é Scotia Square, Halifax, Nova Escócia). Como o Westside Pavilion, chega a incluir uma passarela de pedestres para que os compradores possam evitar completamente a cidade. A quintessência da fachada inamistosa para a rua é o Beverly Center, em West Hollywood (1982), da firma Welton Becket Associates, no

O ESPAÇO PÚBLICO **75**

36. Cesar Pelli, Pacific Design Center, Los Angeles, Califórnia: a estrutura de 1974.

37. Welton Becket Associates, Beverly Center, Los Angeles, Califórnia, 1982.

qual os pisos inferiores do caro *shopping* só contêm estacionamento. Do lado de fora, o Center é uma enorme baleia vazia, embora colorida, muito parecida com seu vizinho, o Pacific Design Center de Victor Gruen e Cesar Pelli (1974 e 1990), um *shopping* de classe alta para lojas de móveis e tecidos de decoração que consiste de duas pesadas estruturas monolíticas com painéis de vidro azul e verde. Em aberto desafio a quaisquer remotos valores suburbanos, o PDC eleva-se em um bairro residencial de construções pequenas, com seus painéis vazios fechando-se resoluta e proibitivamente contra a rua. Ornamentado com ruas revestidas de fachadas urbanas e com árvores, rinques de patinação no gelo, parques de diversão, atividades públicas organizadas, exposições de arte e peças teatrais, West Edmonton e outros *shoppings* regionais atraíram lojas e compradores para longe do coração das cidades, nos Estados Unidos, no Canadá e no Reino Unido, levando ao declínio generalizado dos bairros varejistas tradicionais daqueles países. Ao mesmo tempo, com freqüência os tipos de atividade política e social desorganizada associados às cidades não têm sido permitidos em *shoppings*; nos Estados Unidos, a Suprema Corte determinou que, por serem espaços privados, podem proibir ou controlar tais atividades. Essa determinação põe em relevo evidente a função do *shopping* cuidadosamente controlado, que reduz a noção de participação cívica ao mero consumo.

Os *shopping centers* europeus evitaram alguns desses problemas porque foram muitas vezes patrocinados pelo Estado – como em Marne-la-Vallée, perto de Paris, ou na Inglaterra em Cofferidge Close, perto de Milton Keynes, ou em Covent Garden, em Londres. Mas a primazia do consumo como única atividade pública verdadeira não é menos evidente. Nos Estados Unidos, cidades que viram suas bases tarifárias seriamente corroídas pelos *shopping centers* suburbanos concederam reduções de impostos e outros incentivos para que os incorporadores investissem na cidade, muitas vezes na recuperação de prédios históricos como Faneuil Hall e Quincy Market, em Boston (1976), ou incluíssem *shopping centers* em grandes hotéis urbanos, como o Water Tower Place em Chicago (1976). Por mais bem-sucedidos economicamente que tenham sido, pouca arquitetura interessante resultou de quatro décadas de projetos de *shoppings*. Two Rodeo Drive em Beverly Hills, Califórnia (1990), o *mini-shopping* de classe alta por excelência, é um raro exemplo de *shopping* bem projetado, com presença urbana e arquitetônica, ainda que seja extraordinariamente pretensioso. Para o local, em meio à fabulosa riqueza do famoso Triângulo Dourado da cidade, onde propriedades são vendidas a 40 milhões de dólares o acre, o incorporador Doug Stitzel convidou Kaplan McLaughlin Diaz para produzir três fachadas cuidadosamente trabalhadas, uma

38. Kaplan McLaughlin Diaz, Two Rodeo Drive, Beverly Hills, Califórnia, 1990.

colagem de diversas elevações que representam diferentes períodos históricos. Com sua pavimentação em *cobblestone** de pórfiro, recordam uma tipologia de ruas que não pertence a nenhum país ou período em particular, mas tem aparência genericamente "européia". O objetivo era criar um contexto agradável e homogêneo para o consumo, encorajando atividades pedestres em um local que não fosse um *shopping center* do interior, numa rua famosa como ponto de consumo explícito.

* Calçamento de pedras roladas, maiores que seixos, muito comum em antigas ruas inglesas e européias. (N. da T.)

78 ARQUITETURA CONTEMPORÂNEA

39. Frank Gehry, Edgemar Center, Santa Mônica, Califórnia, 1988.

39 O Edgemar Center de Frank Gehry, em Santa Mônica, Califórnia (1988), representa o melhor dos pequenos *shoppings* urbanos, com seu estacionamento discretamente escondido e as fantasiosas fachadas de rua dimensionadas para harmonizar-se com a paisagem urbana de restaurantes e lojas de mau gosto em prédios de um ou dois andares. Com duas ruas sinuosas que o penetram de forma precisa, o centro do complexo de 3.000 metros quadrados é um pequeno pátio aberto cercado de restaurantes, uma mistura heterogênea de lojas e um pequeno museu. Como muitas das obras de Gehry, a força desse projeto provém da mistura aleatória de prédios cheios de curvas, formas irregulares e materiais inesperados, como sua marca registrada, a cerca de correntes, usada aqui como adorno da torre dos elevadores. Gehry dotou cada elemento de um caráter arquitetônico distinto através da manipulação das formas (as três torres e as rampas para clientes deficientes que se tornaram, por si sós, fortes elementos do projeto) e materiais como metal galvanizado, correntes, azulejos cerâmicos e cimento cinza. Gehry demonstrou o potencial do pequeno complexo urbano, em especial pela forma

como tratou o estacionamento, que fica tanto no nível do solo quanto no subterrâneo, porém abrigado e fora de vista, deixando uma fachada estimulante e convidativa em uma rua atípica de Los Angeles, com trânsito de pedestres relativamente intenso.

Na esfera pública: portadores de cultura

Um dos efeitos mais significativos do desenvolvimento geral dos *shopping centers* tem sido a confluência entre o centro comercial e o parque temático em uma vasta gama de outros tipos de prédios, mais notadamente o museu, mas também a biblioteca, o teatro ou a sala de concertos. Se aos centros comerciais tende a faltar distinção arquitetônica, no caso dos museus o oposto é verdadeiro. Nos últimos vinte anos, particularmente depois de 1980, as propostas mais aplaudidas e prestigiadas têm sido as de algum tipo de museu ou centro artístico e cultural. Esse fenômeno é curioso por pelo menos duas razões. Em primeiro lugar, embora o museu enquanto instituição cultural tenha se originado na Europa ocidental, o fenômeno atual é global e se estende, por exemplo, de um pequeno museu de história de uma cultura local de Pippo Ciorra (1990), no Senegal, à vasta Sainsbury Wing (Ala Sainsbury), da National Gallery, em Londres, de Venturi, Scott Brown and Associates (1991). Em segundo lugar, em uma era de suposta expansão da democracia, por que a grande renovação do interesse por uma instituição cuja origem é profundamente aristocrática e privada? Não surgem respostas simples, mas é evidente que as condições subjacentes variam de lugar para lugar, muitas vezes relacionadas a temas tão diversos quanto a mudança das atividades e funções dos próprios museus, o valor de mercado da arte, os tipos e fontes de financiamento, as leis tributárias e o vaivém do turismo internacional. Em alguns casos, o Estado ou a cidade encomendam museus, às vezes para criar um primeiro museu cívico, ou então para atender a áreas específicas ou negligenciadas dos estudos culturais, como é o caso do Museu de Artes Decorativas em Frankfurt, de Richard Meier (1986). A Alemanha conduziu a campanha de construção de museus mais vigorosa da década de 80. Em pelo menos dois países – os Estados Unidos e a Grã-Bretanha –, o florescimento e a ampliação de museus na dé-

40. Richard Meier, Museu de Artes Decorativas, Frankfurt-am-Main, Alemanha, 1986.

cada de 80 coincidiu com duas grandes evoluções: uma expansão econômica que levou à crescente polarização da renda (e portanto a um aumento dramático da pobreza) e a um suprimento abundante de dinheiro disponível para investimento em cultura.

Outros fatores importantes na diversidade de museus incluem os tipos de objetos colecionados, a localização, as tradições históricas locais e as relações entre as tradições da arquitetura de museus, cuja origem é surpreendentemente recente. Ainda que se possam encontrar exemplos de coleções de arte na Antiguidade, em banhos públicos e templos ou, por exemplo, no Museion de Alexandria, no Egito, a prática começou a sério durante a Renascença. A nobreza e

O ESPAÇO PÚBLICO 81

o alto clero da Igreja Católica Romana promoveram as coleções de arte e a visita a coleções como um divertimento para um grupo seleto de apreciadores. Quando religiosos e aristocratas colecionavam estátuas romanas durante a Renascença, exibiam-nas para seu prazer pessoal e para impressionar os que visitavam seus palácios e jardins, como Lorenzo de Médici expunha suas esculturas e pinturas no Palácio Médici, em Florença. Giorgio Vasari projetou o Uffizi, em Florença (1560), como um conjunto de escritórios administrativos, mas em pouco mais de duas décadas o edifício transformou-se em uma exposição particular de arte. Ao mesmo tempo, as coleções passaram de antiguidades para pinturas, esculturas contemporâneas e gravuras, assim como porcelana, jóias, cerâmica antiga, armas, instrumentos científicos, artefatos de história natural e curiosidades reunidas em viagens de exploração pelo mundo. Como indica sua heterogeneidade, muitas vezes os itens colecionados caracterizavam-se sobretudo por sua raridade. Esses conjuntos permaneciam extremamente pessoais, guardados em palácios particulares e só abertos ao público segundo a vontade do dono.

Começando no século XVIII mas, de forma mais decisiva, no século XIX, e coincidindo com o surgimento da burguesia e do Estado-Nação, prédios inteiros começaram a ser erguidos para abrigar coleções de tesouros antes particulares e, muitas vezes, principescos, a fim de torná-las acessíveis ao público. Como no caso da criação do Museu do Louvre, em Paris, impulsos diversos, indo do republicano ao imperialista, combinaram-se para promover o desenvolvimento de museus. Karl Friedrich Schinkel projetou o Altes Museum de Berlim (1824-30) como um relicário para grandes obras da pintura e da escultura, e como tal fixou um padrão para muitas construções subseqüentes. Localizava-se na ilha Spree, bastião da autoridade real, mas sua posição de frente para o palácio real refletia a decisão do monarca de assumir uma presença mais pública. Esses museus preservavam obras de arte consideradas importantes e tornavam-nas disponíveis à contemplação e à educação fora da estrutura de sua esfera tradicional de usuários. Museus posteriores, tanto no século XIX quanto no XX, tais como o Metropolitan Museum of Art em Nova York, incorporaram elementos-chave do projeto de Schinkel e refletiram uma atitude semelhante para com os objetos de arte.

O que fora divertimento exclusivo de uma aristocracia ociosa, acessível apenas a alguns privilegiados, agora podia ser apropriado pela burguesia e disseminado de forma maciça. Parte das conotações elitistas e do *status* aristocrático associados ao ato de colecionar e apreciar obras de arte era o pressuposto de um excedente econômico necessário, que deixava o indivíduo livre da luta cotidiana pela existência – inicialmente, um luxo só possível para a nobreza. E um dos emblemas mais fascinantes do alto *status* relacionado à arte era sua posição distante do mundo burguês da produção. Quando, durante o século XIX, o tempo de lazer e o excesso de fundos tornaram-se disponíveis para um número de pessoas maior do que nunca, foram construídos mais museus de arte. Sua função era educar as massas burguesas emergentes na estrutura de gosto considerada apropriada pelas classes mais elevadas e imbuí-las do devido respeito pelas obras de arte, reforçando uma narração histórica imperialista na linguagem e na retórica do classicismo.

Até a década de 70 dominavam dois tipos principais de museu: o relicário, que imitava o Altes Museum de Schinkel, exemplificado no século XX por construções como a National Gallery de John Russell Pope em Washington, D.C. (1941), e o depósito ou armazém de diferentes tipos de artefatos, dos antropológicos aos científicos, como o Smithsonian, também em Washington, de James Renwick Jr. (1846). Ambos os tipos continuaram a ser construídos durante o século XX, embora na década de 80 tendessem a desviar-se para um terceiro tipo mais recente, o *shopping center* cultural, rumo à esfera do espetáculo.

O museu como relicário

A Ala Sainsbury da National Gallery, em Londres, de Venturi, Scott Brown and Associates (1991), exemplifica o tipo relicário em roupagem da década de 90. A grande ampliação do prédio projetado por William Wilkins em 1838 foi encomendada especificamente para abrigar a coleção de pinturas renascentistas da galeria. O governo Thatcher recusou-se a pagar pela ampliação com base em que as instituições deviam ser auto-sustentadas (ainda que tal doutrina não tenha sido aplicada à ampliação das Docklands). Inicialmente uma firma britânica, Ahrends Burton & Koralek, venceu uma con-

41. Venturi, Scott Brown and Associates, Sainsbury Wing, National Gallery, Londres, Inglaterra, 1991.

corrência arquitetônica que envolvia conciliar as necessidades da galeria de arte com as de um prédio de escritórios que, presumia-se, com o tempo pagaria a ampliação. Em tal esquema, a ligação entre comércio e arte, normalmente bem escondida no museu-relicário, era evidente demais para o gosto purista, e provocou um violento debate. Quando o projeto vencedor apareceu em 1984, Charles, príncipe de Gales, condenou o resultado, com a galeria localizada no topo dos escritórios, como um "carbúnculo monstruoso" no rosto de um "amigo muito amado".

Depois que a família Sainsbury, do mercado de secos e molhados, doou os fundos necessários, Venturi, Scott Brown And Associates venceram uma segunda concorrência fechada para uma proposta sem os escritórios. Sua fachada em estilo clássico inspira-se vagamente na da galeria ao lado e é executada na mesma pedra clara e quente. Um corredor estreito separa a nova ala da antiga, mas elas se unem no nível principal por uma passarela de pedestres cuja forma lembra vagamente uma rotunda – referência a um elemento tipológico bem determinado que é típico dos museus pós-Schinkel, assim como à rotunda da própria National Gallery. Nas seções da fachada mais próximas do antigo prédio, os arquitetos retomaram respeitosamente as pilastras coríntias, primeiro aglomerando-as e sobrepondo-as perto do canto, e depois espaçando-as a intervalos irregulares. Nos espaços entre as colunas surgem janelas cegas, emolduradas com elementos moldados que se interrompem e desaparecem inesperadamente. Embora predominem os elementos clássicos, eles infringem insistentemente as regras da composição clássica, com o trato maneirista das pilastras, por exemplo, ou aberturas de tipo porta de garagem absolutamente não-clássicas, abertas nas paredes para as entradas, janelas e acessos de serviço, contrariando imediatamente a sensibilidade clássica e contradizendo a lógica tectônica que, em outros aspectos, preservam com tanta ênfase. O verniz clássico se esvai de forma ignominiosa assim que o prédio dobra a esquina da Trafalgar Square, avançando a passo pouco inspirado mas com o nome altivamente proclamado por toda a volta da monótona fachada norte, a arquitetura substituída pelo texto. Ali, o revestimento de pedra calcária se dissolve num invólucro modernista de tijolos, com ambos os materiais marcando de forma precisa o sistema estrutural de concreto armado e moldado. Isso também deriva de uma filosofia comum entre os arquitetos pós-modernistas que concebem a estrutura como pura representação.

Alguns historiadores defendem essa técnica de introduzir um simulacro classicista em uma estrutura tecnologicamente muito mais sofisticada, com base em que nada poderia ser mais apropriado para um edifício dedicado a pinturas da Renascença italiana do que reproduzir exatamente a mesma estratégia adotada pelos arquitetos italianos renascentistas. De Alberti a Michelangelo e outros, os arquitetos responderam aos apelos de patronos privados, públicos e eclesiásticos para que adornassem e unificassem os edifícios existentes com revestimentos clássicos: o prédio do Senado, em Roma, a prefeitura de Montepulciano e o Palazzo Rucellai, em Florença, são três exemplos dentre os mais conhecidos. Mas a tarefa desses antigos arquitetos era bem diferente da enfrentada por Venturi e Scott Brown. Por razões principalmente de economia e tempo, os patronos da Renascença preferiram manter os prédios existentes, de forma que as novas fachadas simplesmente forneciam o decoro e a unidade. Por outro lado, a Ala Sainsbury é uma construção inteiramente nova anexada a um prédio diferente, e assim nenhuma estrutura existente exige regularização e atualização por meio de um enxerto de pele semelhante. Embora a retórica tenha motivado o revestimento tanto da Ala Sainsbury quanto de seus precedentes renascentistas, a primeira é sem dúvida muito mais gritante, com propósito bem menos perceptível.

Os truques continuam no interior, onde os arquitetos distorceram colunas da ordem toscana como molduras para as aberturas arqueadas entre as galerias. Venturi e Scott Brown invocaram aqui *pedigrees* históricos excêntricos, fundindo o nobre e o mundano, o relicário e o galpão: Wilkins na fachada, a Dulwich Picture Gallery de Sir John Soane nas galerias e estações de trem vitorianas nos arcos de alumínio decorativos, não estruturais, que encimam a escadaria principal.

Cada detalhe clássico ou elemento de extrema redundância serve de contraponto a outro que solapa ou contradiz as verdades clássicas. Para Venturi e Scott Brown, a diversidade social e cultural contemporânea exige uma arquitetura de riqueza e ambigüidade, em vez de clareza e purismo. Ao mesmo tempo, argumentam que, acima de tudo, a arquitetura deve transmitir significado. Tal como Eisenman e outros arquitetos desconstrutivistas, eles consideram que sua tarefa enquanto arquitetos é a de dar expressão a sua interpretação do *Zeitgeist* por meio de estratégias formais específicas. A definição de *Zeitgeist* representa um certo fardo para qualquer arquiteto ou construção, mas funciona muito bem como meio de envolver a tarefa de construir com a aura de mistério e competência avidamente defendida por arquitetos. Necessariamente, portanto, a riqueza e a ambigüidade de projetar de que falam direciona a comunicação não para as massas, mas para arquitetos ou admiradores da arquitetura. A Ala Sainsbury põe em relevo, sem resolver, um dos problemas enfrentados por arquitetos como Venturi e Scott Brown: como projetar um museu-relicário capaz de satisfazer tanto à erudição dos colegas arquitetos quanto aos críticos, e como apêndice cultural para um público geral menos propenso a estar bem informado sobre espirituosas referências maneiristas e brincadeiras de inicia-

42. Venturi, Scott Brown and Associates, Ala Sainsbury, National Gallery, Londres, 1991: escadaria principal.

dos? A julgar pelo edifício, e não pela retórica, sua resposta é que na melhor das hipóteses as massas irão perceber o componente vagamente clássico, razão pela qual não é preciso projetar para elas.

Vários outros exemplos do museu-relicário propõem estratégias diferentes para servir essencialmente aos mesmos fins. Do outro lado do mundo da Ala Sainsbury, o Museu e Centro Cultural Davis em Wellesley, Massachusetts (1993), de Rafael Moneo, abre mão totalmente do arremedo de classicismo em um austero prédio de tijolos para a coleção de arte e as exposições temporárias da faculdade. O exterior de linhas retas e simples reage com singular neutralidade ao contexto do *campus*, para no interior dar lugar a espaços altíssi-

43. Rafael Moneo, Museu e Centro Cultural Davis, Wellesley, Massachusetts, 1993.

mos impregnados lateralmente pela luz natural, um ensaio sobre a complexidade obtida com os materiais mais simples – ardósia, madeira de lei, paredes brancas. Dividido por uma grande escadaria forrada de painéis de bordo, situada entre paredes perfuradas, o prédio casa lindamente o relicário ao depósito com uma lógica tectônica completamente ausente da Ala Sainsbury. Os museus anteriores de Moneo, como o Museu Nacional de Arte Romana, em Mérida, Espanha (1980-85), juntam com o mesmo brilho tradições diferentes – neste caso, o moderno, o antigo e o medieval. O moderno museu de concreto, revestido de tijolos deliberadamente dimensionados como tijolos romanos, localiza-se sobre escavações de ruínas da Mérida romana, permitindo que o acervo fique em um prédio que é, ao mesmo tempo, de sua própria era e da era moderna.

Igualmente dramático em sua serenidade é o Centro de Arte Galega Contemporânea, de Álvaro Siza, em Santiago de Compostela, Espanha (1993). As linhas limpas e as superfícies bem definidas são claramente inspiradas pelo movimento moderno, mas a localização, a orientação e a relação com o prédio já existente, a igreja e

44, 45. Rafael Moneo, Museu Nacional de Arte Romana, Mérida, Espanha, 1980-85.

46. Álvaro Siza, Centro de Arte Galega Contemporânea, Santiago de Compostela, Espanha, 1993.

o claustro restaurados de um mosteiro não o são. A carreira de Siza tem-se baseado numa arquitetura intimamente relacionada a suas cercanias, mas sem sucumbir a ataques de nostalgia ou ingênuo contextualismo. O Centro leva o complexo de passarelas em rampas e terraços da cidade para o coração do edifício, do mesmo modo que seus volumes maciços de concreto ecoam os materiais e a morfologia tradicionais do tecido urbano da cidade. Da mesma forma, os claros interiores de mármore branco e estuque evocam as casas locais, ainda que Siza controle com habilidade infusões periódicas de luz natural, difusa e artificial, bem como vetores de massa e movimento, para obter um efeito totalmente diferente.

O Museu de Arte Contemporânea (MARCO) de Ricardo Legorreta, em Monterrey, México (1992), também casa o museu-relicário a tradições de projeto locais, especificamente na organização do edifício como uma casa com pátio interno em escala ampliada – um espaço central cercado de arcadas que se abre para as galerias individuais, com as maciças fachadas externas e os planos vermelho-escuros das paredes voltados decisivamente contra a rua. A ligação

47. Legorreta Arquitectos, Museu de Arte Contemporânea, Monterrey, México, 1992.

com a casa-pátio acaba desaparecendo por causa da escala imensa do projeto. Legorreta revigorou os espaços públicos mais visíveis, como o átrio, com respingos ousados de cores quentes e um espelho d'água. Por outro lado, a tradicionalíssima sucessão de galerias brancas forma um cenário virginal para a contemplação estética ininterrupta na tradição da exaltação da arte e de sua separação dos problemas da vida cotidiana. Entre as coisas que o projeto visa a esquecer está a construção do museu em uma zona de renovação urbana muito contestada, a devastação do núcleo histórico de Monterrey com o apoio de interesses empresariais locais e o domínio da instituição por uma família rica alçada à posição de árbitro cultural.

O Las Vegas Library and Discovery Museum (Biblioteca e Museu das Descobertas de Las Vegas) em Nevada (1990), de Antoine Predock, é de outra ordem. Numa cidade conhecida por seus prédios de mau gosto e pela faixa interminável de lanchonetes de *fast-food* e cassinos (celebrados em 1972 por Venturi, Scott Brown e Izenour em *Learning from Las Vegas*), Predock recusou-se a aceitar as banalidades de enfeitar a arquitetura vernacular local, como teriam feito muitos pós-modernistas – como, na verdade, Venturi e Scott Brown fizeram em seu Children's Museum (Museu das Crianças), em Houston, Texas. A proposta não pedia um relicário, mas um local interativo para explorações juvenis, e assim Predock optou por uma estrutura de rica expressão espacial e materiais agradáveis, atraentes e sedutores para as crianças, despretensiosa em contraste com outras instituições famosas de Las Vegas. A Biblioteca de Las Vegas é um contraponto agradável ao Nelson Fine Arts Center (Centro Nelson de Belas-Artes) de Predock, na Universidade do Estado do Arizona (1989), um conjunto de prédios para estudos, apresentações e exposições com uma série rica e diversificada de espaços, luzes e formas. Predock mais uma vez inspirou-se nas tradições locais espanholas e índias do Sudoeste, mas sua adaptação evitou a reprodução banal, oferecendo, em vez disso, variações imaginativas e altamente individuais de temas tradicionais. A seção longitudinal do Fine Arts Center começa a transmitir algo da complexidade espacial que Predock consegue com elegância espontânea.

O museu como depósito

O segundo tipo de museu é o depósito. Um dos exemplos mais recentes deu início à onda de construção de museus europeus no final da década de 70 e na de 80: o Centro Pompidou, também conhecido como Beaubourg, em Paris (1972-77), de Richard Rogers e Renzo Piano – estrutura tão indiferente às suas cercanias e tão conduzida pela imagem de tecnologia quanto a Ala Sainsbury fora servil a seu contexto e perdida de amores pelo classicismo. Na tradição das grandes exposições do século XIX, essa imensa jaula de aço celebra os espaços universais, capazes de infinitas modulações e de acomodar os mais diversos tipos de exposições e atividades. O Centro Pompidou é um galpão gigantesco e de plano aberto que contém um museu de arte moderna, cinema, biblioteca, desenho industrial, centro de pesquisa musical e acústica, escritórios e estacionamento. Os arquitetos expressaram suas duas aspirações funda-

48, 49. *esquerda e abaixo* Antoine Predock, Nelson Fine Arts Center, Universidade do Estado do Arizona, Tempe, Arizona, 1989: vista do museu e do estúdio de dança e seção longitudinal.

50. *página seguinte* Antoine Predock, *Las Vegas Library and Discovery Museum*, Las Vegas, Nevada, 1990.

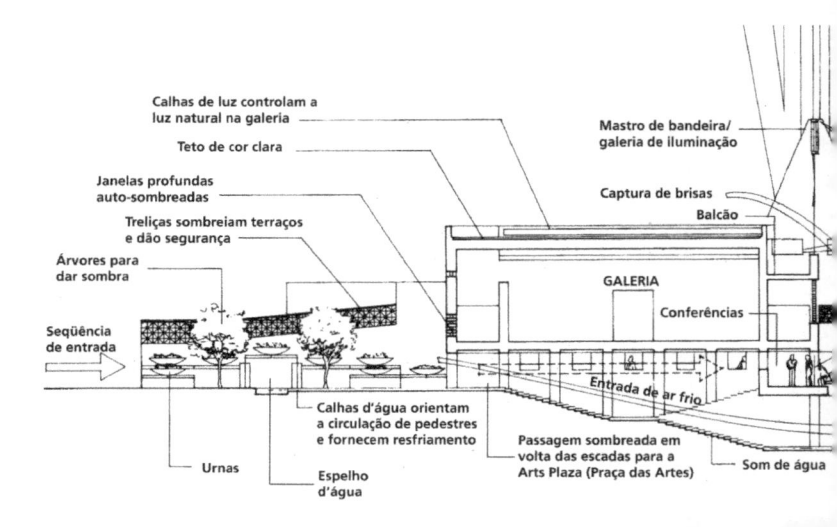

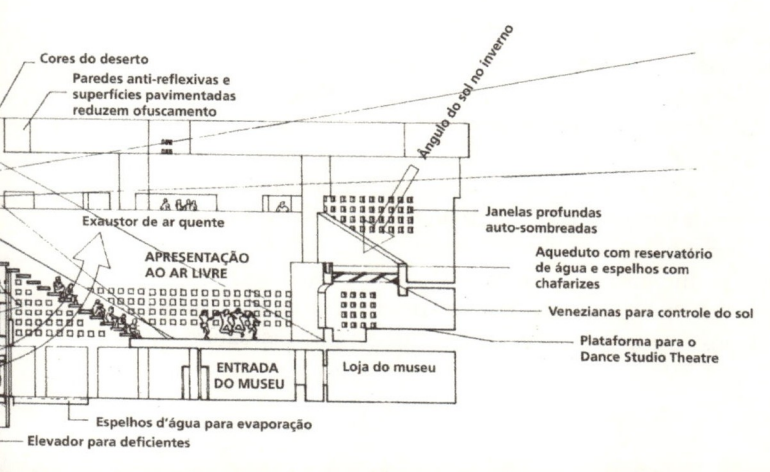

- Cores do deserto
- Paredes anti-reflexivas e superfícies pavimentadas reduzem ofuscamento

Ângulo do sol no inverno

Exaustor de ar quente

APRESENTAÇÃO AO AR LIVRE

- Janelas profundas auto-sombreadas
- Aqueduto com reservatório de água e espelhos com chafarizes
- Venezianas para controle do sol
- Plataforma para o Dance Studio Theatre

ENTRADA DO MUSEU | Loja do museu

- Espelhos d'água para evaporação
- Elevador para deficientes

51. Richard Rogers e Renzo Piano, Centro Georges Pompidou, Paris, França, 1972-77: fachada para a praça.

mentais – sofisticação tecnológica e espaço flexível – no exterior sem características modernistas ou clássicas padronizadas. Com a fachada excepcionalmente tumultuada, Piano e Rogers enfatizaram o tipo do museu-depósito como um artefato de alta tecnologia, mas sobretudo como recipiente historicamente neutro da cultura em diversos níveis. Infelizmente, não levaram em conta as conseqüências de problemas mundanos, como a manutenção, e os visitantes têm observado, espantados, a poeira acumular-se em cantos inacessíveis, corroendo a exuberante demonstração tecnológica.

O espaço de piso ininterrupto foi possível porque, como em qualquer depósito comercial para armazenagem de mercadorias, os elementos estruturais e de serviço nunca invadem o piso. Neste caso, os arquitetos levaram tudo para o exterior, dos elementos estruturais à circulação. As grandes vigas treliçadas de tubos de aço formam treze quadrados, cada viga presa a tirantes diagonais de aço que, por sua vez, se conectam aos montantes verticais. Mas o exterior expõe muito mais do que o sistema estrutural, pois elementos coloridos ousadamente lançados sobre a fachada contêm escadas, escadas rolantes e elevadores (vermelho), sistemas de refrigeração e aquecimento (azul), água (verde) e sistema elétrico (amarelo). Raramente tantas informações sem interesse foram transmitidas por uma fachada com tanta agressividade cromática.

52

Embora só um pouco mais alta que seus vizinhos, a caixa gigantesca e excessivamente colorida da qual brotam tubos curvados, com as arcadas envidraçadas das escadas serpeando pelos lados, desconsidera o tecido urbano circundante dos séculos XVII a XIX. Os arquitetos optaram deliberadamente por ignorar o contexto, não fazendo tentativas de ajustar o projeto às cercanias ou de diminuir sua natureza intrusiva, a não ser pelos terraços escalonados no lado sul. Na verdade, eles até pretenderam ampliar o território do museu e converter residências adjacentes em estúdios e moradias afins. O sonho nunca acabou para Piano, cujo museu-depósito posterior para a Coleção Menil, em Houston, Texas (1987), lança seu manto cinzento sobre as ruas suburbanas circundantes, onde os bangalôs comprados por Dominique De Menil e postos à disposição de artistas e funcionários do museu já haviam sido pintados na mesma tonalidade em 1974. Ali, no entanto, ele reduziu a ênfase na sofisticação tecnológica em deferência à localização inquestionavelmente suburbana, tratando a questão do contexto de forma muito mais solidária.

Em sua sinopse sobre o Pompidou, os arquitetos reiteraram insistentemente o objetivo de conseguir o máximo de flexibilidade, a ponto de até os andares poderem ser movidos, uma vez que o edifício se destinava a abrigar os tipos mais diversos de exposições, da arte moderna à arquitetura, à mobília e às artes decorativas e daí para outros tipos de exploração da cultura contemporânea. Embora a estrutura flexível permitisse espaços manipuláveis que acomodariam eventos específicos, a superabundância tornou o esquema problemático. Na prática, o espaço interminável e indeterminado e os

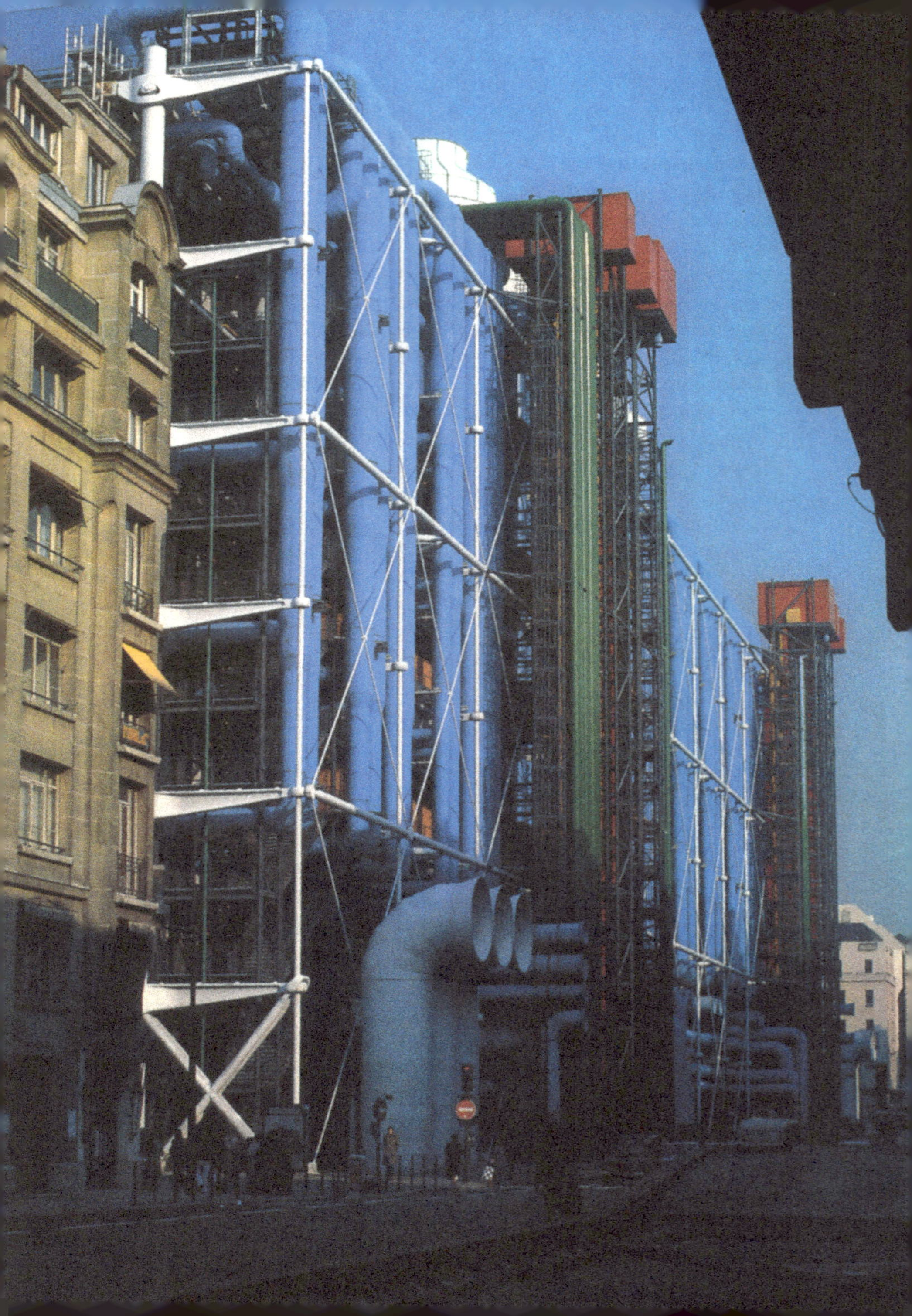

53. Patkau Associates, Canadian Clay and Glass Gallery, Waterloo, Ontário, 1988.

52. *página anterior* Richard Rogers e Renzo Piano, Centro Georges Pompidou, Paris, 1972-77: fachada para a Rue Beaubourg.

elementos externos altamente visíveis e coloridos tornaram difíceis as exposições de arte – sua principal missão –, de forma que uma segunda caixa interior teve de ser erguida para ocultar o exterior e fornecer espaço suficiente nas paredes.

Um exemplo bem incomum do museu do tipo depósito indica uma direção totalmente diferente. A Canadian Clay and Glass Gallery (Galeria Canadense de Argila e Vidro), de Patkau Associates, em Waterloo, Ontário (1988), foi pensada para expor vidro e cerâmica como produtos de um processo que deveria ser expresso na construção, desde o soprar vidros e moldar panelas até a seleção de peças especiais e sua exposição como objetos de arte. Atrasos e cortes de verbas que não dependiam dos arquitetos levaram à derrocada da proposta e, daí, à do projeto, razão pela qual a crítica desse processo precisou voltar-se para o que restou dele. Precedendo o bem definido cubo branco do tipo relicário, os arquitetos expuseram e celebraram a construção e seus materiais e abriram janelas enormes para inundar os espaços de luz natural e permitir a visão da cidade – como no caso do pórtico do Altes Museum de Schinkel, reforçando a relação dos objetos de arte com a vida cotidiana lá de fora.

A busca do espaço infinitamente flexível, assim como o gosto pela exaltação visível da tecnologia, fizeram com que o apelo do museu do tipo depósito se disseminasse amplamente: na Inglaterra, por exemplo, temos o Sainsbury Centre da Universidade de East Anglia, em Norwich (1978), de Norman Foster; nos Estados Unidos, o Temporary Museum of Contemporary Art (Museu Temporário de Arte Contemporânea), de Gehry, em Los Angeles (1984), e o arquivo de cinema da Paramount Pictures, de Holt Hinshaw Pfau Jones, na mesma cidade (1990). Glenn Murcutt também adaptou um esquema de depósito, realizado em aço e ferro ondulado, para um museu de mineração muito mais modesto e despretensioso em Broken Hill (1988), no interior da Austrália. Na verdade, a principal característica que distingue os depósitos de Gehry e Murcutt da maioria dos outros é sua falta de pretensão por dentro e por fora, quase desafiadoramente não-artísticos e enfatizando a precariedade da instituição.

O paradigmático museu-depósito não surgiu no final de uma trajetória histórica de progresso, mas sim no início do período em discussão. Ainda quando o Centro Pompidou se arrastava para sua

existência pretensiosa, o Yale Center for British Art (Centro Yale de
Arte Britânica), de Louis Kahn, em New Haven, Connecticut (1969-
77), exprimia de forma eloqüente uma versão diferente do depósito, baseada numa estrutura de concreto por dentro e por fora, com
painéis de preenchimento de metal, vidro e madeira. Só o volume
da escadaria cilíndrica elevando-se pelo vasto átrio iluminado pelo
céu interrompe o ritmo sob outros aspectos constante e regular das
unidades modulares. Para Kahn, o museu-depósito exigia não a
glorificação da alta tecnologia, mas sim o refinamento quase artesanal de todos os materiais de construção; não o espaço universal e
infinitamente maleável, mas unidades regulares que pudessem ser
reduzidas ou ampliadas dentro de certos limites. Kahn rejeitou resolutamente os conceitos da maioria dos museus discutidos acima:
em Yale, os sistemas mecânicos e de serviço estão convenientemente localizados fora de vista, não expressos na fachada, e o classicismo é relegado à arte em exposição. Portanto, um edifício que
revela sua qualidade tectônica com simplicidade cativante e ilusória oferece um ambiente nobre em vez de detalhes clássicos, e
nele a pompa de exprimir o espírito da época simplesmente não
tem vez.

54, 55

O museu como shopping center *cultural*

As estratégias mercadológicas dos museus apagaram as distinções entre comércio e arte através da criação de lojas de museus
cada vez mais elaboradas e importantes, novas estratégias de exposição que criam um vínculo entre as obras expostas e a venda de
uma ampla gama de itens não mais limitados a pôsteres, cartõespostais ou catálogos, e empresas de aluguel de obras de arte, assim
como os *shopping centers* ampliaram sua gama de instalações para
incluir cinemas, concertos e exposições de arte. Esse novo tipo de
museu, como um *shopping center* cultural, inclui instalações que
vão de restaurantes e grandes lojas a auditórios e teatros. Para o
museu e o *shopping*, a atividade fundamental consiste em gerar renda por meio do estímulo ao consumo. O *shopping* pode ter se tornado o tipo paradigmático de construção do final do século XX, no
qual a distinção entre instituições culturais e econômicas diluiu-se a

54, 55. Louis Kahn, Yale Center for British Art (Centro Yale de Arte Britânica), New Haven, Connecticut, 1969-77.

ponto de não ser mais reconhecível. Tudo, de museus a universidades, ruas urbanas e mesmo parques de diversões, reproduz a organização dos *shopping centers*. É o caso de Epcot Center, no Disney World, onde se reproduzem monumentos internacionais – até mesmo o teto da Capela Sistina – como cenário decorativo de um *shopping* mal disfarçado.

29

A Neue Staatsgalerie, ou Nova Galeria Estatal, em Stuttgart, Alemanha (1984), de James Stirling e Michael Wilford, que talvez seja o museu mais importante da década de 80, enfrentou problemas não muito diferentes dos enfrentados um pouco mais tarde por Venturi e Scott Brown. Como no caso da Ala Sainsbury, a concorrência para a Staatsgalerie exigia a ampliação de um edifício clássico já

56

56. James Stirling, Michael Wilford and Associates, Neue Staatsgalerie, Stuttgart, Alemanha, 1984.

existente, datado do início do século XIX. A resposta de Stirling não poderia ser mais diferente das alusões forçadas da Ala Sainsbury, por uma simples razão: embora o museu abrigasse uma coleção permanente, também era planejado para abrigar exposições itinerantes. Quando o prédio de Stirling foi inaugurado, os *conoisseurs* afirmaram nele encontrar referências engenhosas a Le Corbusier, Soane, Schinkel, Lutyens e, inclusive, a Frank Lloyd Wright. Iniciouse um violento debate entre puristas do modernismo de um lado, que lamentavam a suposta capitulação de Stirling ao pós-modernismo devido ao uso ousado de cores e elementos clássicos como aduelas, frontões e arquitraves, e, do outro, partidários do pós-modernismo que acreditavam que Stirling ajudara a revelar à arquitetura suas próprias e ricas tradições.

Os debates obscureceram as características mais importantes do museu, particularmente sua resposta engenhosa a um local pouco promissor e o modo como se incorpora às tradições locais de construção urbana. Num terreno diante de uma via expressa de oito pistas e da fachada posterior, desolada e quase interminável do Staatstheater, e cercado por uma variedade de novas e antigas construções, Stirling contra-atacou com uma massa escultural complexa de faixas de arenito dourado em dois tons, paredes ondulantes de vidro com vistosos caixilhos verdes e amplas rampas ladeadas por corrimões em rosa e azul. Inspiradas pela paisagem de encostas enfeitadas de vinhedos e emolduradas por muros contentores de pedra, rampas de pedra ponteadas de camadas de folhagem e vegetação levam ao museu. Em vez de oferecer uma versão reduzida da rotunda de Schinkel, como fez Michael Graves com seu projeto para a concorrência do Wexner Center, em Columbus, Ohio (1983), Stirling abriu sua rotunda para o céu, com uma passarela pública girando em torno do átrio e dando para o jardim das esculturas.

Apesar da referência às tradições agrárias locais, a Staatsgalerie, com sua entrada revestida de grades e painéis de preenchimento policrômicos, foi concebida como um artefato totalmente urbano. Ao contrário da maioria dos museus das duas últimas décadas, aqui, na maior parte dos casos, a entrada é gratuita, com a arte, o café e os espaços abertos tornados públicos em todos os seus aspectos. Pensado não para ser um relicário (caso fosse, as crianças não teriam permissão de patinar em suas magníficas rampas), mas sim um centro de cultura e lazer da cidade, em importantes aspectos a Staatsgalerie lembra mais um *shopping center* cultural. A alma do museu moderno é a exposição itinerante, as grandes mostras que em geral provocam longas filas e vendas antecipadas de ingresso que em tudo lembram as dos concertos de *rock*. Quase sempre definidas como representantes dos tesouros ou da idade de ouro de alguma cultura ou país, elas tendem a reforçar estereótipos relativos à superioridade de certas culturas ou artefatos sobre outros. Nesse aspecto, relicário e *shopping* cultural tendem para um fim comum, assim como a butique de *design* e os *shopping centers*. Ao elaborar uma narrativa ficcional de homogeneidade cultural e continuidade histórica – talvez apresentada de forma mais incisiva no West Edmonton Mall, com sua justaposição de ruas temáticas como a Bourbon Street (Nova Orleans) a uma rua "européia" genérica –, o *shopping* cultural finge oferecer acesso democrático a um santuário elitista e carregado de símbolos. No entanto, a quintessência do *shopping* é ser um recinto restrito com acesso controlado tanto para lojistas como para consumidores. Essas características são na verdade uma metáfora dos espaços públicos antidemocráticos, homogêneos, racistas e exclusivistas do final do século XX, todos os quais, é claro, têm precedentes no passado. O fato de mulheres e cidadãos idosos se sentirem mais seguros em *shopping centers* do que nas ruas da cidade só reforça isso.

O museu como espetáculo

Kurt Forster identificou um tipo de museu mais recente, embora incomum, onde se espera que o visitante desfrute uma experiência estética decorrente da arquitetura propriamente dita – sendo exemplos o Museu de Artes Decorativas de Richard Meier, em Frankfurt (1986), o Museu de Arte Contemporânea de Arata Isozaki, em Los Angeles (1986) e o Wexner Center de Peter Eisenman em Columbus, Ohio (1990). É difícil ver esse tipo como algo além da fusão entre relicário e *shopping*, a não ser como uma combinação pretendida desde o início, e não como algo a que se chegou através da transformação de um prédio mais antigo. Ostensivamente configurados segundo a interpretação de Eisenman da arquitetura desconstruti-

57. Peter Eisenman, Wexner Center, Columbus, Ohio, 1990.

vista, cada espaço, cada elemento – inclusive a paisagem – do Wexner Center está sujeito à tirania de grades arbitrárias. Embora Eisenman tenha indicado tudo, das rotas de vôo da Federal Aviation Authority à localização do estádio de futebol americano da universidade, como fonte das grades, elas são apenas dispositivos uniformemente utilizados por ele para controlar seus projetos. Em vez de experiências teatrais, espaciais ou estéticas infinitamente ricas e variadas, o Wexner oferece uma seqüência de afirmações arquitetônicas sucintas, previsíveis a partir de outras obras de Eisenman. Mais que qualquer outra coisa, o que se celebra aqui é o novo estilo arquitetônico. A entrada do prédio, sem arte alguma para distrair a atenção da arquitetura, demonstra convincentemente esse fato.

Apesar da ênfase no aspecto teatral, a arquitetura desse novo tipo de museu é organizada para conseguir a mesma reverência e apreciação da arte encontradas no tipo relicário, mais estrito, onde só se esperava a experiência estética por parte dos espectadores mais cultos e o objetivo era cultivar o inculto, mas é sintomático que também inclua as características do *shopping center* cultural. Esses museusespetáculos esperam uma audiência letrada em termos artísticos, para não dizer arquitetônicos, para que as definições do estético possam ser mais amplas do que as mais antigas, mas ainda exijam a mesma reverência da parte do espectador.

Museus: algumas soluções alternativas

Por mais avassaladora que tenha sido a impertinente fusão entre *shopping center* cultural e relicário estético desde 1970, é importante reconhecer que às vezes surgiram outras abordagens para o projeto de museus. Clientes decididos e arquitetos cuidadosos, dispostos a ignorar o fascínio da moda e da imagem prontamente vendável, são os dois ingredientes necessários para a obtenção de resultados mais duradouros. Como observei anteriormente no caso do museu de Predock em Las Vegas, os museus para crianças são menos coagidos por uma tradição de tipos canônicos de construção, motivo pelo qual são suscetíveis a uma grande inventividade. Tadao Ando aspira a criar prédios com uma lógica clara, com respostas às necessidades cotidianas de seus ocupantes que se envolvem em um diálogo com a natureza – vento, água, luz, céu, plantas – despido de complexidade e transformado naquilo que ele caracteriza como uma maior pureza. O Museu das Crianças em Hyogo (1988-89), com biblioteca, sala de jogos, teatro infantil e oficina, fica numa espetacular encosta arborizada que dá para um belo lago. Depois de dividir o projeto em três unidades separadas, Ando situou o complexo em um lago raso com uma série de pequenas quedas d'água – não uma peça intocável de paisagismo arquitetônico, mas um local que convida as crianças a brincar. O projeto tem por base a profunda interpenetração entre forma construída e natureza, espaços projetados com rigor geométrico mas articulados, acima de tudo, pelo tratamento sensual do concreto moldado e das transformações dramáticas de tipos diferentes de luz. Para dar forma a esse museu, Ando abriu mão da necessidade de venerar ícones da cultura, livre das exigências de lojas de presentes, salas de conferência e outras características do museu contemporâneo; o resultado é um local delicioso, austeramente simples mas mágico para as brincadeiras criativas das crianças.

58. Tadao Ando, Museu das Crianças, Himeji, Hyogo, Japão, 1988-89.

Dois museus, um na Índia e outro no Texas, afastam-se das tipologias de relicário, depósito e *shopping*. O museu Jawahar Kala Kendra de Charles Correa, em Jaipur (1990), não é um repositório de caras obras-primas da "grande arte"; em vez disso, é dedicado à memória de Jawaharlal Nehru, o primeiro a ocupar o cargo de primeiro-ministro na Índia. Correa foi buscar suas deixas nas ricas tradições da cidade de Jaipur, fundada como nova cidade no século XVIII pelo marajá Jai Singh e planejada com referência a um padrão de nove quadrados dentro de um quadrado maior. Esse padrão,

59, 60. Charles Correa, Jawahar Kala Kendra, Jaipur, Índia, 1990: entrada e vista do pátio interno.

a mandala Vastupurusha segundo os antigos Shastras védicos, foi o modelo do cosmos, assim como o da própria arquitetura. Correa dividiu seu museu em nove quadrados dentro de um quadrado, com um dos quadrados fora do alinhamento para ressaltar a entrada e o teatro, assim como um dos quadrados de Jai Singh fora retirado do quadrado maior. A escolha de Correa não se deu por capricho, pois, à parte o vínculo com a história da cidade, seu prédio tinha de ser dividido para acomodar funções específicas além de lutar com as dificuldades de financiamento com as quais se deparam os projetos públicos na Índia. Os pavilhões contêm abrigos tradicionais a ser usados por artesãos locais para a exposição de jóias, tecidos, armas, vestimentas e manuscritos, e também uma biblioteca, uma lanchonete, escritórios da administração e um espaço para apresentações de música e dança locais. Recobertas com o arenito vermelho da região, as paredes estruturais de concreto de cada quadrado são desgastadas nos cantos, onde recebem um símbolo identificador que corresponde às seções da mandala. Dentro de cada uma das unidades condensadas, Correa criou uma notável variedade de espaços, cada qual com sua atmosfera distinta. A tranqüilidade contemplativa da biblioteca com seu espelho d'água, por exemplo, contrasta com a grandeza do setor da administração, com sua cúpula em cores brilhantes e a seqüência de corredores esculpidos.

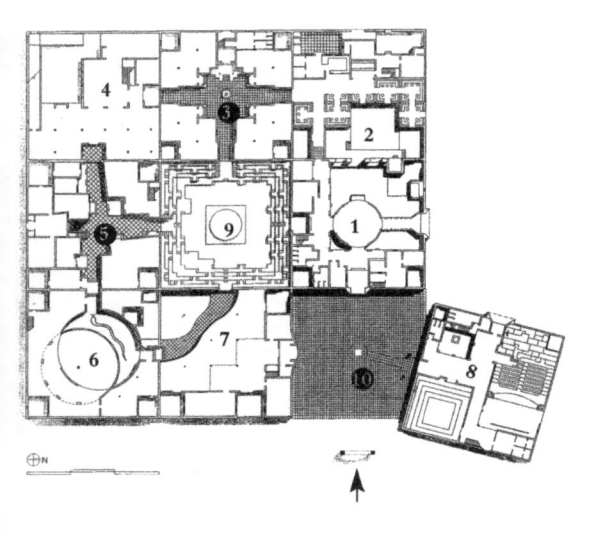

61. Charles Correa, Jawahar Kala Kendra, Jaipur, 1990: planta-baixa. A entrada é indicada pela seta abaixo à direita.

1. MANGAL	Administração
2. CHANDRA	Lanchonete, sala de convidados
3. BUDH	Jóias, iluminuras etc.
4. KETU	Tecidos e roupas
5. SHANI	Oficinas artesanais
6. RAHU	Armamentos
7. GURU	Biblioteca e documentação
8. SHUKRA	Teatros
9. SURYA	Kund
10. Entrada	

62. Carlos Jiménez, Galeria Lynn Goode, Houston, Texas, 1991.

A diminuta Galeria Lynn Goode, em Houston (1991), de Carlos Jiménez, incorpora um tipo de sensibilidade totalmente diversa daquela que caracteriza os projetos públicos maciços discutidos acima. Aqui, o arquiteto adaptou as características da casa suburbana às necessidades de uma galeria. Em primeiro lugar, colocou o plano de estuque da fachada sobre uma entrada recuada com quatro subdivisões em painéis de aço, simultaneamente invocando a tipologia dos arredores – pórtico/garagem/janela panorâmica na sala – e abstraindo-a em sua essência tectônica. Na delicada geometria que dá ordem à fachada, com uma janela no segundo andar que desce para o alto pórtico da entrada, a Galeria Lynn Goode lembra tanto o aspecto brincalhão de uma fachada de Adolf Loos quanto o calculado ritmo sincopado das de Irving Gill. Entra-se pelo pórtico recuado em um vestíbulo de pé-direito duplo, de planta quadrada e aberto dos quatro lados – à direita, para os escritórios e a área de armazenamento, à esquerda para os espaços de exposição. O ritmo quebrado das janelas na fachada frontal também sugere os variados níveis e tipos de luz do interior, e na verdade a janela irregularmente posicionada ilumina o elevado espaço da entrada. Daí passa-se por uma série de espaços que se expandem e se contraem, dando vida à passagem que oferece diferentes possibilidades para a exposição das obras de arte.

Bibliotecas, salas de concerto e teatros

As bibliotecas talvez continuem a ser variações de um tipo primitivo de depósito urbano. Até o século XVIII, consistiam tradicionalmente em coleções particulares pertencentes a indivíduos ricos ou eruditos, propriedade de universidades e faculdades ou manuscritos preservados por autoridades religiosas. A espetacular escadaria de Michelangelo no vestíbulo da Biblioteca Laurentina, em Florença (iniciada em 1524), paga pela família Médici, é famosa; menos conhecida é a sala de leitura propriamente dita, com sua seqüência de divisões bem iluminadas, definidas por pilastras planas em um longo espaço retangular apropriado à leitura e ao armazenamento de fólios. Duas outras importantes bibliotecas antigas foram a Biblioteca de São Marco (1536), de Jacopo Sansovino, em Veneza, e a do Trinity College, em Cambridge (1676), de Christopher Wren.

Ao mesmo tempo que coleções de arte particulares começaram a se tornar públicas e novos edifícios foram construídos para guardá-las e exibi-las durante o século XIX, as bibliotecas também começaram a abrir-se ao público e a se abrigar em novos tipos de construção. Dentre os grandes exemplos, dois dos mais importantes foram a Biblioteca Sainte Geneviève (1842-50) e a Biblioteca Nacional (1858-68), de Henri Labrouste, em Paris, ambas celebrando o uso do novo material de alta tecnologia, o ferro. Nos Estados Unidos, a tradição das bibliotecas desenvolveu-se primeiro segundo a linha dos projetos neo-românicos de H. H. Richardson, seguida pelas fachadas neoclássicas e grandes colunas independentes, mesmo sob o ímpeto do programa de reformas de Carnegie, que construiu bibliotecas filantrópicas no final do século XIX e início do XX.

Dentro da tipologia básica do depósito urbano, a Biblioteca Municipal de Barcelona, de Beth Galí, Marius Quintana e Antoní Solanas (1988-90), situada junto ao Parque Joan Miró na extremidade da antiga malha de Cerdá, emprega tática semelhante às de Ando para conseguir um oásis de tranqüilidade em harmonia com a natureza. Neste caso, entretanto, somente parte do prédio abre-se para

63. Beth Galí, Marius Quintana e Antoní Solanas, Biblioteca Municipal, Barcelona, Espanha, 1988-90.

64. Hodgetts e Fung, Biblioteca Towell, Universidade da Califórnia, Los Angeles, 1992.

uma paisagem verdejante. O outro lado dá para a cidade. O revestimento em travertino espanhol de cores claras envolve a fachada urbana, enquanto as salas de leitura abrem-se para o parque com janelas do chão ao teto, e o complexo fica dentro de um espelho d'água cujas cascatas, a exemplo do que ocorre no museu de Ando, geram sons e reflexos cintilantes. Nesse cenário urbano, porém, enfatizam a separação entre a biblioteca e o resto da cidade lá fora.

No final do século XX, é preciso repensar as bibliotecas*: estão sobrecarregadas de livros que se deterioram devido à polpa ácida de madeira utilizada desde o século XIX, e devem enfrentar novas tecnologias e necessidades. Destacam-se dois projetos de bibliotecas contemporâneas que abordaram essas mudanças. O primeiro é de Hodgetts e Fung, para a Biblioteca Towell na Universidade da Califórnia, Los Angeles (1992). O nome "Towell" é uma combinação de Temporário e Powell, já que a nova biblioteca deverá ser uma substituição temporária da Biblioteca Powell enquanto esta passa por uma reestruturação sísmica. Localizada no meio de um *campus*

---

* O texto original é de 1996. (N. do R.)

neo-românico em tijolo e pedra, a Towell parece ser um novo galpão Quonset ou Nissen* parcialmente construído em alvenaria, aberto e dividido, eriçado de colunas de aço, frisos de alumínio e tecidos de poliéster de cores vivas. Atende à necessidade de armazenar livros e fornece espaço para estudo, além de acomodar todos os novos dispositivos eletrônicos comuns às bibliotecas do final do século XX. Agradavelmente detalhada e cheia de energia cinética e divertida, destacando-se de forma ousada porém eficaz do terreno sóbrio do *campus*, a Towell provavelmente chamou mais atenção do que qualquer outra estrutura temporária de Los Angeles, inclusive o Temporary Contemporary de Gehry.

O segundo projeto importante é o da participação do Office for Metropolitan Architecture (OMA), de Rem Koolhaas, na concorrência aberta em 1989 para a Bibliothèque de France, em Paris. Embora não a tenha vencido, propunha a resposta mais ousada, dentre todos os projetos inscritos, ao desafio do desenvolvimento tecnológico contemporâneo das comunicações eletrônicas. O projeto de Koolhaas previa que os livros ficassem em um cubo de vidro translúcido, durante o dia uma sólida massa branca e leitosa envolvida em uma profusão de superfícies transparentes e translúcidas, à noite uma sinfonia brilhante de estantes, andares e salas de conferência, mudando constantemente conforme mudam as atividades lá dentro, assim como o fluxo de informações move-se de maneira diferente e inesperada, prestes a romper com o confinamento dos antigos recipientes, os velhos depósitos de livros.

Juntamente com museus e bibliotecas, desenvolveram-se dois outros tipos de construção para uma burguesia em expansão a partir do século XIX. Nas duas últimas décadas, os arquitetos desfrutaram de grande sucesso com projetos para salas de concerto e teatros. O Teatro Carlo Felice, de Aldo Rossi, em Gênova, Itália (1987-90), e o Disney Concert Hall de Frank Gehry, em Los Angeles, talvez expressem melhor as duas grandes estratégias na Europa Ocidental e nos Estados Unidos durante a década de 80. Como resultado do bombardeio dos aliados durante a Segunda Guerra Mundial, tudo o

---

* Um abrigo Quonset (marca comercial) é um galpão pré-fabricado montado sobre uma base de vigas curvas de aço, com um teto curvo semicircular de metal corrugado e isolamento de fibras de madeira. O Nissen é um abrigo pré-fabricado em forma de barril, de ferro corrugado e piso de cimento. (N. da T.)

65. Aldo Rossi, Teatro Carlo Felice, Gênova, Itália, 1987-90.

que sobrou do Teatro Carlo Felice (construído originalmente em 1828) foram algumas colunas dóricas e o pórtico lateral. Depois de ganhar uma concorrência fechada em 1983, Rossi tomou os restos danificados como base de seu projeto, restaurando-os em sua aparência e função originais dentro do cenário urbano. Em vez de simples reconstrução, porém, o projeto de Rossi pretendia revelar a interação complexa entre cidade e teatro, realidade e representação, tanto no interior quanto no exterior. Às duas entradas principais que dão para duas praças, Rossi adicionou uma terceira que conduz à arcada de lojas do século XIX, a Galleria Mazzini, fixando assim o teatro como centro da atividade pública e comercial no coração de Gênova. Já no teatro, Rossi virou a mesa e substituiu o que fora um

O ESPAÇO PÚBLICO **115**

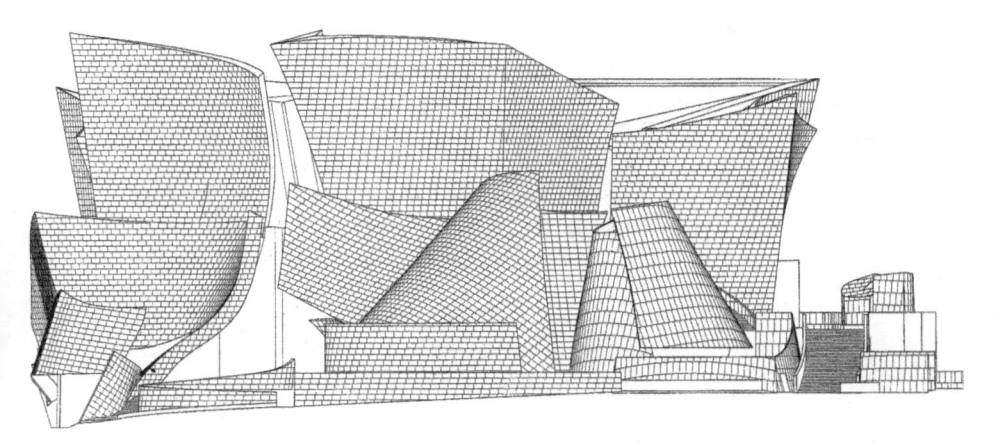

66. Frank Gehry, Walt Disney Concert Hall, Los Angeles, Califórnia, iniciado em 1989: planta de elevação.

suntuoso refúgio apartado da cidade em uma paisagem urbana recriada, com o proscênio e as paredes laterais repetindo fachadas típicas de Gênova com revestimentos de mármore, janelas fechadas e varandas de mármore e pereira, remetendo o público à ligação entre cidade e teatro, atividade cívica e espetáculo.

O Disney Concert Hall de Gehry (iniciado em 1989) evita toda referência ao classicismo, para não dizer a tudo que não sejam outros projetos de Gehry. Deverá elevar-se sobre a Bunker Hill, área varrida pelo vento e despojada de suas residências vitorianas por defensores zelosos da renovação urbana durante a década de 50. Ao contrário dos outros concorrentes convidados, Gehry propôs um complexo sem aspiração à monumentalidade, situado em diagonal com uma generosa praça pública cobrindo a lacuna que separa os edifícios vizinhos, o Chandler Pavilion, o Departamento de Justiça e o Departamento de Água e Força. As formas esculturais características de Gehry, que vão do zigurate à rampa, moldadas com perfeição em pedra calcária por meio de cálculos precisos feitos em computador, pretendiam distinguir a estrutura daquelas de seus vizinhos da década de 60, talvez com mais eficácia no amplo *foyer* e recepção envidraçados, com o teto alçando-se como um pássaro na ala que parte da praça. Desse modo, Gehry buscou fazer do Disney Hall, em suas próprias palavras, "a sala de estar da cidade". A com-

66

plexa exposição de formas, mantidas bem juntas por rampas e plataformas habilmente posicionadas, também testemunha a rejeição de Gehry às formas arquitetônicas tradicionais em favor de algo mais pessoal e poético. Infelizmente, o corte preciso da pedra tornou-se impossível de conseguir devido às formas curvas de Gehry, ou apenas a um custo mais de duas vezes superior à previsão original. Quando este livro estava sendo escrito, a construção havia sido interrompida e não se havia anunciado plano algum para dar-lhe prosseguimento.

Depois dos levantes urbanos de 1992, a sala de estar de Los Angeles adquiriu uma configuração diferente quando os patrocinadores decidiram transformar a sala de concertos num recinto fechado sob total vigilância, como tantos outros espaços supostamente públicos da cidade. Gehry já projetara uma dessas fortalezas públicas em Hollywood, a Biblioteca Samuel Goldwyn (1986), um edifício assustadoramente fechado, com interiores espaçosos e convidativos, que enfatiza medidas de segurança de baixa tecnologia como muros altos, portões enormes e acabamento à prova de grafiteiros, em vez de adotar a segurança discreta oferecida pela alta tecnologia, como bem observou o crítico Mike Davis. O Disney Hall terá alguns dos equipamentos impeditivos da biblioteca, mas será en-

67. Frank Gehry, Biblioteca Samuel Goldwyn, Hollywood, Califórnia, 1986.

trincheirado contra possíveis agitações urbanas em deferência à paranóia da classe média. Quaisquer que sejam seus outros méritos – como a massa esculpida de suas sensuais superfícies de pedra calcária, em admirável contraste com as caixas dos arranha-céus de Los Angeles, e a adição de uma riqueza totalmente inesperada a esse local em tudo o mais desolado, um mar de concreto, asfalto e prédios de enorme mediocridade –, seu caráter defensivo limita seriamente seu sucesso como prédio público urbano.

ESPAÇO PÚBLICO: UM EPÍLOGO

Talvez as questões relativas ao espaço público sejam mais claramente visíveis no monumento de Aldo Rossi ao ex-presidente Sandro Pertini, erguido na Via Croce Rossa em Milão, em 1990. De imediato, chama a atenção para uma série de questões sobre a quem pertence a cidade, quem define seus domínios públicos e como diferentes grupos definem a noção de público. À sua própria maneira modesta, o monumento cristalizou as questões na batalha travada entre interesses conflitantes pelo controle das cidades e o impulso ainda mais funesto de transformá-las em centros de consumo. Na década de 60, a Metropolitana Milanese (MM), empresa de metrô da cidade, encomendou uma série de intervenções no coração de Milão como parte de um programa para reconfigurar e restaurar espaços urbanos que há anos haviam sido apropriados como canteiros de obras do metrô. O duplo imperativo da proposta incluía o embelezamento de áreas urbanas degradadas e o aproveitamento do metrô para desencorajar o uso de automóveis no centro.

A Via Croce Rossa fica na interseção de quatro grandes ruas de tráfego movimentado perto do antigo perímetro da cidade. Uma das ruas, a Via Borgonuovo, começou como local de palácios aristocráticos durante o período barroco, e com a Via Montenapoleone ofereceu grandes panoramas clássicos durante o século XIX. Continuaram a ser fortalezas da classe alta no século XX, sendo a Via Montenapoleone internacionalmente famosa como a rua comercial mais exclusiva, chique e cara da Itália.

Ao projetar o monumento, Rossi fez duas opções fundamentais: tratá-lo como um pequeno teatro urbano, um teatro não só para a vida

68. Aldo Rossi, monumento a Sandro Pertini, Via Croce Rossa, Milão, Itália, 1990.

cotidiana, mas também para concertos e produções ao vivo, e conjurar a memória histórica não por meio da recriação ou representação artificial de estilos, mas com o uso inteligente de materiais naturais e artificiais. Projetou um simples bloco cúbico com 8 metros de altura e 6 metros quadrados de área, localizado de forma recuada perto da Via Borgonuovo. O bloco revestido de mármore cinzento e cor-de-rosa é fechado em três lados e o quarto se abre em um lance de escadas amplo e acentuado que leva a uma plataforma de observação. Dentre os materiais, Rossi especificou um pavimento fabricado com os quadrados de granito rosa que haviam sido retirados das ruas de Milão para a construção do metrô. Os acessos laterais ao monumento são marcados por filas de seis graciosas amoreiras que se alternam com postes de luz de 6 metros de altura, com bancos de granito no espaço vazio entre elas. Da parte superior, através de uma abertura emoldurada em bronze, pode-se olhar a cidade e até mesmo ter um relance do Duomo, a poucos quarteirões dali.

As tradições milanesas permeiam todos os elementos. A pavimentação, como vimos, foi reutilizada. O revestimento de mármore é oriundo da mesma pedreira que forneceu material para o Duomo. As amoreiras, agora pequenas mas destinadas a chegar aos 12 ou 15 metros, são árvores de densa folhagem típicas da Lombardia, embora hoje raras. Os postes de luz verde-escura, a pavimentação em rosa-pálido, as árvores verdes e marrons, a moldura de bronze e os painéis de mármore cinza e rosa dispostos para obter, em conjunto, a máxima textura visual, dotam o complexo de uma policromia rica e sutil. Com os bancos e degraus, teoricamente a praça acomoda atividades que vão de encontros ocasionais com amigos à leitura de jornais e aos banhos de sol nos meses quentes de verão. Os carros voam dos dois lados, mas no caótico centro da cidade a praça é um oásis de calma e um fecho perfeito para a Via Montenapoleone, onde inexistem os assentos públicos, tão necessários em um bairro hoje ocupado em grande parte por lojas e escritórios.

As objeções ao monumento incluíram divergências (de arquitetos) quanto às proporções, resmungos (de políticos) por não ser figurativo e afirmativas (de comerciantes do local) de que era feio – embora em anos anteriores os comerciantes nunca se tenham queixado do fluxo de trânsito cada vez mais poluído, congestionado e barulhento da Via Croce Rossa, certamente feio seja qual for a definição que se lhe aplique. Tampouco se queixaram durante os cinco anos em que o local foi um canteiro de obras ainda mais barulhento e sujo. Na verdade, só quando se propôs uma solução que se poderia descrever como estética é que surgiram opiniões de todos os lados. Objetos estéticos provocam julgamentos estéticos, julgamentos que, afinal de contas, baseiam-se em padrões de gosto formados por uma ampla gama de forças culturais e sociais. Esses julgamentos de gosto, ou preferências pessoais, muitas vezes opõem-se àquilo que se diferencia do que é familiar, e raramente se voltam contra coisas classificadas como puramente situacionais, como o caos da antiga Via Croce Rossa. Caso alguém siga a lógica dos comerciantes, poderia até mesmo argumentar que o pior dano estético infligido a Milão e a essa área em particular vem precisamente dos letreiros e fachadas desses e de outros estabelecimentos comerciais.

Mas os comerciantes também fundamentaram sua oposição em um segundo ponto: os degraus e os bancos, bastante raros nessa parte da cidade. Para parar e descansar na requintada zona Manzoni, em Milão, é preciso gastar dinheiro em bares, restaurantes ou lojas. Tal visão limita implicitamente o campo de usuários legítimos da cidade aos poucos que possuem gordas contas bancárias. Os degraus e bancos de Rossi são gratuitos e abertos a todos, seja qual for a posição econômica. Os comerciantes temiam que isso convidasse as pessoas a ficar por ali sem gastar dinheiro. Os assentos gratuitos também poderiam encorajar outro grupo malquisto – os usuários de drogas, subcultura muitíssimo visível na Itália, especialmente à noite em espaços públicos com assentos. Os comerciantes não se propuseram a enfrentar as causas estruturais ou sociais do uso de drogas, mas trataram de neutralizá-lo, em especial por meio do banimento, neutralizando assim seu impacto sobre os poucos privilegiados que ficam em hotéis ou fazem compras ali.

O pressuposto implícito no argumento dos comerciantes era o de que os espaços públicos urbanos são simplesmente utilitários, ou então neutros "espaços verdes". Não surpreende que tenham proposto três árvores, uma fonte e nenhum assento. Tal proposta incorpora uma visão política da cidade em que o espaço social é totalmente dedicado a funções específicas e limitadas, uma visão que difere daquela que o monumento de Rossi oferece com tanta clareza. Unidos pelo material (mármore de Candoglia), pelos convidativos degraus públicos e colunatas (embora as de Rossi sejam externas e alternem natureza e artifício), bem como pelas plataformas panorâmicas elevadas para a visão da cidade, o Duomo e o monumento são ligados, de forma profunda e fundamental, por sua generosa visão política do uso dos espaços urbanos.

As atitudes sobre o espaço público expressas em relação ao monumento decorrem, em parte, de mudanças que a Itália sofreu nas duas últimas décadas, especialmente quando imigrantes asiáticos, poloneses e norte-africanos entraram no país apesar das altas taxas de desemprego e subemprego. Os jornais falam regularmente de gangues itinerantes de jovens que surram africanos violentamente, e grupos de africanos são rotineiramente expulsos de fábricas abandonadas ou acampamentos provisórios. Quando as cidades tentam reservar habitações para imigrantes, moradores irritados muitas vezes anulam o esforço por meio de protestos violentos. O mesmo desejo de segregação espacial ressoa dentro da sociedade italiana, na qual a burguesia urbana e o remanescente da aristocracia italiana lamentam os sistemas de transporte público que trouxeram para as regiões centrais italianos que viviam na periferia das grandes cidades, em geral grupos de baixa renda.

Os imigrantes recebem tratamento semelhante nos Estados Unidos, na Grã-Bretanha, na Alemanha e na maioria dos outros países chamados de Primeiro Mundo. Mas a diferenciação aguda que marca a cidade capitalista tardia é tão característica de cidades do Brasil como da Grã-Bretanha, da Índia como da Itália. A entrada maciça de capital internacional em países onde grandes indústrias foram recentemente privatizadas, como Argentina, México e Brasil, ajudou a degradar ainda mais a economia rural e a empurrar um número cada vez maior de pessoas para as cidades, onde a batalha pelo controle do espaço público é ferozmente travada.

Os prédios públicos projetados por arquitetos e aqui descritos estão em geral associados a instituições de elite, às quais os grupos sociais com mais dinheiro restringem o acesso de uma forma ou de outra, como talvez se possa perceber de modo mais conspícuo no caso da Biblioteca Goldwyn. Com certeza os arquitetos não são a causa de tal situação, mas tampouco se pode afirmar que a combatem.

O espaço urbano como tem sido conceituado no Ocidente pós-iluminista, ou seja, o lugar onde classes e indivíduos diversos se misturam livremente, sem restrição ou controle visível, e onde as discussões políticas poderiam acontecer, dependeu da exclusão estratégica de mulheres, operários, pobres ou não-cidadãos. As expressões espaciais da esfera pública, tais como a praça italiana ou a ágora grega, representam a concepção arquitetônica padronizada do espaço público. Por mais remota que essa visão seja na realidade, corre o risco de tornar-se uma aspiração que foi abandonada, muito embora o ideal ainda caracterize muitos projetos arquitetônicos. O que podemos chamar de espaço público é deixado cada vez mais para os pobres e marginalizados, conceituado como área incontrolável e potencialmente perigosa, enquanto um tipo elitista e segregado de espaço público tomou forma para as classes mais privilegiadas.

2. O ESPAÇO DOMÉSTICO

Os projetos básicos das pequenas firmas de arquitetura da maioria dos países ocidentais são de algum tipo de habitação. Mesmo quando um escritório passa a trabalhar com encomendas maiores e de maior prestígio, muitas vezes a habitação continua a ser o esteio da prática profissional. Foi este o caso de Robert Venturi, que começou sua carreira com a Casa Vanna Venturi (com John Short, 1962). Ainda que, quase trinta anos depois, tenha aberto novos horizontes com a Ala Sainsbury da National Gallery, em Londres (com Denise Scott Brown), seu escritório continuou a trabalhar com o projeto de residências. Intimamente ligada ao domínio da moda, do *status* e da imagem de clientes ricos, a casa unifamiliar projetada por arquitetos também fornece um indicador imediato da evolução dos estilos desde 1970. Ao mesmo tempo, poucas das casas unifamiliares examinadas neste capítulo refletem deliberadamente mudanças de padrões demográficos – o número crescente de famílias não tradicionais, indivíduos solteiros, lares de pais/mães solteiros, idosos que vivem sozinhos ou em grupos, filhos mais velhos que moram com os pais ou o inverso –, sem mencionar temas críticos como o custo da energia, materiais tóxicos e o esgotamento dos recursos naturais.

As discussões sobre habitação que floresceram nos círculos arquitetônicos dos Estados Unidos e da Europa durante a década de 80 abordaram quase exclusivamente temas formais, refletindo com exatidão as principais preocupações de projetistas, e ignoraram grande parte dos problemas de outros países. Embora muitos arquitetos insistam que estão "trabalhando a linguagem da arquitetura" em seus projetos residenciais, a importância de preocupações tão estreitas empalidece diante do excesso de problemas envolvidos na habitação quando esta é compreendida como algo além do projeto de objetos singulares. Neste capítulo, dividi a habitação em três categorias. A primeira seção aborda um dos projetos megarresidenciais da década de 80, a IBA, em Berlim. Segue-se uma discussão da casa unifamiliar projetada principalmente por firmas ocidentais famosas. Finalmente, tratarei de moradias multifamiliares e alternativas.

A maioria dos projetos novos, criteriosos e estimulantes que vou aqui discutir envolvem alguma reconceitualização do papel do arquiteto, de artista solitário a um dos membros de uma grande equipe envolvida com a habitação enquanto parte de um maior ataque às más condições de vida. Talvez o contraste entre as duas estratégias fique mais evidente na IBA, empreendimento de grande escala em duas vertentes em Berlim Ocidental.

IBA (INTERNATIONALE BAUAUSSTELLUNG), BERLIM

Com o objetivo de restaurar habitações antigas e fornecer novas, além de revitalizar áreas decadentes de Berlim, a IBA, ou Exposição Internacional da Construção, iniciada em 1977, dispôs-se a reunir verbas públicas, grupos de interesse público, incorporadores privados e alguns dos arquitetos mais famosos do mundo para realizar um programa ambicioso de construção e recuperação que envolvesse toda a cidade, anunciado em sua concepção como uma exposição permanente e um patrimônio de novas habitações. A IBA foi apenas a mais recente das exposições de edifícios com múltiplas utilizações que na Alemanha já datam de quase um século, desde a colônia de artistas de Darmstadt (1899) à Interbau de Berlim (1957), das quais a mais conhecida foi certamente a Weissenhofsiedlung em Stuttgart (1927), organizada por Mies van der Rohe como mostruário dos melhores projetos habitacionais oferecidos por arquitetos modernos internacionais. Nas exposições de Stuttgart e Berlim, jovens arquitetos bem conhecidos com preferências estéticas semelhantes projetaram apartamentos destinados a permanecer como adições permanentes ao patrimônio arquitetônico e habitacional da cidade.

O programa inicial da IBA pretendia continuar mais ou menos na mesma linha, mas em 1977 uma bem-sucedida intervenção de Josef Paul Kleihues e Wolf Jobst Siedler redirecionou a exposição proposta, dando-lhe novos objetivos. Primeiro, argumentaram que as construções deveriam integrar-se à cidade existente em vez de isolar-se em um parque suburbano, como haviam proposto as exposições anteriores: a IBA deveria envolver o tecido histórico de Berlim, seus problemas sociais e as exigências econômicas de áreas decadentes por meio de uma combinação de *Neubau* (nova construção) e *Altbau* (restauração). Assim, além dos prédios individuais a IBA, desde o início, foi prevista como um projeto urbano complexo. Embora as revistas internacionais de arquitetura tenham divulgado os novos prédios, ignoraram em grande medida projetos da *Altbau*, como garagens, creches e a reconfiguração de fábricas sem uso em centros para jovens, instalações esportivas, escola de comércio, instalações recreativas e educacionais para surdos e pessoas com distúrbios da fala, centros culturais e lares para idosos, assim como a reestruturação de ruas, quarteirões e parques. Tudo isso não representava apenas um acréscimo à IBA, mas também elementos essenciais do programa como um todo, sem os quais os prédios e projetos individuais não teriam sentido. Em resumo, os organizadores da IBA previram não uma série de monumentos espetaculares que por acaso também seriam habitações sociais, mas sim um tecido de edifícios novos e antigos, transformações funcionais e redes de ruas reconceituadas, redefinidas e reorganizadas.

Os políticos e projetistas não desenvolveram a IBA no vácuo: o impulso veio dos moradores de Berlim. Cansados de viver à sombra de imensas ruínas e lotes vazios deixados pelos bombardeios da Segunda Guerra Mundial (que destruíram 50 por cento das moradias existentes) e do ainda mais dilacerante Muro, para não mencionar a grave escassez habitacional, no início da década de 70 os moradores começaram a exigir que os políticos fizessem algo a respeito de sua cidade devastada. Com *slogans* como "salvem a cidade arruinada", "o centro da cidade é lugar de morar" e "democracia como mestre-de-obras", reivindicaram que o tecido urbano se tornasse prio-

Tegeler Hafen

Prager Platz   Tiergarten do Sul   Potdamer Platz   Friedrichstadt do Sul

ridade política e que novas habitações fossem construídas sem destruir o que restava das velhas. Também rejeitaram decididamente o arranha-céu como solução habitacional. Essas posições só se relacionavam em parte com as questões de projeto arquitetônico. A gravidade da escassez de moradia havia levado à exposição Interbau de 1957, na qual torres e blocos modernistas isolados em áreas verdes na periferia urbana deviam reabrigar moradores do centro da cidade. Em troca, as moradias mais antigas da área central seriam demolidas para tornar os terrenos disponíveis para a construção de escritórios e espaços verdes. Contudo, antes que a administração municipal pudesse completar seus planos os moradores tomaram o caso nas próprias mãos e ocuparam prédios antigos, mesmo na ausência de confortos básicos, como banheiros. Várias coisas tornaram essas estruturas atraentes para estudantes e imigrantes turcos: aluguel barato, localização próxima a oportunidades de emprego de baixo salário e centralidade, o que significava instalações culturais, sociais e de transporte a uma distância fácil de cobrir a pé. As mesmas características tornaram os invasores indesejáveis para os administradores municipais. Eram pobres, estudantes ou minorias estrangeiras; aos olhos dos políticos burgue-

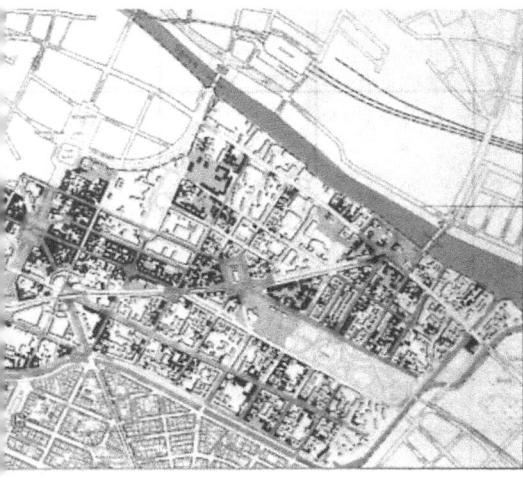

69. Planta mostrando os locais da IBA, Berlim, Alemanha, 1977-87 e após.

uisenstadt   Kreuzberg SO 36

ses, dificilmente os moradores ideais para um novo centro urbano, e assim politicamente descartáveis. As batalhas entre os invasores e a polícia de Berlim foram notícia internacional durante a década de 70 e, sem a intervenção de um segundo grupo social mais "respeitável" – preservacionistas inclinados a salvar o pouco que sobrara de prédios e residências tradicionais de Berlim –, o resultado da batalha poderia ter sido diferente.

Depois de aprovar a lei que autorizava a IBA, o Senado de Berlim nomeou Kleihues diretor da seção Neubau, e Hardt Waltherr Hamer diretor da Altbau, cada um assessorado por um grupo formado por arquitetos, políticos e planejadores que atuavam como conselheiros no desenvolvimento dos locais designados, mas não tinham poderes próprios de incorporação. Juntamente com as amplas ambições da IBA havia o envolvimento de uma parte bem maior da cidade. A meta, como delineada originalmente, era de tirar o fôlego. De início, planejaram completar 9.000 unidades residenciais novas ou restauradas até 1987 (para coincidir com o 750º aniversário da cidade). Em poucos anos o número foi revisto para 6.000, mas até essa quantidade otimista continuava sendo uma meta distante em 1987, conclusão oficial da IBA. Quatro partes diferentes da cidade foram isoladas como locais para desenvolvimento da Neubau, do subúrbio de Tegel aos distritos bombardeados de Tiergarten do Sul, cada uma com seu próprio conjunto de problemas. Mais duas áreas, Luisenstadt e Kreuzberg SO 36, foram escolhidas para passar por reabilitação no programa Altbau.

Desde o início, como mais tarde Kleihues observou, os organizadores conceberam Berlim como uma cidade incapacitada que precisava de reparos, assim como acreditavam que sua tarefa incluía a rejeição da arquitetura insensível dos prédios de apartamentos construídos durante as décadas de 60 e 70. A necessidade de substituir rapidamente o estoque habitacional perdido e manter a infra-estrutura existente estimulou boa parte das construções na Berlim da Guerra Fria. Porém, depois da exposição Interbau de 1957 e com a crescente boa sorte econômica da Alemanha Ocidental, mais e mais habitações se aglomeraram na periferia urbana. A crise do petróleo de 1973 e a subseqüente guinada desfavorável da economia levaram os berlinenses a repensar sua dependência do automóvel e o esquema padronizado de zonas residenciais na orla da cidade e locais de trabalho no centro. Para Kleihues, a insipidez apolítica dos prédios da Berlim de pós-guerra e a ênfase no automóvel para o transporte urbano foram duas das principais causas da degradação da cidade. Portanto, a IBA precisava enfrentar e, esperava ele, resolver ambas. Kleihues também reconhecia que os princípios da arquitetura moderna estavam sob ataque desde meados da década de 60. Ao adotar uma perspectiva diferente da cidade, com a arquitetura sendo elaborada por uma nova geração de arquitetos, a IBA prometia ser um laboratório ideal no qual os problemas muito reais de Berlim iriam defrontar-se com novas idéias.

No início dos anos 70, Kleihues encontrou idéias novas e provocantes nas teorias urbanas e arquitetônicas de Robert Venturi e Aldo Rossi, ambos os quais repudiavam os princípios básicos do Movimento Moderno a respeito das cidades e sua arquitetura. Rossi, em particular, insistia em que a cidade tradicional não devia ser destruída para ceder espaço a torres de escritórios no parque, nem os moradores deviam ser transferidos de áreas urbanas para torres no subúrbio. Em vez disso, novos prédios que refletissem a compreensão da história da cidade e de como as pessoas vivem hoje deviam ser cuidadosamente costurados no tecido existente, com resultados arquitetônicos e urbanísticos positivos. Na fase inicial de planejamento, Kleihues convocou um grupo diversificado de arquitetos e historiadores para deliberar sobre o caráter específico dos problemas urbanos de Berlim: Rossi, Carlo Aymonino, James Stirling, Kurt Forster e Wolfgang Pehnt, entre outros. Dessas consultas e daquelas feitas ao Senado de Berlim veio a idéia de uma série de concorrências, algumas sob convite, outras fechadas e outras ainda abertas, para diferentes locais das áreas da Neubau, a fim de abrir a IBA não apenas a uma filosofia de projeto, mas a toda a gama de idéias e abordagens correntes na arquitetura do final da década de 70 e na de 80.

O desafio aos projetistas era assustador. O Muro isolava os subúrbios ocidentais de boa parte do centro tradicional, deixando Berlim Ocidental com fragmentos do antigo núcleo urbano imperial, mas sem um verdadeiro centro próprio. Em vez de buscar um novo centro artificial, determinações básicas da IBA exigiam que as soluções dos projetos enfatizassem o caráter policêntrico de Berlim Ocidental e a natureza distinta de suas diferentes seções. A atmosfera suburbana densamente arborizada de Tegel, com seu lago e o antigo cais, exigia soluções totalmente diversas daquelas necessárias para Tiergarten do Sul, o antigo bairro diplomático, com bons pedaços de terreno vazio deixados pelo bombardeio e subseqüentes esquemas de transporte não concretizados. Duas zonas da Neubau – Tiergarten do Sul e Friedrichstadt do Sul – e duas zonas da Altbau – Luisenstadt e SO 36 em Kreuzberg – ladeavam o Muro. O fato de uma faixa tão larga de terra estar disponível para restauração e reparo é um indicador expressivo do caráter de algumas das partes mais antigas da cidade depois dos bombardeios da Segunda Guerra Mundial e da construção do Muro em 1961.

Neubau

Como a habitação social era o principal imperativo nos distritos da Neubau, as diretrizes da IBA exigiam que os arquitetos projetassem prédios em harmonia com a história e a tradição da área, especificamente para fazer da continuidade histórica um fator. Certos modelos não eram desejáveis: as torres anônimas de inspiração modernista e os famosos *Mietskasernen* (blocos de apartamentos, literalmente casernas de aluguel) do final do século XIX foram ambos rejeitados, ainda que a decisão de manter o padrão existente de arruamento condicionasse fortemente as opções possíveis de novas soluções. O pedido de que os arquitetos respeitassem as tradições de Berlim também criou problemas, pois a história de planejamento da cidade combinava duas tradições. Uma se baseava em princípios artísticos, com ruas que se curvavam de forma pitoresca, com prédios importantes em pontos focais, ênfase na pequena escala, mistura de usos, distinção clara entre as esferas pública, semipública e privada e irregularidade nos prédios sem descontinuidade indevida de escala ou projeto. Um segundo modelo desenvolveu-se mais tarde, no século XIX, com base em noções de racionalidade e eficiência e caracterizado pela separação dos usos da terra, maximização das áreas construídas, densidade mais alta e grande escala dos prédios. Em meados do século XX, esse modelo racional incluía uma estética baseada na industrialização, que incorporava concreto, aço e um extenso uso de vidro em estruturas isoladas e altas, situadas em espaços verdes, em vez da frontaria contínua da rua do modelo anterior.

Para os arquitetos que venceram as concorrências para terrenos da IBA, enfrentar essas tradições era apenas um dos problemas. Dificuldade mais séria nasceu da falta de poder da IBA. A transferência do poder do Senado, dominado pelo liberal SPD (Partido Social-Democrata alemão), para uma maioria conservadora a meio caminho da história de vida da IBA agravou as dificuldades já quase insuperáveis. Como órgão consultivo, faltava à IBA o controle das verbas, que permaneciam em mãos de incorporadores, banqueiros e empreiteiros. Além disso, como Kleihues observou mais tarde, a IBA tinha muito menos conflitos com clientes do que as administrações locais e o departamento de construção do Senado com os códigos de zoneamento e construção. Uma vez que fornecer habitação era a meta principal, espaços para outros usos foram muitas vezes eliminados durante a fase de construção para economizar verbas ou tornar disponíveis mais unidades residenciais. Com freqüência, isso significou que a comunidade de uso misto manteve-se um sonho, ergueram-se blocos de apartamento sem alguns dos desejados serviços acessórios e a exigência inicial de volta a

70. Gustav Peichl, usina de eliminação de fosfato, Tegeler Hafen, Berlim, 1980-84.

um núcleo urbano hospitaleiro para uso residencial não chegou a se concretizar.

Até hoje, nenhuma das áreas da Neubau foi concluída exatamente como se planejara de início. Isso também é verdade no caso das duas zonas distantes das áreas próximas ao Muro, Tegel e Prager Platz, embora alguns componentes do esquema de Tegel tenham sido concluídos ou estejam em construção. Tegel devia permanecer rural, insistiam os organizadores da IBA. Embora seja em grande parte uma rica área residencial, seus bosques e lagos fornecem recreação para toda a cidade. A IBA planejou dois empreendimentos, a transformação do cais do lago (Tegeler Hafen) em um complexo residencial, cultural e de lazer projetado por Charles Moore, de Moore, Ruble, Yudell, e uma usina de eliminação de fosfato no canal do norte para purificar as águas insalubres do lago, projetada pelo arquiteto austríaco Gustav Peichl.

A segunda área programada para revisão, distinta das áreas principais ao longo das vizinhanças do Muro, é a Prager Platz, em Schöneberg, uma praça do século XIX praticamente arrasada, em primeiro lugar pelas bombas e depois por planejadores de tráfego na década de 1950. Um círculo de grama verdejante em um espaço oval com cinco ruas que dele se irradiam, a Prager Platz já foi cercada pelas fachadas decorativas dos prédios de apartamentos, com lojas coloridas e ampla vida pública nas ruas abaixo. A IBA propôs revitalizar a área com a reconstrução da parede de prédios, e três arquitetos – Rob Krier, Carlo Aymonino e Gottfried Böhm – ganharam as concorrências. Seu encargo específico era criar uma parede contínua de fachadas diferentes e um *mix* de áreas comerciais e residenciais, embora isso ainda esteja por completar-se.

Conhecido como Bairro Diplomático antes da Segunda Guerra Mundial e a mais devastada de todas as áreas da IBA, Tiergarten do Sul destinava-se originalmente a ser o local de uma exposição do tipo da Interbau antes de ser criada a IBA. Na década de 60, a cidade decidiu transformar sua parte norte em um fórum cultural para moradores de Berlim Ocidental e Oriental, uma réplica da Ilha dos Museus do lado oriental, com a Philharmonie de Hans Scharoun sendo a primeira instituição a ser construída. Mas a intrusão do Muro transformou a área em uma terra-de-ninguém na borda da cidade. Em 1984, o arquiteto austríaco Hans Hollein propôs juntar os monumentos isolados da Philharmonie, da Nova Galeria Nacional de Mies van der Rohe, a Biblioteca Nacional e o Museu de Música, ambos de Scharoun, o Museu de Artes e Ofícios, de Rolf Gutbrod e o novo Wissenschaftscentrum (centro acadêmico) de James Stirling, Michael Wilford and Associates, patrocinado pela IBA, em um gigantesco "Kulturforum", uma enorme praça limitada em uma extremidade pela Nova Galeria Nacional e flanqueada pela igreja de São Mateus, do século XIX, e um braço do Landwehrkanal. A proposta de Hollein permanece na prancheta, mas um grande prédio de apartamentos em quatro alas com três pátios que se abrem para oeste foi concluído por Kurt Ackermann & Partners a oeste da galeria.

Espremido entre este complexo, o Landwehrkanal e a galeria, o Wissenschaftscentrum (1979-87) foi finalmente terminado, reunindo três institutos (Administração, Estudos Sociais Comparativos e Ecologia), mais dois outros acrescentados durante a fase de construção, no mesmo terreno para facilitar a interação entre eles. Stirling e Wilford venceram essa concorrência (seguindo de perto a esta competição muito elogiada da ampliação da Staatsgalerie em

O ESPAÇO DOMÉSTICO **133**

71. James Stirling, Michael Wilford and Associates, Wissenschaftscentrum, Tiergarten do Sul, Berlim, 1979-87.

Stuttgart) com um projeto que incorporava a fachada do final do século XIX do Reichsversicherungsamt de August Busse. Mantendo sua tendência historicista e utilizando uma estratégia de projeto de decomposição e colagem, desenvolveram um plano básico de caráter visivelmente antigo, que compreendia elementos baseados em configurações geométricas simples que lembram um teatro arcaico, uma basílica, um campanário ou uma *stoa**. Essas unidades distin-

---

* Antiga praça grega, murada nos fundos e cercada por uma colunata com um pórtico. Destinava-se a ser um lugar público e, ao mesmo tempo, abrigado. Era numa *stoa* que Zenão, fundador da escola de filosofia estóica, ensinava a seus discípulos. (N. da T.)

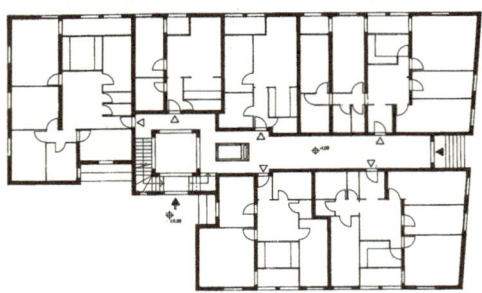

72, 73. Aldo Rossi, prédio de apartamentos, Rauchstrasse, Tiergarten do Sul, Berlim, 1983-84: vista e planta.

tas encerram um verde pátio interno criado para acompanhar o alinhamento dos institutos. Esse plano permitiu que os arquitetos discriminassem áreas funcionais como laboratórios, salas de conferência e escritórios, e assinalassem a diferença nas próprias formas, evitando assim a monotonia potencial do prédio de escritórios padrão com um exterior uniforme e espaços modulares por dentro. Dada essa estratégia, não surpreende que as fachadas, com faixas alternadas de revestimento de pedra azul e rosa, tenham provocado polêmica. A longa fachada norte de quatro andares é a mais controvertida, pois, apesar de rejeitarem a monotonia do bloco padrão de escritórios, Stirling e Wilford simplesmente propuseram outro tipo de monotonia, a de fileiras de janelas emolduradas por guarnições de arenito em U com 40 centímetros de profundidade. Embora interliguem estruturas de outro modo discrepantes, a principal razão para a repetição das molduras era evitar complicações durante a construção. O peso das fachadas está bem de acordo com os prédios vizinhos e as molduras às vezes fornecem uma forte articulação, um claro-escuro agradável nessa longa fachada. De dentro, os profundos batentes das janelas dão uma ilusão muito satisfatória das grossas paredes típicas de estruturas de pedra, tornando os interiores totalmente coerentes com o pesado exterior.

As dezenas de projetos em outros locais de Tiergarten do Sul incluem apartamentos de Vittorio Gregotti, O. M. Ungers, Antoine Grumbach, Heinz Hilmer e Christoph Sattler, Heinrich e Inken Baller e outros; a reconstrução da ponte Graf-Spee por Klaus Theo Brenner e Benedict Tonon; paisagismo arquitetônico em Magdeburger Platz, Tiergartenstrasse, Reichpietschufer e em outros locais por Cornelia Müller, Elmar Knippschild e Jan Wehberg; e propostas de creches de Jasper Halfmann e Klaus Zillich e de Reinhard Schmock e Gunther Schöneweiss.

Outra seção do programa da IBA é o desenvolvimento da Reichstrasse, uma série de empreendimentos habitacionais para unidades de aluguel ou ocupadas pelos proprietários. No plano-mestre de Rob Krier, o projeto ancora-se no complexo de apartamentos de Aldo Rossi na extremidade ocidental, que dá para um prédio existente (a antiga Embaixada da Noruega) do qual o arquiteto tomou emprestada a configuração em L da planta de seu edifício. Além de partes do complexo de Rob Krier na borda leste do terreno, entrada formal de todo o projeto, somente o prédio de Rossi tem revestimento de tijolos. Para Rossi, a arquitetura tradicional de Berlim caracterizava-se por suas fachadas de pedra e tijolos não revestidos de argamassa e por formas simples, em bloco, e sua reação à cidade por meio da adaptação cuidadosa de materiais de construção tradicionais marcou outro ponto alto nos projetos da IBA, oferecendo um exemplo a ser seguido por Vittorio Gregotti e outros.

O prédio de Rossi consiste em trinta apartamentos distribuídos em cinco andares. Por dentro e por fora, a torre das escadas, encimada por uma cúpula octogonal, forma o centro visual e funcional.

Tijolos vermelhos e fileiras de ladrilhos de cerâmica amarela constituem os elementos unificadores. Os apartamentos propriamente ditos têm de dois a seis cômodos, habilmente planejados para permitir o máximo de privacidade, algo muitas vezes ausente em habitações sociais. Dois terços das unidades têm apenas um vizinho, os terraços não se tocam e a maioria das unidades tem um grande espaço central que dá acesso ao restante dos cômodos e serve de zona-tampão. Rossi concebeu esse espaço como uma ampliação da cozinha, refletindo sua própria crença de que a cozinha é o centro da casa.

Embora nem os materiais nem a estética sejam típicos de seus projetos, Rossi adaptou seus ideais às exigências da IBA, incorporando características comuns a seus projetos na Itália mas remontando-as com novos elementos e tradições de construção evocativos da paisagem arquitetônica de Berlim. Uma das principais preocupações dos arquitetos alemães quando da criação da IBA era que arquitetos estrangeiros simplesmente reproduzissem seu próprio trabalho com sensibilidade apenas marginal em relação a Berlim – e, na verdade, foi assim com muitos. Em alguns casos, porém, como nos blocos de apartamentos de Rossi, arquitetos não alemães reinterpretaram e fundiram com sucesso tradições locais com as de outras regiões, um meio historicamente poderoso de enriquecer as linguagens arquitetônicas e o meio ambiente urbano.

De qualquer forma, o projeto da IBA mostrou-se notavelmente aberto a estilos divergentes. Os organizadores demonstraram a mesma hospitalidade para com o prédio de apartamentos vistosamente quadriculado de Peter Eisenman e os projetos muito mais sóbrios de Rob Krier.

Outro conjunto de apartamentos fica perto do Ladwehrkanal, a sudoeste do Wissenschaftscentrum, de Stirling e Wilford. A IBA colaborou com o Ministério de Planejamento Urbano em uma concorrência para as cinco estruturas com o objetivo de explorar possibilidades de projeto que poupassem energia. Cada um dos edifícios de Lutzowufer oferece uma abordagem diferente para a economia de energia, com base em vários graus de abordagens passivas obtidas por meio da seleção de materiais, da tecnologia de construção e da disposição das plantas e de sistemas ativos, inclusive tecnologias para exploração de energia como os coletores solares. Com o canal de um lado e um jardim público do outro, os edifícios são extremamente bem localizados. A altura em comum, a base quadrada e as entradas axiais ligam-nos com uma série de unidades de dois andares no nível do solo, unindo tudo em um grupo diferenciado, mas harmonioso. A preocupação com a energia foi totalmente respeitada, apesar da variedade do tratamento das fachadas. A unidade de Bernd Faskel e Vladimir Nikolic apresenta, nos quatro cantos em toda a altura do prédio, jardins de inverno com janelas, de forma que cada unidade desfruta de dois grandes terraços fechados, com zonas sociais abrindo-se para o canal (ao sul) e os quartos de dormir para o jardim (ao norte). Recursos como o revestimento de tijolos na fachada que dá para o canal e as saliências em painéis nas fachadas laterais, com fendas verticais para as janelas, aperfeiçoam ainda mais a eficácia térmica do projeto.

Coração comercial da Berlim de antes da guerra, Friedrichstadt do Sul, organizada com espaços urbanos barrocos no início do século XVIII, foi um centro de atividade nacional-socialista durante a década de 30. Talvez a área mais devastada de todas as designadas pela IBA, também passou por uma série de tentativas incoerentes e confusas de reconstrução no início do período da Guerra Fria. Ainda assim, grande parte da antiga rede de ruas permaneceu, e tomou-se desde o princípio a decisão de mantê-la (talvez na esperança profética da possível reunificação das duas cidades) em vez de redirecionar as ruas para o novo centro de Berlim, em torno do Kurfürstendamm. A IBA optou por restaurar as dimensões das ruas e, inclusive, manter a escala de antes da guerra dos blocos tradicionais de habitações ao longo das principais avenidas – ou seja, nenhuma construção muito elevada, com exceção dos apartamentos de Pietro Derossi na Wilhelmstrasse.

Com a mistura apropriada de prédios comerciais, residenciais e industriais, os projetistas da IBA esperavam fazer de Friedrichstadt do Sul um bairro de classe operária. Boa parte das construções da Neubau concentraram-se aqui, com quase cem arquitetos ou equipes diferentes apresentando propostas. As firmas afinal selecionadas para construir incluíam alguns dos nomes mais reconhecidos internacionalmente da década de 80: Herman Hertzberger, Aldo Rossi, Stirling e Wilford, Eisenman/Robertson, Raimund Abraham, John Hejduk, Zaha Hadid e Gino Valle. Não surpreende que essa área tenha recebido mais espaço na imprensa. Aqui, também, algumas das direções da linguagem arquitetônica – ao menos no que diz respeito às fachadas externas – podem ser acompanhadas. Por exemplo, em seu prédio de apartamentos na Friedrichstrasse, Abraham mostrou com destaque tanto a estrutura tectônica quanto soluções de circulação na elevação da rua, razão pela qual a fachada se mostra quase viva, com sombras profundas e relevos ousados. A contribuição de Hejduk consiste em duas alas que circundam um pátio no qual inseriu uma torre de quatorze andares para ateliês de artistas. Aqui, as plantas dos apartamentos diferem daquelas comumente encontradas em muitos dos projetos da IBA. Tendo em mente a necessidade dos artistas, Hejduk imaginou um grande espaço central aberto e empurrou cozinhas, banheiros e escadas para o exterior. Os ocupantes tinham alguma possibilidade de dividir esses espaços centrais como precisassem. Herman Hertzberger garantiu que os moradores teriam ainda mais oportunidades de mudar seus apartamentos em seu prédio da Lindenstrasse, apresentando-lhes o projeto antes do fim das obras. Também revisou muitas idéias de seus prédios anteriores, como escadas e áreas de descanso comuns e gradações de espaços públicos e privados para permitir o máximo de segurança e privacidade, em um complexo agradável que vira a esquina da Lindenstrasse com a Markgrafenstrasse, atrás de uma igreja.

Entre duas construções históricas perto de Checkpoint Charlie na Friedrichstrasse, Elia Zenghelis e Matthias Sauerbruch, do OMA (Office for Metropolitan Architecture), inseriram um prédio de apartamentos agressivamente modernista com leves matizes cons-

74. Herman Hertzberger, prédio de apartamentos. Lindenstrasse, Friedrichstadt do Sul, Berlim, 1984-86.

75. Elia Zenghelis e Matthias Sauerbruch (OMA), Quarteirão 4, Friedrichstrasse, Friedrichstadt do Sul, Berlim, 1985-89.

76. Eisenman/Robertson, Quarteirão 5, Friedrichstrasse, Kochstrasse, Friedrichstadt do Sul, Berlim, 1981-86.

trutivistas. O OMA simplesmente se recusou a restaurar as condições anteriores do local. Embora respeitassem a escala e o traçado da rua, os arquitetos romperam as linhas horizontais e o padrão de detalhamento oitocentista dos prédios vizinhos com faixas de janelas contínuas nos pisos residenciais e uma série de volumes diversos – redondo, quadrado, paralelogrâmico – no nível do solo, como pavilhões para material didático sobre a fronteira leste-oeste (agora obsoleto) e uma sala de espera de ônibus. Encimando tudo, no nível do ático, uma cornija assimétrica projeta-se sobre a rua de forma muito mais ousada que as cornijas pesadas dos edifícios vizinhos.

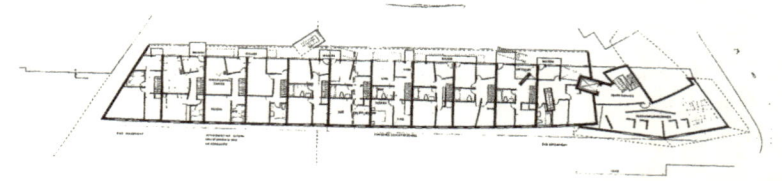

77, 78. Zaha Hadid, com Michael Wolfson, David Gommersall, Piers Smerin, David Winslow e Paivi Jaaskelainen, prédio de apartamentos e unidades comerciais, Stresemannstrasse, Kreuzberg, Berlim, 1987-94: planta do segundo andar e vista.

O prédio de Peter Eisenman, na esquina de Friedrichstrasse e Kochstrasse, mostra sua abordagem interpretativa da história do lugar a fim de propor estratégias pessoais de projeto. Eisenman decidiu realizar uma "escavação" conceitual, sobrepondo mapas de vários graus de abstração para desenvolver uma seqüência de camadas no projeto. Duas malhas – a rua contemporânea e a grade de Mercator – colidem na fachada, numa tentativa de ligar o edifício tanto ao local específico quanto à sua posição global. (O padrão das janelas de um dos prédios adjacentes oferece uma leve ligação com a brusca conjunção cromática das malhas de Eisenman.) É de questionar se os moradores ou vizinhos viram muito significado no gesto. De qualquer forma, o esquema deixou atrás de si alguns cômodos de forma esquisita, sem dúvida inconvenientes para tudo exceto como assunto de conversa. Sem a enérgica eficiência dos projetos de Lutzowufer ou a criatividade dos apartamentos de Rossi em Tiergarten, a planta das unidades individuais é surpreendentemente convencional. Com esse projeto, Eisenman fez sua primeira e hesitante investida – uma brincadeirinha com a fachada e as plantas meio desajeitadas dos apartamentos – rumo ao que viria a tornar-se a moda arquitetônica da década de 80: a desconstrução. 76

O bloco de apartamentos e unidades comerciais de Zaha Hadid em Kreuzberg, um dos poucos projetos desconstrutivistas a ser construídos, confirmou a disposição da IBA de experimentar com a forma. Com exceção da torre do canto, o projeto de Hadid permaneceu dentro das amplas diretrizes de escala e altura para habitações de baixo custo, mas rejeitou toda acomodação a tipologias existentes, tradições e materiais de construção. A maior parte da estrutura simplesmente repete o padrão do bloco de apartamentos em uma única fileira com corredor externo, com o acréscimo de elementos amarelos e vermelhos no interior do lugar que marca o final de um grupo de unidades de apartamentos e a escada. No final do bloco de três andares, Hadid anexou uma cunha de oito andares que se projeta como a proa de um navio – seu revestimento de folhas metálicas só reforça o paralelo. Nada mais, no projeto, equipara-se à projeção ousada e metálica da torre. Dentro das unidades residenciais, uma eventual parede inclinada recorda essa forma maciça e agressiva e modifica levemente os apartamentos que, em outros aspectos, são rotineiros. 77, 78

Altbau

Em muitos aspectos, a restauração e as adições seletivas da Altbau foram as mais bem-sucedidas porque, quando se completaram os projetos, áreas danificadas ou decadentes ganharam uma nova vitalidade sem o deslocamento maciço de pessoas ou a demolição de prédios. Num século em que, em tempo de paz, a mais vio-

79. Nylund/Puttfarken/Stürzebecher, projeto de preenchimento de Wohnregal, Admiralstrasse, Luisenstadt, Berlim, 1986.

O ESPAÇO DOMÉSTICO **143**

lenta destruição de ambientes residenciais e de trabalho andou de mãos dadas com ambiciosos megaprojetos indiferentes às necessidades das pessoas de renda modesta, esta não é uma realização pequena. Escritórios, creches e habitações para idosos foram costurados nos prédios existentes, e os moradores muitas vezes ajudaram a projetar e a construir suas próprias casas. Nesses projetos, os arquitetos tiveram um papel diferente do que desempenharam na Neubau, papel que exigiu atitudes diferentes tanto para com o cliente como para com a construção propriamente dita. Não foi por acaso que poucas firmas passaram da Neubau para a Altbau, na qual os clientes se tornaram colaboradores e projetistas, e os arquitetos se tornaram parceiros. Poucas estrelas internacionais demonstraram, aqui ou em qualquer lugar, muito interesse em reconceituar o papel do arquiteto. (Entre as notáveis exceções a essa regra está Renzo Piano, com seu esquema de 1983 para projetos de auto-execução e autoconstrução parcial no subúrbio de Corciano, em Perúgia). Num dos vários projetos de preenchimento na Admiralstrasse, o Wohnregal, os arquitetos Nylund/Puttfarken/Stürzebecher desenvolveram uma estrutura básica de concreto armado e lajes de andares, e em seguida imaginaram um sistema de construção de madeira para que moradores não treinados pudessem erguer suas próprias fachadas, elevações, divisórias e varandas segundo necessidades e preferências pessoais. Claro que esse sistema não permitia as fachadas simétricas ou equilibradas típicas da maioria dos prédios projetados por arquitetos, e assim o edifício foi revestido com uma grade de metal, tanto como recurso organizativo quanto como armação para floreiras. Comparado às malhas sobrepostas de Eisenman/Robertson a poucos quarteirões dali, este parece ser um conjunto de andaimes, dando ao prédio uma interessante aura provisória, como se a construção estivesse em andamento em vez de já concluída.

Vários outros projetos cooperativos de autoconstrução foram terminados na Admiralstrasse, com arquitetos como Berg/Christian, Dorr/Jendrzey e Kaufmann + Partner ajudando indivíduos e famílias com restaurações ou unidades de preenchimento. Em outros projetos que envolviam restauração, reestruturação e revisão, os arquitetos do programa Altbau trabalharam com moradores e representantes de grupos de moradores para garantir que o planejamento urbano e os projetos caminhassem de mãos dadas com o planeja-

80. Axel Vokmann/IBA Berlim, Quarteirão 79, Mariannenstrasse, Luisenstadt, Berlim, 1986.

mento social. O agradável projeto de preenchimento de Wilhelm Holzbauer em Luisenstadt, no Quarteirão 88 da Mariannenstrasse, foi realizado com participação regular dos moradores, assim como a reestruturação do vizinho Quarteirão 79. O tecido urbano de Kreuzberg e Luisenstadt data principalmente do final do século XIX, e consistia originalmente de quarteirões de prédios perimetrais a cujos grandes pátios internos foram aos poucos adicionadas fábricas e outras construções. Esse denso tecido urbano agredia não só os arquitetos modernistas como também os políticos do período da Guerra Fria, e assim, embora muitos quarteirões, como o 88, tenham sobrevivido à Segunda Guerra Mundial, quando a IBA começou apenas partes da antiga construção perimetral escaparam dos zelosos programas de eliminação de cortiços da década de 60. A seção de esquina adicionada por Holzbauer conservou a variedade de pátios de Kreuzberg e também algo do trabalho tradicional em tijolos, e oferecia uma ampla variedade de tipos e tamanhos de moradias, cada

O ESPAÇO DOMÉSTICO **145**

81. Wilhelm Holzbauer, Quarteirão 88, Mariannenstrasse, Luisenstadt, Berlim, 1985.

uma com jardim, terraço ou varanda privativo voltado para o verde pátio interno.

O Quarteirão 79 (datado de 1884), muito decadente, continha vários apartamentos e até uma antiga fábrica de bronze espremidos entre uma infinidade de pátios internos. Todo o perímetro de unidades de quatro a seis andares do quarteirão estava intacto, o que era

83. Werkfabrik, creche, Oppelner Strasse, Kreuzberg SO 36, Berlim, 1983-86.

82. *esquerda* Otto Steidle com Siegward Geiger, lar para idosos, Köpenicker Strasse, Kreuzberg SO 36, Berlim, 1985: área envidraçada entre o prédio velho e o novo.

raro, embora muitos dos apartamentos tivessem sido divididos e convertidos em unidades menores durante a década de 30. Os planos da IBA exigiam a modernização e a ampliação dos apartamentos, a adição de duas creches e um centro feminino, a criação de jardins e espaços verdes e a conversão de uma antiga garagem em estúdios e oficinas. Mais de 600 apartamentos foram restaurados e mais de uma dúzia de firmas de arquitetura trabalharam em várias partes do quarteirão. Nesse cenário, e com o rigoroso conjunto de exigências negociadas pelos moradores de Kreuzberg, os arquitetos não podiam se permitir jogos estéticos. Em vez disso, tiveram de respeitar como fundamentais as preocupações dos moradores. Na verdade, o segundo e o terceiro pontos da lista dos moradores, intitulada "Doze Regras para uma Criteriosa Renovação Urbana", exigiam que os projetistas, residentes e lojistas chegassem a um acordo sobre o alcance e o caráter das restaurações e, especificamente, que o caráter arquitetônico de Kreuzberg não fosse danificado pelas intervenções.

Deliberações semelhantes precederam a adição de novos edifícios ou a conversão de outros em lares para idosos, centros culturais ou instalações para creches. Na creche de Werkfabrik, na Oppelner Strasse, o eixo diagonal corta os prédios perimetrais existentes até uma sala de jogos quadrada no pátio, não para exibir uma arbitrária composição desconstrutivista, mas para conectar com eficiência as três partes, como exigiram as consultas aos moradores, fornecendo ao mesmo tempo uma série de espaços pequenos, de tamanho adequado às crianças. O lar para idosos de Otto Steidle e Siegward Geiger, perto da estação de metrô de Schlesisches Tor, foi desenvolvido depois que os futuros habitantes rejeitaram a proposta anterior de um incorporador com base na alegação de que era institucional demais. Steidle e Geiger combinaram novos prédios com a restauração de estruturas existentes, jardins e uma área comum envidraçada, em camadas que iam do prédio antigo à linha da rua, dos espaços privados aos semiprivados e públicos.

A IBA e o futuro de Berlim

Dos megaprojetos examinados neste livro, sem dúvida a IBA de Berlim é o mais bem-sucedido, principalmente porque o patrocínio do governo, a participação dos moradores e a sólida economia alemã ajudaram a evitar os desastres econômicos das Docklands, de Fukuoka e, talvez, até de Disney. Apesar dos muitos projetos de sucesso da Altbau e da Neubau, dos quais apenas uma pequena parte é aqui estudada, a IBA teve alguns fracassos retumbantes. Alguns arquitetos tentaram envolver a sério, em seus projetos, os problemas urbanos, sociais e arquitetônicos de Berlim, mas outros produziram edifícios de localização indeterminada e sublime indiferença para com a cidade, mais exercícios acadêmicos que intervenções urbanas sérias, não importando seus méritos de composição. Exemplos de tal postura são os projetos habitacionais de Vittorio Gregotti na Lutzowstrasse, Oswald Mathias Ungers na Lutzowplatz e Raimund Abraham na Friedrichstrasse, e alguns que por sorte ainda não foram construídos, em especial os projetos singularmente descomprometidos de Daniel Libeskind. Nesses casos, a insistência em só escolher arquitetos famosos para a Neubau contaminou os princípios mais fascinantes do programa original da IBA.

A maior fraqueza da IBA derivava da fraqueza estrutural do programa, que não permitia aos planejadores gerar usos mistos. Infelizmente, muitos dos prédios da Neubau continuam sendo ilhas residenciais em um centro urbano. Só Kreuzberg, com sua combinação de indústria leve, habitação densa, creches, lojas, restaurantes e estruturas comerciais desfruta da textura urbana rica e cheia de vida que Kleihues buscava para as seções da Neubau, mas que afinal não teve o poder de produzir.

Pelo menos duas questões permanecem em aberto. Primeiro, a IBA, com seus muitos tipos de edifícios e tarefas extremamente variadas, poderia ter sido uma oportunidade ideal de empregar mulheres e outros arquitetos pertencentes a minorias. Em vez disso, os arquitetos chamados a participar eram em sua quase totalidade brancos, europeus, homens e freqüentemente estrelas internacionais. Como sempre, as mulheres constituem 50 por cento ou mais dos moradores da maioria dos centros urbanos, mas raramente são convocadas a participar do projeto e da construção de sua cidade. Da mesma forma, a vasta população das minorias de Berlim só participou dos projetos da Altbau no papel de moradores ou consultores. Permanece aberta a questão de como o empreendimento da IBA poderia ter sido resolvido com a participação total desses outros grupos, tanto nesse como na maioria dos outros megaprojetos.

A segunda questão diz respeito ao impacto da IBA sobre o desenvolvimento urbano futuro. Depois da destruição do Muro e da reunificação do país, abriu-se novamente o tema do futuro de Berlim como cidade indivisa. Muitos empreendimentos da Altbau e da Neubau enfrentaram com sucesso o desafio de refazer com sensibilidade e participação da comunidade um tecido urbano danificado, obtendo às vezes resultados urbanos e arquitetônicos únicos. Irão esses princípios, ou outros mais fortes e amadurecidos, nortear futuros projetos urbanos? A Potsdamer Platz é um caso pertinente. Algumas das instituições mais importantes da Alemanha Nazista estavam sediadas nessa área – o Ministério da Aeronáutica, a Chancelaria, a SS e a Gestapo, e até mesmo o *bunker* de Hitler. Arrasada durante a guerra, foi ainda mais devastada pelo Muro e pela terra-de-ninguém que o acompanhava. A primeira grande concorrência realizada depois da reunificação, em 1991-94, pretendia reconstruir a área em torno da Potsdamer Platz e da Leipziger Platz, cobrindo a área anteriormente ocupada pelo Muro. Em sua maior parte, as firmas escolhidas eram alemãs, mas também participaram algumas outras, como Foster Associates, Gregotti Associates e Daniel Libeskind. A escolha do projeto aconteceu depois de debates, audiências e congressos na cidade, patrocinados pelo Senado de Berlim, e quando o júri entregou a encomenda aos arquitetos Heinz Hilmer e Christoph Sattler, de Munique, seguiu-se um tumulto, com incorporadores e um membro do júri defendendo o projeto de Ungers.

As diretrizes da disputa eram claras e relacionavam-se diretamente às lições da IBA. O projeto de Hilmer e Sattler previa restau-

84. Heinz Hilmer e Christoph Sattler, projeto para a Postdamer Platz, Berlim, 1991-94.

85. O. M. Ungers, projeto para a Potsdamer Platz, Berlim, 1991-94.

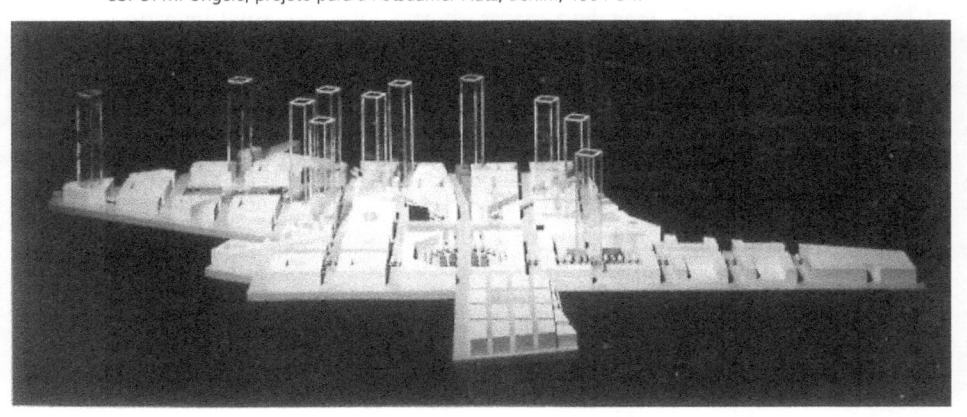

rar o traçado anterior das ruas, limitando a altura dos prédios a dez ou doze andares, estruturando uma série de praças públicas, adicionando faixas verdes e um lago retangular que levaria ao Landwehrkanal e mantendo o tipo de construção de quarteirões em perímetro berlinenses. O projeto também regulamentava a relação entre volumes construídos e espaços abertos para garantir boa ventilação e ampla luz natural, e colocava as lojas no nível da rua, os escritórios acima e os apartamentos no nível mais alto. Com a experiência de projetos bem-sucedidos de moradias e parques para a IBA em áreas próximas à Potsdamer Platz, Hilmer e Sattler compreenderam e absorveram o programa de projeto urbano da IBA, e seu trabalho refletia a adesão a seus princípios.

O projeto de Ungers, apoiado por incorporadores e pelo membro do júri Rem Koolhaas (que criticou a decisão do júri como "um massacre da imaginação arquitetônica" porque todos os projetos "progressistas" foram rejeitados), incorporava uma visão inteiramente diferente da cidade. Ungers propôs sobrepor o sistema atual de ruas ao traçado desaparecido de Friedrichstadt para gerar um sistema de cruzamentos de ruas e quarteirões de diversos tamanhos. Uma terceira camada, uma malha, indicaria os pontos onde se poderiam construir arranha-céus. Ungers propôs uma dúzia de maciços arranha-céus envidraçados (de preferência com vidro espelhado), mais de quatro vezes mais altos que os edifícios mais altos do projeto de Hilmer e Sattler, e exatamente o tipo de solução rejeitado pela IBA e pelos moradores de Berlim na década anterior. Claro que os incorporadores preferiam esse esquema, não por razões estéticas, mas porque lhes dava maior retorno sobre o capital investido – mais espaço construído rentável por área de terreno. Muitos outros projetistas também propuseram arranha-céus, como Laurids Ortner e Manfred Ortner, Hans Kollhoff e Josef Paul Kleihues. O que a maioria desses projetos apresenta é uma visão de Berlim como nova capital da Alemanha, centro da Europa e metrópole internacional. Evidentemente, para muitos essa nova estatura só poderia ser representada por arranha-céus, para que o centro de Berlim passasse a parecer-se mais com o centro de Hong Kong, Cingapura ou mesmo Orange County, no sul da Califórnia. Em vez disso, a proposta de Hilmer e Sattler insistia na fisionomia e na história próprias de Berlim como ponto de partida para um novo centro urbano bem-sucedido. O conflito de valores aqui é profundo e aparentemente inconciliável: a vontade do arquiteto de produzir uma intervenção urbana radical contra o desejo da comunidade de manter algum vínculo com a história da cidade e, especialmente neste caso, sem desfigurar a linha do horizonte ou a paisagem com arranha-céus. Para arquitetos educados como estrelas em potencial, autônomos e inclinados a fazer gestos ousados e indiferentes a tudo, exceto ao saldo bancário do incorporador e às possibilidades de publicação, a imagem a ser configurada deve vir em primeiro lugar.

CASAS PARA A FAMÍLIA TRADICIONAL

A Casa Vanna Venturi, de Venturi, e seu livro subseqüente, *Complexibilidade e contradição em arquitetura* (1966), foram respostas polêmicas à rejeição a referências históricas comum na cultura arquitetônica americana da década de 60. Venturi insistia em que a adaptação de modelos históricos, apropriadamente modificados para atender a necessidades contemporâneas, permitia que o arquiteto desenvolvesse projetos mais ricos em experiências, significado e atitude. O fato de tais referências serem iconográficas, e não tectônicas, ficou evidente na fachada fina e plana e no telhado de agudas cumeeiras da casa, que Venturi descreveu como um frontão quebrado e ampliado, com aplicação de ornamentos. A arquitetura clássica, inclusive a Porta Pia de Michelangelo, serviu-lhe de inspiração quando ele criou o molde em madeira do friso e do arco baixo sobre o dintel de concreto da entrada em uma fachada em tudo o mais plana. Dentro, foram muitas as alusões históricas quando ele fundiu elementos domésticos tradicionais à proposta extremamente funcional da casa do final do século XX.

A abertura pós-moderna aos estilos históricos também encontrou uma platéia receptiva fora dos Estados Unidos, em especial no Japão. Entre os muitos arquitetos que adotaram o estilo pós-moderno, um dos primeiros foi Takefumi Aida, que produziu a Casa de Blocos de Brinquedo (1979). Como o nome sugere, a casa foi construída à maneira dos blocos infantis, com formas elementares simples usadas como elementos de preenchimento e estruturais, pilares e dintéis. Apesar de regida por uma simetria global, a Casa de Blocos de Brinquedo incluía casos específicos de assimetria em vários pontos, a fim de criar variedade e interesse visual. Como Venturi,

86, 87. Takefumi Aida, Casa de Blocos de Brinquedo I, Hofu, Prefeitura de Yamaguchi, Japão, 1979: fachada e interior.

Aida absorveu referências a modelos tradicionais, neste caso as casas japonesas, de forma pequena mas precisa, como a adição de um pilar de sustentação. O esforço de Aida para produzir uma arquitetura ao mesmo tempo moderna e japonesa, ou seja, nem européia nem norte-americana, espelha os problemas enfrentados por arquitetos de outros países. Luis Barragán incorporou a tradição construtiva mexicana ao minimalismo modernista e à tradição ibero-islâmica mais remota em um conjunto de obras que se estenderam por mais de sessenta anos, de forma mais notável na Casa Egerstrom em San Cristóbal (1967-68), mas também na Casa Meyer no Bosque de Las Lomas, Cidade do México (1978-81) e em sua própria casa em Tacubaya, Cidade do México (1947). O tema de buscar projetos habitacionais ao mesmo tempo modernos e regionais, ou locais, permaneceu constante do início da década de 70 em diante, nos Estados Unidos, na Europa e em outros lugares. Venturi rejeitou o que via como modernismo estéril promovendo o maneirismo, mas arquitetos fora dos Estados Unidos e da Europa ocidental envolveram-se com a resistência local como parte de uma tentativa de valorizar suas tradições culturais diante do massacre do modernismo ocidental.

A comunidade arquitetônica debateu acaloradamente o pós-modernismo, com muitos indivíduos desdenhando os projetos historicistas e ecléticos. Mas o debate apaixonado aconteceu sobretudo em congressos acadêmicos, escolas e periódicos profissionais. A Casa Burns de Charles Moore em Santa Mônica, Califórnia (1974), explorou as mudanças graduais das preferências estilísticas com um pastiche de estilos históricos, inclusive com algo próximo de um rancho espanhol em cores vivas. Em meados da década de 80, o estilo pós-moderno havia sido adotado por incorporadores e empreiteiros, que o popularizaram e incluíram no portfólio de estilos arquitetônicos disponíveis a todos, desde casas construídas por especuladores a dispendiosas mansões projetadas por arquitetos. Em cidades como Los Angeles, casas baseadas numa ampla variedade de modelos históricos eram comuns há muito tempo, de mansões pseudo-Tudor inglês a falsos castelos franceses, mas os novos modelos do *prêt-à-porter* pós-moderno eram ao mesmo tempo mais coloridos, geralmente em suaves tons pastel, e menos literais, com referências históricas genéricas e só vagamente clássicas. Com certeza, na maioria dessas casas o fenômeno do pós-modernismo aborda quase exclusivamente a questão mais simples do tratamento das fachadas.

Se pós-modernistas como Moore apelaram tão incisivamente à História como fonte de seus projetos, outro pequeno grupo nos Estados Unidos afirmou que a casa podia ou devia ser uma expressão de temas culturais mais amplos. Durante toda a década de 70, seu trabalho recebeu a parte do leão da atenção da imprensa, e esses arquitetos também foram favorecidos por clientes atentos à moda e ansiosos por construir casas com projetos de vanguarda que lhes conferissem *status* elitista. O paradigma dessa posição foi Peter Eisenman, que projetou, durante a década de 70, "casas de papelão" que pretendiam romper a relação entre sujeito e objeto sugerida pela tradição humanista da arquitetura. Com as casas de papelão, Eisenman afirmava questionar a realidade do ambiente físico. Identificadas por números e em sua maioria nunca construídas, essas casas, acreditava ele, davam provas de uma arquitetura que revelava sua realidade como um sistema cultural de significado, mas um significado que só poderia ser revelado por meio da geração sistemática de formas de acordo com sistemas lógicos. Onde Venturi inscrevia símbolos supostamente significativos em uma fachada, Eisenman manipulava cada aspecto de uma casa como se esta fosse um sistema autônomo e abstrato, perturbando a disposição convencio-

88. Peter Eisenman, Casa VI, Washington, Connecticut, 1978.

nal de janelas, portas e outros elementos. Ele perseguiu obstinadamente uma manipulação cada vez mais complexa das formas de acordo com sistemas abstratos, vinculando sua abordagem à que Noam Chomsky então articulava na lingüística. Isso levou a projetos como um quarto de casal na Casa VI (1978), no qual a cama estava dividida ao meio, rompida por um vazio que Eisenman acreditava simbolizar o vazio que jaz no coração da cultura contemporânea. Talvez o vazio estivesse apenas no coração desta casa. De acordo com o cliente, ela teve de ser completamente restaurada dez anos depois de sua construção.

No final da década de 80, essas estratégias iniciais haviam sido transformadas em uma teoria geral da arquitetura desconstrutivista, mas tinham levado a poucos edifícios. Em 1978, Frank Gehry fabricou o que muitas vezes se descreve como casa desconstrutivista canônica a partir de um *cottage* de três quartos já existente em Santa Mônica. Reduzindo uma casa modesta a sua nudez essencial, ele então a revestiu com uma nova casca externa de metal corrugado, cercas de correntes, madeira e vidro. Esses materiais, mistura do tradicional, do fora de moda e do barato, ameaçadores e reconfortantes, foram usados como elementos escultóricos expressivos em uma exibição muitas vezes transparente da estrutura e da construção pouco artística. Fruto de seu fascínio pela cena artística contemporânea de Los Angeles, este e outros prédios projetados por Gehry também afirmam as possibilidades e limitações expressivas da tradição das construções de estuque e madeira comuns à Califórnia, sujeita a terremotos. O próprio Gehry negou qualquer relação com o desconstrutivismo, ou que se tenha deixado levar por preocupações teóricas. Em vez disso, enfatizou seu papel de artista, definido como ser apolítico posicionado acima de disputas político-partidárias.

Neo-Modernismo

Nas décadas de 70 e 80, as casas unifamiliares projetadas por arquitetos pertenciam em grande parte à categoria do pós-modernismo. No entanto, em muitos lugares persistiram variações do modernismo, em geral modificadas e adaptadas às necessidades lo-

89. *acima à esquerda* Ray Kappe, Casa Kappe, Pacific Palisades, Califórnia, 1968.

90. *acima à direita* Victoria Casasco, Casa Aznar, Barcelona, Espanha, 1990.

89
90
91

cais. Foi este o caso de habitações projetadas por Peter DeBretteville e Ray Kappe, na Califórnia, e por Richard Meier na costa leste dos Estados Unidos. É possível que a linguagem modernista tenha persistido mais ainda na Europa. Na branca e elegante Casa Aznar, Victoria Casasco apresentou uma atualização das curvas aerodinâmicas e sinuosas do modernismo num terreno de encosta em Barcelona (1990). Karen Bausman e Leslie Gill adotaram uma estética modernista concisa e austera na Casa Huxford, em Larchmont, Nova York (1988). Essa estrutura cúbica de dois andares liga-se ao pátio e ao *cottage* adjacente por meio de uma parede de estuque que atravessa o meio do *cottage* e se estende até a nova casa. Bausman e Gill tratam a parede como a característica mais dinâmica do projeto, abrindo-a, escavando-a, fatiando-a ou a tornando oca em vários pontos, ou lhe criando janelas. Até Rem Koolhaas, líder pionei-

91. Karen Bausman e Leslie Gill, Casa Huxford, Larchmont, Nova York, 1988.

ro do movimento desconstrutivista no final da década de 80, projetou a Villa Patio em Rotterdam (1985) segundo uma austera linguagem modernista que lembra as vilas campestres de Mies van der Rohe na década de 20. Num lote de encosta em Saint-Cloud, acima de Paris, para a Casa Dall'Ava (1990), ele adaptou elementos corbusianos como pilotis, planos livres, faixas de janelas e fachada livre às restrições de um terreno problemático, combinando-os com diversos materiais – pedestais de pedra, janelas de vidro fosco e transparente, pisos de ardósia, lambris de madeira e revestimento de alumínio – e com um ousado esquema cromático para produzir uma inventiva recombinação pós-moderna de componentes modernistas usuais.

Em locais há muito ignorados por críticos e historiadores, projetos animados pelo imaginário modernista ainda floresceram. A Casa Kauffman de Ada Karmi-Melamede em Tel-Aviv, Israel (1994),

92. Rem Koolhaas, Casa Dall'Ava, Saint-Cloud, Paris, França, 1990.

seguiu uma tradição herdada da arquitetura expressionista de Erich Mendelsohn. Sensíveis ao clima e dispostas em camadas tanto na planta como na elevação para modular a luz de múltiplas formas, as fachadas da Casa Kauffman podem ser planas, com janelas em faixa na entrada, ou plásticas, no tratamento expressivo da fachada traseira e nas paredes curvas que formam a sala de estar, o andar da biblioteca e a escada interna. Dentro de um cubo apertado, ela pesquisou maneiras de diferenciar zonas públicas e privadas numa homenagem a Le Corbusier. O passeio arquitetônico, um corredor em L de dois andares que leva da entrada da frente no andar térreo à sala de estar no canto do andar de cima, leva os visitantes para longe dos quartos particulares da família e para a cozinha e a sala de estar mais públicas do segundo andar.

Na comuna de Sutri, uma antiga cidade ao norte de Roma, cercada de tumbas e ruínas etruscas, Luigi Franciosini e Antonino Saggio projetaram uma combinação de casa unifamiliar, apartamento para hóspedes e consultório médico (1989). Diversos espaços são abertos em um longo bloco retangular de dois andares que fica em meio à folhagem verdejante, movendo-se do público (consultório) ao semipúblico (salas de estar e cozinha), da circula-

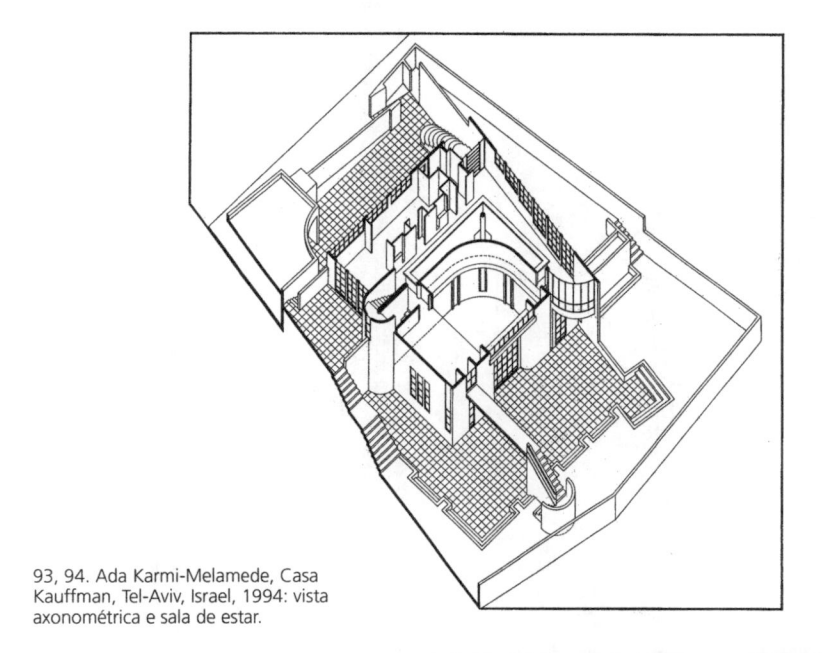

93, 94. Ada Karmi-Melamede, Casa Kauffman, Tel-Aviv, Israel, 1994: vista axonométrica e sala de estar.

95. Luigi Franciosini e Antonino Saggio, casa, Sutri, Itália, 1989.

96. *página seguinte, à esquerda* Carlos Jiménez, Casa Jiménez, Houston, Texas, iniciada em 1982.

97. *página seguinte, à direita* Carlos Jiménez, Casa Chadwick, Houston, Texas, 1991.

ção (escadas) ao privado (quartos e banheiros). O bloco simples de concreto e a estrutura de concreto armado lembram, sem imitá-los, os blocos de turfa das tradições estruturais do local, e os espaços das salas de estar e de jantar e da cozinha cercam um pátio reminiscente da disposição típica dos cômodos das antigas vilas romanas.

Por meio de materiais, disposição ou linguagem, outras casas são influenciadas pelas tradições locais ao mesmo tempo que mantêm forte orientação modernista. Em Houston, Texas, o arquiteto de origem costa-riquenha Carlos Jiménez começou sua carreira arquitetônica com o projeto de sua própria casa/estúdio (iniciada em 1982), seguida depois por duas adições separadas ao estúdio. Jiménez identificou as paredes parcimoniosas e caiadas das casas e igrejas costariquenhas e suas janelas e portas coloridas como partes de sua herança pessoal, que também eram coerentes com algumas das tradições arquitetônicas de Houston. A estas Jiménez acrescentou uma versão econômica e austera do modernismo, com interiores elevados e sutis variações de massa, volume e geometria que transformavam espaços pequenos em grandiosos, vistas comuns em panoramas espetaculares. Nem mesmo um orçamento apertado limitou Jiménez, que talvez tenha demonstrado de forma poderosa que a qualidade não tem de significar custo alto na Casa Chadwick, em Houston (1991), luminosa estrutura de três andares com uma generosa série de espaços que se desdobram em uma estrutura apertada.

Como demonstram esses projetos, a insistência rígida quer no modernismo, quer no pós-modernismo deu lugar cada vez mais, na década de 80, a uma nova tolerância para com abordagens diferentes, apesar da insistência da linha-dura em que os arquitetos deveriam admitir a supremacia de um estilo em particular, concebido como incorporação do espírito da época. Apesar de toda a diversidade de linguagens arquitetônicas nas décadas de 70 e 80, a crença em que os projetos deviam adequar-se a uma ou outra linguagem formal era incrivelmente persistente. A insistência na conformidade também inspirou debates nas décadas de 20 e 30, com ataques polêmicos contra e a favor do projeto modernista. Tanto naquela época como hoje, porém, permanecem em última instância como disputas estéreis sobre preferências formais que mascaravam o consenso subjacente sobre o papel da arquitetura no século XX. Essas discussões também tenderam a obscurecer a vitalidade fundamental do projeto numa era em que dogmas e regras foram atenuados, a excelência pôde ser reconhecida em muitas abordagens diferentes e os arquitetos conseguiram encontrar inspiração em fontes comuns e incomuns, tanto em tradições locais quanto em tendências internacionais de mais amplo alcance.

Regionalismo crítico

Dentre as estratégias de projeto sempre depreciadas desde o advento do modernismo, um alvo predileto de ataques tem sido o regionalismo, uma resposta estudada às tradições formais, estruturais e climáticas do local que foi um tema duradouro do modernismo. Esta abordagem foi chamada de regionalismo crítico por Kenneth Frampton. Embora uma percepção tardia dos fatos possa sugerir que os próprios seguidores do movimento modernista não eram menos provincianos, oprimidos por uma incompreensão singular das tradições arquitetônicas fora de seu próprio histórico europeu ocidental, nos anos do pós-guerra eles rejeitaram como marginais arquitetos cujos projetos estavam imbuídos da textura de uma área geográfica específica, em vez de reconhecer que tal estratégia precisava de uma sensibilidade pouco comum a tudo, da economia de energia ao uso de materiais locais. Da mesma forma, por causa da insistência na adesão a um estilo dominante, arquitetos de países não ocidentais, que se dispunham a projetar em linguagens diferentes em resposta às preferências dos clientes, viram-se ridicularizados como retrógrados e incoerentes.

Os ventos pós-modernos de mudança pouco ofereceram a arquitetos de outras partes do mundo que já lutavam para combinar as necessidades habitacionais modernas com a arquitetura tradicional.

98. Abdul El-Wakil, Casa Halawa, Agami, Egito, 1975.

Hassan Fathy lutou durante décadas para reintroduzir e enobrecer as técnicas de construção tradicionais de tijolos de barro para residências rurais e mesmo urbanas. Seu ambicioso objetivo de oferecer moradias melhores e mais baratas aos pobres do Egito foi posto de lado pela resistência das burocracias do governo e pelo poder econômico do setor de construção, nenhum dos quais tinha nada a ganhar com a disponibilização de moradias baratas para as massas, mas também foi prejudicado por seu próprio paternalismo. Fathy muitas vezes acabou criando projetos para clientes ricos que, por questões nacionalistas, preferiam rejeitar modelos ocidentais e adotar motivos tradicionais para suas casas.

Um dos alunos mais bem-sucedidos de Fathy, Abdul El-Wakil, fundou uma prática junto a essa clientela, educando-a sobre o significado cultural e o bom senso ecológico dos tipos e materiais tradicionais de construção. Em obras como a Casa Halawa (1975) em Agami, no Egito, El-Wakil adotou formas islâmicas nativas – sacadas, captadores de ar, balcões no primeiro andar, mastabas, entradas oblíquas, muxarabis – e, ao mesmo tempo, também rejeitou as pretensões universalizantes dos modelos habitacionais ocidentais

99, 100. Mark Mack, Casa Whitney, Santa Mônica, Califórnia, 1989: suíte principal em dois andares, com estúdio em cima e vista axonométrica mostrando a transformação feita por Mack na casa de Gehry.

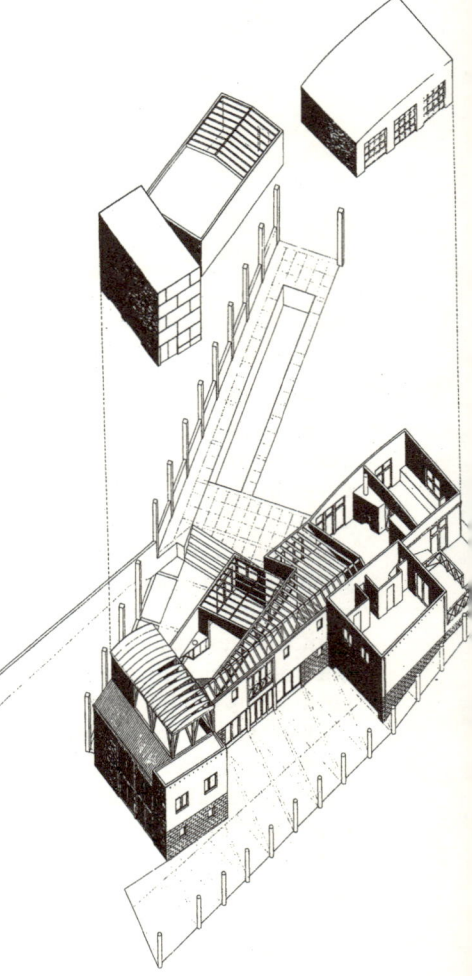

como projetos mais apropriados para toda e qualquer localização. Ao desdobrar esses elementos em escala palaciana, ele na verdade libertou as tradições de construção islâmicas locais de sua associação com a pobreza e as classes mais baixas, estratégia não muito diferente da de Andrea Palladio com a arquitetura tradicional de seus projetos de vilas no Veneto.

Nos Estados Unidos, uma minoria flexível seguiu tradições semelhantes. Mark Mack explorou a conjunção de modernismo europeu, tradição regional e austeridade clássica em casas de campo ao norte de São Francisco, como a diminuta e rústica Casa Goldman (1979) e a grandiosa Casa Kirlin (1980). Em locais diferentes, mais ao sul da Califórnia, ele abandonou essas estratégias em favor de um entrelaçamento mais complexo de volumes, como na Casa Whitney em Rus-

101. Antoine Predock, Casa Winandy, Scottsdale, Arizona, 1991.

tic Canyon, Santa Mônica, remodelação de uma casa anterior de Frank Gehry. Convocado a fazer com que um grupo de três pavilhões independentes se tornasse coeso como uma única casa, Mack abriu e ligou os blocos isolados com materiais variados e habilmente justapostos, cores luminosas e um complicado conjunto de corredores, escadas e passagens interiores elevadas. Em vez de deixar os fragmentos separados dispersos como artefatos aleatórios na paisagem, ele posicionou esses elementos arquitetônicos de modo que ressaltassem as tensões entre as unidades, unindo-as, em última instância, como uma só entidade sem impor-lhes uma homogeneidade monótona.

Antoine Predock passou os primeiros anos de sua carreira aprendendo sobre os materiais e o clima do sudoeste americano, projetando complexos habitacionais de adobe e moradias unifamiliares evocativas das paisagens desérticas do Novo México e do Arizona. Num meio ambiente rude e árido, Predock produziu uma arquitetura dura e defensiva. A Casa Winandy, nos arredores de Scottsdale, Arizona (1991), exemplificou sua abordagem da vida em harmonia com o deserto. Do solo arenoso e amarelo-dourado veio o agregado para os blocos de concreto tratados com jato de areia, e assim a casa emerge tão graciosamente da terra quanto os *pueblos* dos anasazis há mais de um milênio. Depois do calor escaldante do deserto, a casa torna-se um santuário austero de água e sombra, com seu pátio refrescado por espelhos d'água e abrindo-se, dos quatro lados, para cômodos que possuem a concisa simplicidade das antigas vilas de Pompéia. O telhado com estrutura de aço eleva-se sobre as faixas delgadas de um clerestório que corre em torno do perímetro da casa e do pátio, filtrando a luz e permitindo a visão fragmentada das colinas circundantes e do céu. A manipulação sutil da luz define individualmente cada cômodo. As ferramentas arquitetônicas de Predock são simples, mas sua eficácia é surpreendente: paredes perfuradas de cantaria, portas de vidro jateado, estuque preto dentro do peristilo para absorver o calor e a luz, rasos espelhos d'água que mosqueiam o pátio com a luz refletida e faixas inclinadas de luz filtradas pelas janelas do clerestório.

Deixando-se igualmente informar por uma paisagem desolada, Judith Scheine optou por uma abordagem diferente para a Casa Sali, perto do deserto de Mojave, na Califórnia (1994), justapondo duas interpretações conflitantes do deserto: por fora, os rijos pai-

102. Judith Scheine, Casa Sali, Juniper Hills, Califórnia, 1994.

néis de aço do teto curvam-se, afastando-se entre si, acima de uma base de grosseiros blocos de cimento e enfrentam de frente a dureza do deserto, enquanto por dentro as paredes de bétula amarelo-pálidas e os cabos e molduras de aço vermelho dos dois *lofts*, ou espaços abertos como estúdios, assumem as cores lavadas de sol da resistente flora do deserto. Em vez da abertura expansiva de Predock, o projeto de Scheine reexamina o módulo de 1,2 metro (4 pés) preferido por Rudolph Schindler, arquiteto australiano que foi para a Califórnia no início do século XX. Enrique Norten, da TEN Arquitectos, respondeu a um local densamente arborizado no Valle de Bravo, México, em duas casas de veraneio (1991). Com cobertura de telhas simples e exterior branco brilhante, elas seguem de forma agradável a tradição local, mas as vigas, a parede frontal totalmente envidraçada e as traves em L apontam, de modo inequívoco, para raízes totalmente diferentes no modernismo mexicano. Como

103. Enrique Norten, TEN Arquitectos, Casa "N", Valle de Bravo, México, 1991.

muitos arquitetos de fora do Primeiro Mundo, o projetista peruano Juvenal Baracco recebeu sua formação quando o modernismo euro-americano era o padrão pelo qual se media todo o projeto contemporâneo. Apesar do poder persuasivo da arquitetura de Louis Kahn e Alvar Aalto, Baracco encontrou inspiração especial nas tradições pré-hispânicas e coloniais do próprio Peru. Como Fathy, ele defendia habitações de baixo custo com materiais tradicionais e baratos (neste caso, para trabalhadores peruanos) e, como Fathy, também teve seus planos seguidamente frustrados pela interferência e indiferença burocráticas. Embora sua prática também inclua casas unifamiliares para clientes ricos, ele continua dedicado à causa da habitação de baixo custo. Enquanto isso, projetos como a Casa Hastings, em Lima (1976), permitiram-lhe explorar temas que, acredita, poderiam ser facilmente adaptados a habitações de massa. Situada em um recinto murado como a maioria de seus vizinhos, ela se desdobra como uma série de episódios individuais, da rua para as salas de trabalho do proprietário, um estúdio de dança e outro de pintura.

A casa desenvolve-se em vários níveis ligados por escadas em espiral, com telhados escalonados que também funcionam como terraços cheios de vegetação. A modulação de luz através do desdobramento estratégico de clarabóias e janelas é a realização da qual mais se orgulha, pois, ao contrário de Venturi e da maioria dos pós-modernistas americanos, Baracco preocupa-se principalmente com a qualidade da luz e a elaboração tectônica e espacial, e não com a decoração.

Nos projetos domésticos acima considerados, os volumes são explorados, explodidos ou criados, construídos com atenção à tectônica e não a um esquema abstrato de projeto, como se não passassem de desenhos em duas dimensões sobre a superfície do papel, posteriormente ampliados para o tamanho real. As formas atormentadas e esculturais de Gehry ficam em um dos extremos desse espectro, e as de Venturi e Scott Brown ou de Stern, com seus projetos planos, semelhantes a pinturas, no outro. Essas duas posições geralmente demarcam os limites do projeto residencial, e até mesmo do projeto arquitetônico em si. Contudo, além das proezas realizadas com a forma, uma série de outros fatores pode liberar a criatividade arquitetônica. Embora muitas vezes desdenhados pelos que se consideram membros da vanguarda, arquitetos menos interessados em modismos tendem a restaurar a base artesanal da prática arquitetônica. Optei por ilustrar o trabalho de firmas e indivíduos que sejam incomuns porque tratam a construção como uma combinação das habilidades de um arquiteto e um mestre-de-obras, um profissional atento ao detalhe e íntimo conhecedor do terreno (Casasco, Karmi-Melamede, Jiménez, El-Wakil, Mack, Baracco). Cuidadosos na colocação de cada abertura, sensíveis ao posicionar escadas, patamares, balcões e outras unidades aparentemente funcionais, eles demonstram que, em mãos certas, esses elementos tornam-se pontos essenciais e evocativos de vinculação ou divisão, reflexão, transição espacial e transformação.

Apesar das realizações desses e de outros arquitetos, o projeto habitacional sofreu um sério revés desde 1970, quando a casa se tornou o local privilegiado para projetistas fazerem afirmações a respeito das condições da cultura contemporânea, além de alardearem as aspirações de *status* de seus clientes. Historiadores e arqueólogos põem regularmente a descoberto as complexidades dos valores culturais da habitação e do tecido urbano de antigas cidades.

Mesmo em épocas mais recentes, os arquitetos do Renascimento buscaram ajustar seus prédios a uma compreensão contemporânea do cosmos e transmitir o *status* do ocupante por meio da atenção à adequação arquitetônica. Só recentemente o arquiteto passou a ter a obrigação de sobrecarregar até a casa mais modesta com a tarefa de articular a interpretação de seu criador quanto ao caráter filosófico, cultural e mesmo científico da época. Com base nisso, na década de 70 Peter Eisenman, Michael Graves e Robert Venturi, a partir de pontos de vista aparentemente diversos, lideraram um ataque à pobreza de significado da casa modernista. Para Venturi e Graves, o problema poderia ser resolvido com a incorporação de detalhamento histórico, enquanto para Eisenman a solução estava em outra parte, na manipulação de formas que eram, em si mesmas, veiculadoras do que ele acreditava ser verdadeiro na cultura contemporânea. Suas preocupações tinham pouco em comum com a maioria das habitações construídas no mundo – subúrbios residenciais de classe média nos Estados Unidos, torres na Europa e em grandes cidades do Terceiro Mundo, casas de barro na África ou na Índia –, e eles não propuseram estratégias para abordar os graves problemas habitacionais de cidades da Europa Ocidental e dos Estados Unidos, muito menos de outras partes do mundo.

HABITAÇÕES MULTIFAMILIARES

Habitações de baixo custo e alternativas

Para a maioria das pessoas que vivem em áreas metropolitanas, as casas unifamiliares são um luxo só acessível a uma pequena parte da população. Ainda assim, depois da produção de um conjunto notável de complexos multifamiliares na década de 60, muitas firmas de arquitetura importantes desdenharam essas encomendas nas décadas de 70 e 80 em favor de prédios comerciais e culturais muito mais lucrativos. Merecedor de sua fama, o Byker Wall de Ralph Erskine (1968-74), complexo habitacional público de aluguel barato em Newcastle-upon-Tyne, na Inglaterra, e o alojamento da Faculdade de Medicina da Universidade de Louvain, Bélgica (1970-71), de Lucien Kroll, destacam-se como exemplos singulares de

104. Lucien Kroll, alojamento da Faculdade de Medicina, Universidade de Louvain, Woluwé-Saint-Lambert, Bruxelas, Bélgica, 1970-71. Em primeiro plano, o telhado da estação de metrô de Alma, desenvolvido em 1979-82.

uma abordagem radicalmente diversa daquela expressa em tantas habitações, que impõe uma concepção à qual os futuros locadores são forçados a submeter-se. Tanto Erskine quanto Kroll abandonaram preconceitos sobre a ordem arquitetônica, insistindo para que o arquiteto estabelecesse um diálogo com o cliente e que a construção refletisse a necessidade de seus habitantes em vez dos caprichos do arquiteto, do banqueiro ou do construtor. Em Louvain, os estudantes de medicina buscavam um projeto não comprometido com os ditames da profissão do arquiteto, que não fosse elitista e lhes permitisse participar do processo de tomada de decisões e da construção do prédio. As fachadas de muitas cores, materiais e pro-

105. Ralph Erskine, Byker Wall, Newcastle-upon-Tyne, Inglaterra, 1968-74.

porções que eles produziram foram desdenhadas como bricolagem por alguns críticos, mas Kroll e os moradores defenderam-na por incorporar liberdade, igualdade e independência da típica relação senhor-escravo entre arquiteto e cliente. Não deixa de ser irônico que, na década de 90, a bricolagem tenha se tornado uma estética supostamente de vanguarda. O desafio de Erskine, por outro lado, era projetar habitações de baixo custo para operários em uma área superpovoada sem comprometer o vigor da comunidade. A Byker Wall envolveu não só a colaboração íntima com os moradores durante vários anos, como também a reorganização espacial da própria comunidade.

Embora o projeto habitacional participativo tenha perdido a preferência nos Estados Unidos durante os anos 70, manteve defensores fiéis em outros lugares. No decorrer da década de 80, Erskine e Kroll persistiram em sua tentativa de abordar problemas ecológicos de um modo que envolvesse os futuros moradores no processo de criação, Kroll em Alphen-aan-den-Rijn, perto de Utrecht, com um esquema urbano de 300 casas (100 delas a serem construídas de início, 200 mais tarde). O plano centra-se em um lago e privilegia o pedestre, o jardim e a relação entre as casas, ao mesmo tempo que inclui espaço para automóveis. Kroll selecionou nove arquitetos diferentes para projetar as 100 primeiras unidades, com o objetivo de conseguir o tipo de variedade que se encontra em uma cidade construída ao correr do tempo, e não toda de uma só vez.

Como resultado dos esforços conjuntos do arquiteto Ivo Waldhör, da cidade de Malmø, na Suécia, do incorporador, do instituto sueco de habitação e dos moradores do projeto, surgiu um bom exemplo de habitação participativa. Das primeiras discussões para esclarecer necessidades e idéias até a montagem final, Waldhör trabalhou em estreita colaboração com futuros locatários durante um período de quatro anos para produzir um bloco de apartamentos de cinco andares com unidades individuais, cada uma feita sob medida para famílias específicas. Os locatários não tinham experiência anterior com projetos habitacionais, e todos se aproveitaram do princípio de que poderiam introduzir mudanças até que a construção terminasse. Essa flexibilidade levou a atrasos para que os ocupantes obtivessem a moradia que desejavam. Em contraste com o projeto de Lucien Kroll para a Universidade de Louvain, aqui as escolhas revelam-se por dentro e por fora. Como os locatários projetaram as unidades segundo suas próprias necessidades, algumas coisas tornaram-se antieconômicas – em especial, paredes parciais e cozinhas e banheiros não alinhados verticalmente –, mas a intervenção do arquiteto ajudou a manter janelas e outras características circunscritas a um número limitado de tipos. No exterior, a diversidade interna é assinalada pelas janelas e portas, pintadas em cores escolhidas por cada família. A conquista nada desprezível de Waldhör consistiu em moldar os diversos apartamentos em uma construção variada mas harmoniosa, ligando entre si as unidades por meio de características como os pedestais verdes e o tratamento do telhado.

Tais exemplos de colaboração entre arquiteto e cliente em habitações multifamiliares são raros. Muito mais comuns são as aventuras de linguagem pós-modernista impostas por bem ou por mal a um grupo desconhecido de futuros locatários. Uma das mais ousadas é o conjunto residencial de Ricardo Bofill e seu Taller de Arquitectura, conhecido como Espaces d'Abraxas (1978-82, que teve em Peter Hodgkinson seu principal projetista conceitual). Esse projeto

106

106. Ivo Waldhör, prédio de apartamentos, Malmø, Suécia, 1991.

107. Ricardo Bofill, Taller de Arquitectura, Teatro, Espaces d'Abraxas, Marne-la-Vallée, França, 1978-82.

foi construído em Marne-la-Vallée, uma das novas cidades de uma série planejada pelo governo francês no campo, nos arredores de Paris, ainda defendida pelas desacreditadas ideologias do período entre as Grandes Guerras, que pretendiam descongestionar os centros urbanos e planejar comunidades rigidamente controladas na periferia urbana. Num país onde um quarto da população vive em moradias patrocinadas pelo governo, Bofill foi o arquiteto escolhido para novas cidades como Saint-Quentin-en-Yvelines (1974-82) e Cergy-Pontoise (1981-85). Embora o centro dos Espaces d'Abraxas, numa encosta que dá para o vale do Marne, inclua algumas lojas e escritórios, o complexo consiste basicamente em cinco bairros-dormitórios para pessoas que trabalham em outros locais. Bofill e Hodgkinson fizeram eco ao pós-modernismo dos Estados Unidos ao argumentarem que faltava significado e importância às habitações públicas anteriores, às quais opunham uma arquitetura na qual a vida cotidiana pudesse ser "exaltada para tornar-se rica e plena de significado". Bofill definiu a exaltação em três construções: o Teatro de nove andares, formado por uma cávea escalonada com base na forma de um antigo teatro romano, o Arco de nove andares, que lembra o arco de um proscênio, e o Palácio de dezoito andares, revestido com os elementos formais dos teatros aristocráticos do século XVIII mas realizado em concreto pré-moldado multicor. Entre as moradias e a cidade, um estacionamento banal flanqueia uma entrada pouco cerimoniosa, pois dentro do próprio complexo Bofill só criou 156 vagas.

Embora o esquema fosse aparentemente simples, apesar de pretensioso, Bofill ampliou-o em proporção tão excessivamente colossal que apequena até seus predecessores clássicos. O Arco consiste em 17 apartamentos, relativamente modesto em comparação aos outros, e faz a mediação da vista que do gigantesco Teatro se tem do Palácio, que contém 126 e 441 apartamentos. Concebidos como gigantesca obra de arte e organizados como palcos em escala urbana, pretendia-se na verdade que os Espaces d'Abraxas fossem ocupados por proprietários e locatários de renda baixa e média. Mas a necessidade dos moradores e a organização interna das unidades eram apêndices da obra de arte mais importante, como se a premissa básica fosse que a arquitetura pudesse exaltar o *status* e, assim, eliminar os problemas sociais das condições de vida.

Em outras palavras, o empreendimento parecia sugerir que, sozinha, uma imagem poderosa poderia varrer séculos de divisão de classes, desemprego, falta de liberdade e pobreza, para mencionar apenas alguns problemas. Bofill parecia acreditar que simplesmente ao colocar pessoas em edifícios que cheirassem a arquitetura aristocrática iria transformá-las em versões modernas das elites mais antigas.

Não só Bofill, como também os grupos políticos comunistas e socialistas que encomendaram o projeto defendiam a idéia da eficácia de dispositivos formais para alcançar metas sociais. Infelizmente, a planta dos apartamentos teve de ser distorcida para acomodar esquemas estéticos quixotescos, resultando muitas vezes em espaços estranhos, sem zonas intermediárias entre a microescala das unidades e a épica escala urbana do complexo. Por mais grandiosos que sejam os Espaces d'Abraxas enquanto objeto visível de longe na paisagem, eles cobram um alto preço dos habitantes que vivem em um objeto de arte monumental. Por razões que nunca foram esclarecidas, o governo francês persistiu em entregar a Bofill outros projetos maciços, como o Quartier Antigone em Montpellier (iniciado em 1981), intervenção de mais de um quilômetro de comprimento que dirige para leste o crescimento da cidade. Numa espantosa demonstração de indiferença pelo local, Bofill projetou esquemas urbanos semelhantes, enormes e de inspiração clássica, cuja maior parte ainda não foi construída, de Bagdá a Bordéus, de Moscou a Montreal, de New Jersey a Casablanca.

Na Argentina, um ponto de vista bem diferente animou os complexos habitacionais de José Ignacio Díaz, cuja obra ainda assim responde aos imperativos do mercado imobiliário. Na periferia da cidade de Córdoba, Díaz projetou e construiu bem mais de cem prédios de apartamentos dentro do limite de altura da cidade, de treze andares. Seus ensaios de tijolos sobre o expressionismo, com suas superfícies variadas e sinuosas e concessões generosas aos vários tipos de espaços públicos, também desafiam as monótonas torres comuns a muitas incorporações residenciais de alta densidade. As comunidades em menor escala projetadas por Fernando Castillo no Chile dependem, em vez disso, de aglomerações de habitações de baixa densidade, muitas vezes com seus próprios pátios, intercaladas a espaços públicos comuns e generosos espaços abertos.

Exceto pelo esquema decorativo e pela área específica dos diferentes prédios, pouco de importante distingue o complexo de Bofill dos menosprezados esquemas de habitação pública das décadas de 50 e 60, que foram encomendados por órgãos do governo e projetados por arquitetos segundo critérios estabelecidos pelo cliente, mas que não conseguiram envolver os futuros moradores e ignoraram os padrões da vida cotidiana. Entre os empreendimentos mais malsucedidos desse tipo estão as Casas Pruitt e os Apartamentos Igoe de George Hellmuth e Minoru Yamasaki, em Saint Louis, Missouri (1954), famosos por seu índice de criminalidade e pela subseqüente demolição. Como muitos projetos semelhantes, Pruitt-Igoe sofreram menos pela inadequação do projeto arquitetônico do que pela má estratégia de projeto urbano: o uso da terra foi zoneado e rigorosamente separado, tornando inevitável, por exemplo, que faltasse aos moradores acesso fácil aos estabelecimentos varejistas e comerciais e aos espaços de recreação e de lazer; as ruas foram rejeitadas como espaços públicos, e as habitações propriamente ditas foram isoladas do resto da cidade.

O caso da ZUP (*Zone à Urbaniser en Priorité*) Perseigne em Alençon, França, é significativo. Como muitos outros esquemas habitacionais ambiciosos e desumanos, projetados pelo governo entre 1958 e 1969, esse imenso complexo de blocos longos e austeros localizados em vastas extensões de parques arborizados foi vítima de erros de construção. Mas o problema mais grave foi o isolamento sofrido pelas pessoas devido à configuração do projeto. Em vez de condená-lo ao esquecimento, como já aconteceu em outros locais, a municipalidade convocou Lucien Kroll para recosturá-lo. Kroll trabalhou com a comunidade para compreender a natureza exata dos problemas e terminou por inserir novas unidades de dois andares, mobiliário e iluminação externos, varandas e telhados, chegando mesmo a unir algumas das unidades anteriores para formar apartamentos maiores. Ele anexou suas novas casas aos prédios mais antigos como se fossem cracas num navio, violando os volumes impessoais e transformando superfícies arbitrariamente redutoras em uma paisagem urbana explosivamente viva e decididamente pessoal.

Em sociedades menos industrializadas, forças ansiosas por estabelecer modelos ocidentais de habitação para os pobres combatem outras igualmente insistentes em desenvolver versões atualizadas

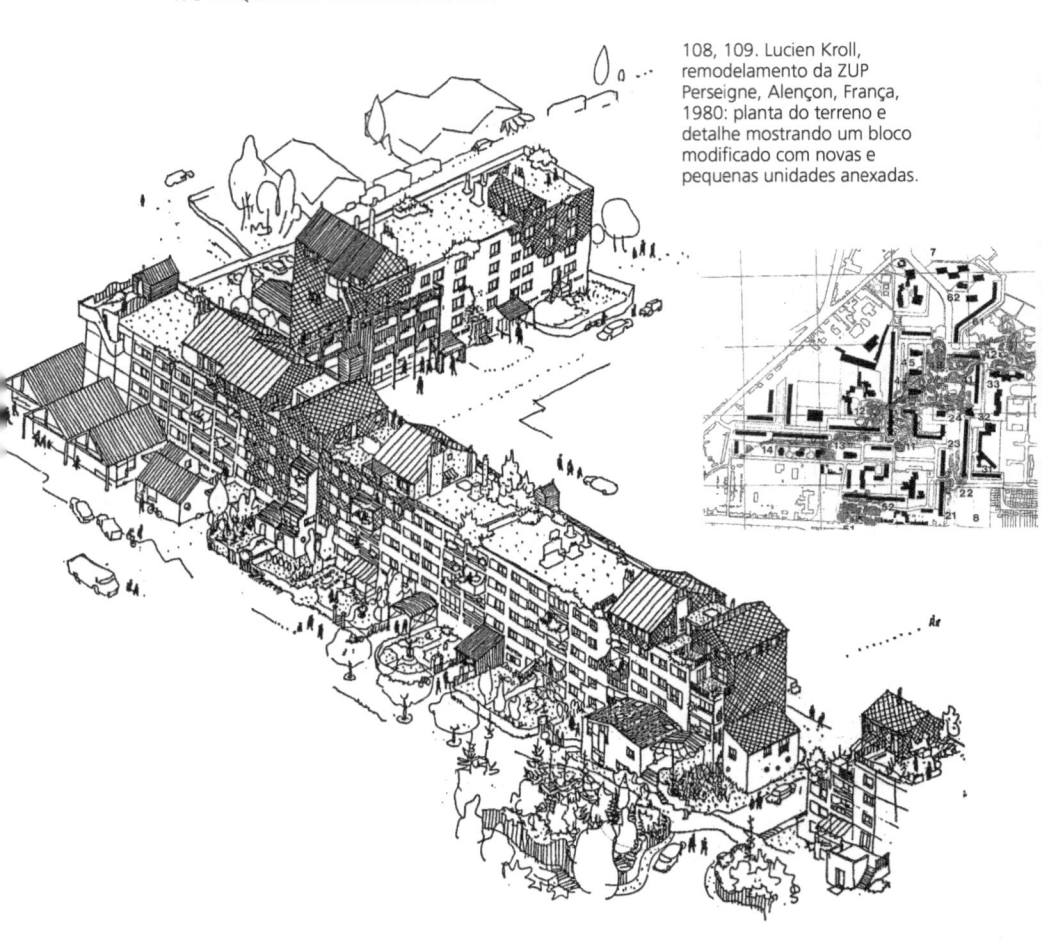

108, 109. Lucien Kroll, remodelamento da ZUP Perseigne, Alençon, França, 1980: planta do terreno e detalhe mostrando um bloco modificado com novas e pequenas unidades anexadas.

de habitação e padrões de projeto urbano tradicionais. Hassan Fathy foi um dos primeiros a argumentar que tecnologia e materiais estrangeiros não só custam muito mais e se degradam mais rapidamente que os materiais e técnicas de construção locais como também deixam de oferecer aos moradores comunidades que respondam a suas tradições culturais. Em muitos países do chamado Terceiro Mundo, a imensa maioria das habitações não foi construída por arquitetos, e sim por moradores desesperadamente necessitados de abrigo. As Nações Unidas estimam que cerca de 90 por cen-

O ESPAÇO DOMÉSTICO **179**

110. B. V. Doshi, habitações de baixo custo em Aranya, Indore, Índia, 1982.

to dos prédios erguidos anualmente na América Latina são construídos sem orientação profissional, e, já que o recente crescimento desses países depende do fornecimento de matérias-primas desejáveis e de mão-de-obra barata, não está à vista um caminho para escapar da atual pobreza.

O projeto de B. V. Doshi para a vila de Aranya, nos arredores de Indore, na Índia (1982), fica entre a típica habitação pública não participativa e a habitação completamente construída pelo próprio morador. Como muitos desses projetos e, em particular, os propostos por Fathy em Gourna, a vila de Aranya inclui ruas, moradias, lojas e um banco de materiais para suprimento dos proprietários, tudo complementado por um planejamento da auto-suficiência econômica dos moradores mediante a inclusão de dependências para treinamento em ocupações técnicas e industriais e pequenas fábricas. O projeto incluía 7.000 unidades habitacionais, 65 por cento das quais para famílias de baixa renda, com uma população inicial de 40.000 habitantes, com previsão de crescimento para 65.000. O tamanho dos lotes ia de 35 metros quadrados a mais de 400 metros quadrados para os ricos, além de lotes para habitações de vários an-

180 ARQUITETURA CONTEMPORÂNEA

111, 112. Charles Correa, habitações, Belapur, Bombaim, Índia, 1984: vista das unidades simples e desenhos mostrando o desenvolvimento de uma unidade familiar típica no decorrer do tempo.

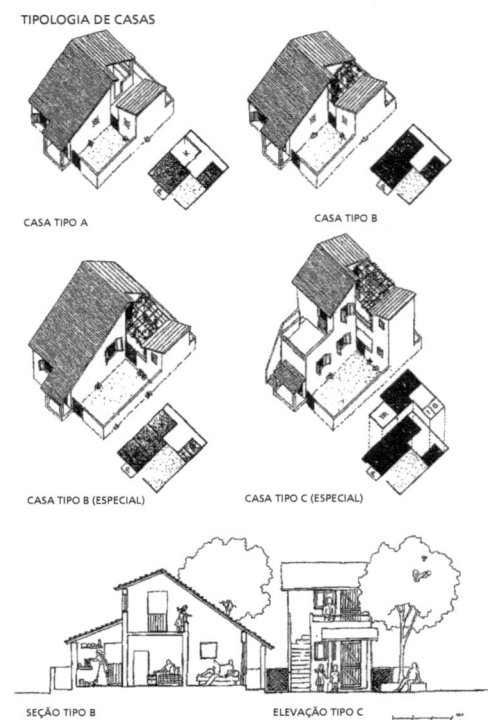

TIPOLOGIA DE CASAS

CASA TIPO A

CASA TIPO B

CASA TIPO B (ESPECIAL)

CASA TIPO C (ESPECIAL)

SEÇÃO TIPO B

ELEVAÇÃO TIPO C

dares. Como é característico do projeto do tipo "terreno mais serviços", cada lote recebeu um núcleo de infra-estrutura (lavanderia, banheiro) mais um cômodo, núcleo básico que os moradores poderiam ampliar conforme o tempo e a situação financeira permitissem. Com o lucro da venda dos lotes para moradores de renda mais alta, criou-se um banco de materiais de construção e o preço das unidades de baixa renda foi reduzido a uma faixa adequada aos futuros compradores. Embora o esquema também fornecesse treinamento em construção, os proprietários estavam livres para modificar e aumentar suas pequenas unidades conforme o exigissem as necessidades de sua família, o que oferecia um grau de flexibilidade desconhecido em projetos habitacionais públicos típicos. Muitos arquitetos resistem a deixar parte tão significativa do projeto em mãos de moradores sem orientação, mas ao longo da história as pessoas têm sido responsáveis pela construção de suas próprias moradias segundo suas próprias necessidades e preferências estéticas. Esse tipo de esquema limita o papel dos arquitetos ao de planejadores globais e projetistas urbanos, trabalhando mais como conselheiros do que outra coisa.

Em seu projeto habitacional em Belapur, Bombaim (1984), Charles Correa defendeu o ponto de vista de que era impossível produzir habitações públicas ou de massa sem levar em conta o futuro econômico dos habitantes e as tradições de construção dessa parte da Índia. A comunidade foi desenvolvida segundo uma hierarquia espacial que se expandia do mundo doméstico privado para o pátio comunitário e o espaço público da cidade, o *maidan*, onde podiam ser construídas lojas e outras empresas. Correa projetou as unidades habitacionais básicas, cada uma em lote separado e sem paredes compartilhadas. Como na vila de Aranya, os moradores tinham oportunidade de expandir-se na direção que escolhessem segundo suas preferências, necessidades e renda disponível. Ainda que nesse caso o arquiteto tenha definido uma parte maior das primeiras decisões do projeto, assim o fez com a expectativa de que os moradores complementassem suas idéias e as integrassem às dele. O programa econômico envolvia a divisão de lotes em pedaços equilibrados, dos quais o maior tinha apenas 30 metros quadrados a mais que o menor. O arquiteto tentou, desse modo, minimizar conflitos potencialmente funestos entre ricos e pobres. Correa pretendia que

113. Cooper, Robertson & Partners, Projeto West HELP, Greenburgh, Nova York, 1991.

o programa fosse um modelo habitacional para os extremamente pobres da Índia, mas na verdade Belapur tornou-se um subúrbio habitado por pessoas de renda média. Como muitos outros arquitetos, Correa viu-se trabalhando dentro de uma esfera circunscrita na qual os projetos inteligentes aumentam os valores, o que, por sua vez, leva à ascensão na escala social – exatamente o oposto do que se pretendia.

As amplas mudanças demográficas das últimas duas décadas levaram alguns arquitetos, políticos e incorporadores a repensar conceitos habitacionais tradicionais. A família nuclear, com o pai como provedor e a mãe em casa tomando conta dos filhos – o clichê da década de 50 – deixou de representar o grupo mais comum de moradores. Em vez disso, as unidades familiares do Ocidente consistem cada vez mais em famílias com um único genitor, com maior freqüência encabeçadas por uma mulher; casais sem filhos; famílias nas quais pai e mãe trabalham; famílias nas quais filhos adultos ainda vivem em casa devido ao custo elevado ou a escassez de moradias; famílias cujos avós moram com a família nuclear. Além disso, é preciso providenciar moradia temporária e não tradicional para mulheres vítimas de violência, famílias sem teto e mães solteiras jovens, bem como criar comunidades de reabilitação para viciados em drogas e outros. Em países como França, Itália, Suécia e Holanda, onde o governo já reconhece a responsabilidade de fornecer moradia para seus membros menos afortunados, o atendimento a essas necessidades específicas torna-se menos premente, porque não é incomum haver acomodações adequadas. Nos Estados Unidos, porém, onde praticamente toda a construção residencial é controlada pela indústria privada com o objetivo de ganhar dinheiro, as pessoas com necessidades incomuns e poucos recursos raramente têm acesso a habitações de emergência ou não tradicionais. Os grandes escritórios de arquitetura raramente buscam tais encomendas, desencorajados também pelos atrasos burocráticos, pelo baixo retorno econômico e pelo menor *status* profissional. Entre as exceções está o escritório de Cooper, Robertson & Partners, de Nova York, que projetou o West HELP (Housing Enterprises for the Less Privileged, ou Empreendimentos Habitacionais para os Menos Privilegiados), em Greenburgh, Nova York (1991), para mães ou pais solteiros com filhos pequenos e sem casa. As construções, com estrutura de madeira e revestimento de tábuas de cedro, contêm mais de cem unidades habitacionais onde as famílias moram de seis a nove meses, até encontrarem moradia e emprego permanentes. Como em várias das comunidades de baixa renda acima discutidas, esse empreendimento incluía características específicas que visavam a garantir o bem-estar futuro dos moradores – neste caso, treinamento profissional, tratamento para viciados e programas de saúde.

No início da década de 70, o conceito de cooperativa habitacional tomou forma na Dinamarca graças ao empenho de grupos familiares de classe média que construíram residências com uma mistura de espaços comunitários e privados bem diferente daquela que caracteriza a maior parte dos prédios de apartamento ou empreendimentos imobiliários nos subúrbios. Cada família tinha uma unidade residencial separada, mas cozinhas, salas de estar, áreas de lazer e salas de reunião eram comuns, e os moradores compartilhavam as tarefas de cozinhar, limpar, tratar dos jardins e cuidar das crianças. Mais de duzentos desses empreendimentos de habitação comunitária surgiram na Dinamarca, na Holanda e na Suécia. Na Dinamarca, entre os primeiros projetos mais conhecidos de cooperativa habitacional estão Tinggården (1979) e Tinggården 2 (1984), em Herfolge, mais de 150 unidades para locação projetadas por Tegnestuevo Vandkunsten e Karsten Vibild. A mesma firma projetou Savvaerket, em Jystrup (1984), com sala de jantar, cozinha, lavanderia, oficina de madeira e sala de costura e artesanato comunitárias. Leo de Longe e Pieter Weeda projetaram Hilversumse Meent, em Hilversum, Holanda (1977), que consistia em conjuntos habitacionais para aluguel com instalações comunitárias. Entre outros importantes projetos de habitação comunitária estão Trädet e Stacken em Gothenburg, Suécia (1980), e Purmerend, em Purmerend, na Holanda (1985). A primeira dessas comunidades nos Estados Unidos foi Muir Commons, criada como parte de um subúrbio especulativo da cidade de Davis, Califórnia, em 1991. Foi seguida por uma segunda, Winslow Cohousing, na ilha Bainbridge, Washington (1992), projetada por Edward Weinstein Associates. Nesses grupos de habitação comunitária, todo o planejamento e a incorporação do terreno são iniciados e executados pelos futuros moradores, que também se comprometem a participar da vida da comunidade depois que a construção termi-

114. Edward Weinstein Associates, Winslow Co-housing, Ilha Bainbridge, Washington, 1992.

na. Os arquitetos convocados encontram moradores que já desenvolveram uma idéia de sua comunidade. Mais uma vez, seu papel é mais de facilitadores do que de fornecedores de filosofias sobre a noção de comunidade. Isso não significa que faltem idéias aos arquitetos, e sim que elas são sempre desenvolvidas em harmonia com as dos clientes.

Outros empreendimentos notáveis incluem habitações cooperativas para famílias de baixa renda. A Cooperativa Habitacional Ocean Park, em Santa Mônica, Califórnia (1985-89), projetada por Appleton, Mechur & Associates, ofereceu 43 unidades habitacionais espalhadas por cinco terrenos, construídas para famílias e cidadãos idosos de renda baixa e média, que virão a tornar-se cooperativas de participação limitada administradas pelos ocupantes. O projeto de Peter Calthorpe para Laguna West consistia em um "bolsão de pedestres", um enfoque diferente dos empreendimentos imobiliários dos subúrbios da Califórnia. Calthorpe integrou habitações, escritórios, comércio varejista, recreação, parques e creches à comunidade servida por um sistema ferroviário de bitola estreita. Nessa mistura de habitações de densidade baixa e moderada (iniciada em 1991), os espaços comunitários ficam todos próximos, podendo ser alcançados a pé, o que reduz bastante a necessidade de automóveis. Com base em planos habitacionais do início do século XX, como a Cidade Jardim (tais como Letchworth e Welwyn na Inglaterra), ou mesmo os primeiros empreendimentos suburbanos nos Estados Unidos, as propostas de Calthorpe oferecem uma alternativa de habitação de classe média para a interminável ampliação dos subúrbios que hoje consome cada vez mais terras rurais e polui quantidade cada vez maior de ar devido à dependência forçada do automóvel.

Das firmas que operam no campo da habitação multifamiliar, poucas tentam abordar o problema mais sério do formato das cidades concebidas principalmente para acomodar o automóvel. Só um grupo de arquitetos e urbanistas tentou reconfigurar o subúrbio automotivo do século XX para torná-lo menos esbanjador de praticamente todo tipo de recurso natural e mais sensível ao objetivo de formar pequenas comunidades auto-suficientes em vez de dormitórios em áreas metropolitanas.

Além de Peter Calthorpe, a firma de arquitetura de Andres Duany e Elizabeth Plater-Zyberk, sediada em Miami, tem sido o crítico mais persistente do subúrbio americano tradicional e, ao mesmo tempo, autora de projetos de bairros suburbanos atraentes para incorporadores e compradores de todas as raças e níveis de renda. Utilizando as próprias ferramentas que os arquitetos costumam definir como opressoras e coercivas – zoneamento e códigos e regulamentos de construção –, Duany e Plater-Zyberk imaginam sistemas apropriados para diferentes localizações, que resultam em empreen-

115. *página anterior, acima*
Andres Duany & Elizabeth
Plater-Zyberk Architects,
Seaside, Flórida, planejada
em 1978.

116. *página anterior, abaixo*
Steven Holl, Edifício Híbrido,
Seaside, Flórida, 1989.

117, 118. *acima e à direita*
Victoria Casasco, Residência
Appell, Seaside, Flórida,
1988-90: sala de venezianas
em estilo caribenho e
fachada traseira com terraço
no alto.

dimentos compatíveis com pedestres e automóveis, nos quais as atividades são reunidas e não separadas, como nos esquemas tradicionais de zoneamento, e os serviços e parques situam-se de forma que minimize a necessidade de automóvel. Seu primeiro projeto na Flórida, Seaside (1978), foi uma pequena comunidade de veraneio, e como tal era particularmente vulnerável a acusações de que glorificava a nostalgia. Duany e Plater-Zyberk reconhecem que em partes da comunidade isso realmente acontecia. Mas o que importa é que Seaside oferecia uma organização espacial compacta, na escala do pedestre, distante tanto dos enclaves residenciais contemporâneos quanto das comunidades de veraneio típicas e semelhantes aos subúrbios de classe média, modelo que poderia ser adaptado a novos empreendimentos em outras partes da Flórida (Avalon Park, perto de Orlando) com a mesma facilidade com que o seria no centro de Trenton, New Jersey. Os projetos da dupla até hoje concluídos têm sido conjuntos residenciais para a alta classe média, mas os dois arquitetos propuseram esquemas para clientes de baixa renda e pertencentes a minorias, ainda em busca de financiamento. Embora seu esforço consista em mudar por dentro o sistema de incorporação, estão limitados a abordar o problema apenas até onde o mercado lhes permite fazê-lo. Sua concepção de uma comunidade em pequena escala e de um modelo de organização da cidade, colocada em prática por um grupo de urbanistas conhecidos como neotradicionalistas, responde a desejos que atravessam linhas étnicas e de classe ao rejeitar os padrões de planejamento imobiliário e de transporte típicos do subúrbio norte-americano do fim do século XX. Em muitos aspectos, seja qual for a renda ou a origem étnica dos grupos que as encomendam, as novas cidades estão mais intimamente relacionadas às comunidades fechadas que tomaram forma nos Estados Unidos desde a década de 80, com entrada vigiada por guardas particulares.

Para os arquitetos, uma das características mais positivas de Seaside foi que os códigos de construção estabelecidos por Duany e Plater-Zyberk permitiam enorme variedade de expressão: arquitetos tão diferentes quanto Leon Krier, Victoria Casasco e Steven Holl construíram projetos para Seaside, mas todos trabalharam segundo o código. A Casa Appell, de Casasco (1989), é um exemplo brilhante de como transformar os códigos de construção de Seaside em uma vantagem que permita expressar o sistema tectônico dentro das restrições de tipo e materiais.

O principal argumento contra o que seus praticantes chamam de Novo Urbanismo é que, para muitos, Seaside e seus códigos pareciam ser apenas outro mecanismo de exclusão, outra forma de projetar comunidades para deixar de fora os indesejáveis, comparável a Las Colinas, em Dallas, Texas (iniciado em 1980). No entanto, como já vimos, isso não é culpa desses arquitetos específicos, pois nos Estados Unidos é especialmente difícil construir moradias de baixa renda. Ena Dubnoff lutou durante sete anos para completar as Habitações Willowbrook Glen, com 48 unidades para moradores de baixa renda, em Watts, Los Angeles (1991). Como todos os projetos desse tipo, sofreu atrasos devidos a uma combinação devastadora de dificuldades de financiamento e burocracia. Ainda mais oneroso foi o Hotel Simone (1993), de quartos individuais, de Koning Eizenberg Architects, no centro de Los Angeles. Os futuros clientes desse hotel estão no degrau mais baixo da escala social, mas os arquitetos combinaram habilmente materiais baratos com um projeto elegante, ampla iluminação e espaços públicos generosos para prover acomodações dignas. A Koning Eizenberg é uma das raras firmas que insistem em fazer uma certa quantidade de trabalhos não lucrativos, e seus muitos projetos de alta qualidade e baixo custo são mantidos pelas dispendiosas casas unifamiliares.

A Holanda tem sido, há muito tempo, a líder da habitação social alternativa. O Abrigo para Mulheres Vítimas de Violência de Duinker e van der Torre em Amsterdam (1994) seguiu com elegância essa tradição. Restauraram e adaptaram uma antiga igreja católica romana, criando miniapartamentos com dormitórios no andar de cima das galerias laterais e oferecendo áreas de lazer internas e externas para crianças. O interior e o exterior são revitalizados pelo trabalho em tijolo bastante texturado da igreja original, ao qual os arquitetos adicionaram manchas de cor. O abrigo é um caso exemplar da concretização de objetivos arquitetônicos, urbanos e sociais de uma só tacada.

119. *acima, à esquerda* Ena Dubnoff, Habitações Willowbrook Glen, Watts, Los Angeles, Califórnia, 1991.

120. *acima, à direita* Koning Eizenberg Architects, Hotel Simone, Los Angeles, Califórnia, 1993.

121. *à esquerda* Duinker, van der Torre, samenwerkende architekten te Amsterdam, Abrigo para Mulheres Vítimas de Violência, Amsterdam, 1994.

Empreendimentos habitacionais multifamiliares no Japão

Se o centro das cidades americanas e européias sofreram enormes transformações nas décadas posteriores à Segunda Guerra Mundial, o mesmo aconteceu, e com mais ênfase, no Japão, onde mudanças apocalípticas fizeram com que quarteirões e quarteirões fossem substituídos por prédios novos em folha, muitas vezes não apenas uma, mas duas vezes neste século. As duas eras de crescente boa sorte do país, antes e depois da guerra, estão por trás dessa situação. Além disso, o país tem pouca extensão de terra, espaço limitado para construção e o custo da terra é proporcionalmente alto. Subjacente a todo esse processo há no Japão, país sujeito a terremotos, uma atitude cultural diferente, na qual a terra é importante mas os prédios nem tanto. Há relativamente poucos prédios antigos: devido ao material de construção tradicional, a madeira, até mesmo os templos históricos são, na maior parte, réplicas relativamente recentes.

No final da década de 80, o valor de mercado da terra no Japão excedia em 500 por cento o dos Estados Unidos inteiro. Ao mesmo tempo, a tecnologia e a sociedade sofriam transformações que engendraram a busca de construções econômicas para responder a novas necessidades. Os prédios regularmente reerguidos são considerados provisórios, ainda que construídos com cuidado, precisão e bons materiais, especialmente prédios como conjuntos de escritórios ou aqueles dedicados ao comércio e ao lazer. Para projetistas e incorporadores, isso representa um desafio singular: quão temporário é o temporário? Além disso, particularmente em Tóquio, a construção residencial em terra cara reduziu-se, com o resultado de que o espaço habitacional médio de uma família é de 60 metros quadrados. A pressão demográfica continua forte. O Japão, no final dos anos 80 e início dos 90, sofreu uma grave escassez habitacional ao mesmo tempo em que o iene ficou mais forte do que nunca e a renda líquida das famílias continuava entre as mais altas do mundo.

De meados ao final da década de 80, quando o país entrou na onda de um *boom* de construções semelhante ao dos Estados Unidos e da Europa Ocidental, centenas de arquitetos estrangeiros lucraram. Os incorporadores japoneses recorreram a eles não só para aproveitar seus honorários mais baixos, mas também porque as con-

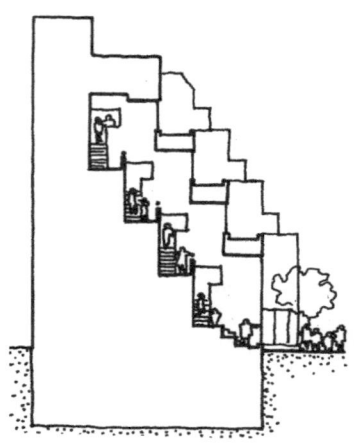

122, 123. Adèle Naudé Santos, sede empresarial da SDC "Kachofugetsu-kan", Ichiban-cho, Tóquio, Japão, 1988: vista e corte.

cepções arquitetônicas que traziam consigo muitas vezes diferiam fundamentalmente daquelas dos arquitetos locais. Com freqüência, os estrangeiros se mostravam mais dispostos a experimentar novas soluções em vez de adaptar-se às normas, e os incorporadores esperavam usar como arma de vendas o apelo da novidade, assim como a solidez do projeto combinada ao alto padrão de construção comum aos edifícios japoneses. Isso levou a encomendas para arquitetos tão diferentes quanto Michael Graves e Zaha Hadid – e ambos produziram projetos que poderiam ter igualmente elaborado para terrenos em Berlim, Londres ou Hong Kong.

Entre os ocidentais chamados a trabalhar no Japão estava Adèle Naudé Santos, nascida e formada na África do Sul, que recebeu encomendas muito mais importantes em Tóquio do que nos Estados Unidos, onde vive atualmente. Santos projetou dois prédios de escritórios com unidades residenciais, inclusive uma casa para duas famílias, em resposta aos códigos e exigências específicas para construir em Tóquio sem sacrificar os princípios que regem o seu trabalho nos Estados Unidos. Restrita a locais apertados, Santos trabalhou todos os seus projetos por meio do desenvolvimento da seção, garantindo assim que os interiores recebessem bastante luz por intermédio da posição e de corredores, escadas e espaços ajardinados de hábil configuração. Ela lidou com a luz como elemento essencial para moldar espaços com a mesma facilidade nos cômodos de um só andar da Harajuku Illuminacion e nas camadas complexas de espaços das casas adjacentes. Só a sede empresarial da SDC foi concluída até hoje.

A cidade de Fukuoka, ao sul de Tóquio, recebeu atenção internacional com uma seqüência de encomendas feitas a arquitetos estrangeiros. Uma das primeiras, e muito satisfatória para os incorporadores, foi o Hotel Il Palazzo (1987), de Aldo Rossi. Parte do sucesso desse edifício, um farol à beira d'água que está começando a sofrer mudanças e ter êxito comercial, deveu-se à disposição do incorporador de construir o hotel exatamente como Rossi o projetou, sem cortar custos com material ou mão-de-obra – elevado num alto pedestal, com sólidas colunas de travertino na fachada e nenhuma janela na parede que dá para a água. Michael Graves e Stanley Tigerman projetaram prédios de apartamentos, e em 1992 Emilio Ambasz terminou o projeto para o Centro Internacional da Prefeitura, um empreendimento público e privado que envolve um ousado complexo de espaço verde e elementos arquitetônicos para uso comercial e de escritórios misturados a atividades públicas e municipais.

Mais uma vez em Fukuoka, concebeu-se uma nova cidade com o nome de Nexus World Kashii, sendo "Nexus" uma combinação de "next" (próximo, novo) e "us" (nós), significando "nós no futuro próximo". Os incorporadores queriam rejeitar a condição temporária de tantos prédios japoneses e oferecer moradias mais atraentes e espaçosas aos ocupantes. Em outras palavras, queriam fornecer uma ampla variedade de moradias multifamiliares em uma localização incomum, não cercada pelo tecido urbano japonês tipicamente denso, mas uma nova cidade cuidadosamente planejada em um terreno aterrado da baía de Hakata. Em um projeto anterior, Nexus Momochi, o incorporador Fukuoka Jisho contratou Michael Graves e Stanley Tigerman para projetar condomínios segundo a linha que

124. Aldo Rossi, Hotel Il Palazzo, Fukuoka, Japão, 1987.

125. Mark Mack, complexo de apartamentos, Nexus World Kashii, Fukuoka, 1991.

usariam em Chicago ou Maryland; ficou claro que foram bem-sucedidos exatamente porque o exótico é vendável no Japão, ainda que não necessariamente adequado aos muitos tipos diferentes de organização familiar passíveis de serem encontrados lá. Para Nexus Kashii, o incorporador queria experimentar algo diferente, oferecendo aos possíveis compradores uma certa gama de opções.

Fukuoka Jisho entregou o planejamento a Arata Isozaki, que elaborou um esquema com habitações perimetrais no terreno em forma de L e dois grandes prédios mais altos no interior. Ao fazê-lo, rejeitou especificamente a tradição modernista de longos blocos de edifícios relativamente uniformes, e em vez disso optou por seguir o exemplo da IBA de Berlim e convocar um grupo internacional de arquitetos para projetar as habitações perimetrais, especificando lotes para cada um e reservando para si as duas torres mais altas. No entanto, o modelo da IBA, na opinião de Isozaki, exigia uma estrutura bastante rígida já determinada na fase de planejamento a ser seguida pelos projetistas, enquanto no Japão era necessário um formato mais solto: cada arquiteto só se veria limitado pelo terreno e pela proporção entre o volume construído e o quarteirão habitacional, ficando livre para elaborar o projeto de forma pessoal.

Assim como o incorporador, Isozaki aparentemente acreditava que a maioria dos arquitetos japoneses seria incapaz de realizar as dramáticas revisões do conceito de habitação propostas pelo projeto Nexus, e assim selecionou uma equipe internacional. Porém, em vez de escolher os nomes mais famosos, como Norman Foster, James Stirling ou Richard Meier, Isozaki optou por um grupo cuja reputação vagamente vanguardista fora conquistada graças a um sólido conjunto de obras: um japonês (Osamu Ishiyama), um americano (Steven Holl) e quatro europeus (Rem Koolhaas, Mark Mack, Christian de Portzamparc e Oscar Tusquets), assim como uma arquiteta paisagista americana (Martha Schwartz). (Exceto Schwartz, todos eram arquitetos do sexo masculino com certa importância nos círculos arquitetônicos ocidentais; seja o que for que se diga sobre esse e outros esquemas internacionais, eles pouco fazem para tentar romper as regras do sistema arquitetônico de orientação masculina.)

Numa questão tão delicada, como é o caso de um projeto habitacional em que tradições culturais e padrões sociais são muitas vezes mais enraizados e menos suscetíveis a mudanças, a escolha dos arquitetos foi uma provocação uma vez que, com exceção de Ishiyama, tinham pouca compreensão da cultura japonesa. Como na maioria dos megaprojetos, os incorporadores buscavam a imagem oferecida por arquitetos famosos por estarem convencidos de que seus projetos atrairiam publicidade e seriam vendidos com mais rapidez. Todos os ingredientes do sucesso estavam presentes: sensibilidade vanguardista, uma cidade em rápida expansão e uma aura exótica e ocidental em unidades residenciais muitíssimo diferentes, em termos fundamentais, das existentes no mercado. É compensador estudar o esquema porque alguns dos projetos oferecem sugestões atraentes para habitações multifamiliares para além das fronteiras do Japão. Os elementos de Nexus World Kashii vão dos mais sutis e sofisticados aos mais comuns, e todos acabaram encontrando um nicho de mercado. Para os arquitetos não japoneses foi uma surpresa constatar que um incorporador se recusasse a cortar custos na construção e, mais ainda, que se dispusesse a tolerar tamanha diversidade, chegando inclusive a permitir que Koolhaas ignorasse a regra pétrea de exposição ao Sul.

Os projetos mais provocantes e bem-acabados são os de Steven Holl, Rem Koolhaas e Mark Mack. Todos aproveitaram a oportunidade para explorar a habitação multifamiliar de um ponto de vista novo, sem basear-se em antigos truques e, principalmente, todos acompanharam as várias fases de construção. Suas soluções oferecem organizações espaciais diferentes, geralmente de mais de um andar, e permitem maior privacidade e abertura do que é comum na maioria dos prédios de apartamentos. Holl começou seus projetos com vistas em perspectiva, que depois desenhou em fragmentos de plantas, em vez de começar com plantas que seriam depois transformadas em desenhos em perspectiva. Respondeu à curva da rua com um eixo central igualmente curvo, quebrado pela abertura alternada de quatro pares de vazios – metade deles, espaços ativos voltados para o norte, e a outra metade formada por espaços tranqüilos voltados para o sul e para espelhos d'água.

Em sua maior parte, os arquitetos ocidentais buscaram conciliar de alguma forma seus edifícios com as tradições japonesas. Rem Koolhaas, da OMA, com a ajuda de Furinori Hoshino e Ron Steiner, colocou jardins privados com base nos tradicionais jardins de

126. Steven Holl, Espaço Vazio/Habitações Articuladas, Nexus World Kashii, Fukuoka, 1991.

pedra japoneses no primeiro andar de seus dois blocos de vinte e quatro moradias urbanas. Como os espelhos d'água nos pátios do projeto de Holl, são oásis tranqüilos e inflexões rítmicas que articulam as relações entre espaços diferentes. De forma mais pragmática, também fornecem fontes isoladas de luz e espaço dentro de cada unidade. Esse núcleo tranqüilo é uma contrapartida ao anel sinuosamente curvo, de falsa cantaria lavrada, que reveste os andares superiores. Para Koolhaas, as faixas de áspero concreto negro, vagamente baseadas nas características dos castelos fortificados japoneses, servem de base visual para as torres de Isozaki, ainda não construídas. As seções em faixas são construídas em suspenso sobre os pequenos espaços e a parede branca da entrada, enquanto os três telhados de metal ondulado elevam-se acima das salas de estar.

Para os moradores de residências multifamiliares, um dos maiores problemas gira em torno das exigências contraditórias de privacidade e abertura, mas Koolhaas conciliou-as habilmente aqui em

Fukuoka. Utilizando vastas extensões de superfícies envidraçadas em cada unidade, baseou-se estritamente na luz, na tectônica e na organização espacial para conseguir uma sensação de quietude e privacidade, mesmo quando introduziu elementos dramáticos. No lado negativo, embora tenha traduzido com sensibilidade noções tradicionais de privacidade em uma linguagem que reúne características japonesas e ocidentais, ignorou por completo a exigência inevitável de exposição ao Sul, assim como os padrões de tamanho tipicamente japoneses. A área das unidades era mais de três vezes superior à média, e o alto custo, além da disposição em três andares, restringiu a potencial clientela a uma parte muito pequena do mercado. Além disso, em um esquema cujo principal objetivo era criar um novo urbanismo, o projeto de Koolhaas fracassou miseravelmente: o brilhante projeto arquitetônico ainda é totalmente fechado e inamistoso para a rua, e volta as costas para o ambiente público.

125   O engenhoso complexo de apartamentos de Mark Mack ocupa um terreno de esquina e incorpora vários tipos diferentes de habitações em dois blocos de construção simples: um baixo, em forma de L, de cor vermelha, e o outro, um pouco mais alto, um monólito cinza e amarelo. Na Califórnia, a preocupação de Mack em suas casas rurais e suburbanas centrava-se em delimitar graus de espaço público e privado em relação com o interior e o exterior. Aqui, por causa da localização urbana e das lojas no andar térreo, ele prefere tecer o ambiente público da rua como ambiente semipúblico do pátio interno que penetra pelo canto sul da estrutura em monólito, fazendo do jardim (projetado por Martha Schwartz) também um item urbano. Embora o prédio de Mack esteja bem situado em Fukuoka, a solução brilhante da fachada urbana torna-o um modelo adequado para localização em praticamente qualquer cidade.

O aspecto mais engenhoso do projeto de Mack, como no de Holl, é a elaboração de uma ampla variedade de plantas e tipos de unidades dentro do que, da rua, parece ser o envoltório comum de um prédio. Nenhuma das vinte e nove unidades é igual à outra. Especialmente na estrutura em monólito, Mack imaginou seqüências complexas de níveis que fluem sem esforço por dentro, mas são difíceis de perceber por fora. A única indicação da diversidade de apartamentos é o tratamento aparentemente abstrato das fachadas que dão para a rua, uma orquestração magistral de sólidos e vazios assimétricos nos limites de uma estrutura de concreto, sem repetição dos esquemas de painéis, janelas e varandas. O confronto harmonioso de materiais, formas e cores diferentes no exterior repete estratégia semelhante no interior, onde uma parede vermelha banhada pelo sol, portas em verde-claro ou amarelo, armários em degraus e um divã ladrilhado com ousada forma curva no banheiro indicam uma abordagem de interiores incomum no Japão.

Os três complexos de apartamentos remanescentes são menos interessantes em termos arquitetônicos por razões diferentes: o projeto de Ishiyama tem um excesso de consolos e modilhões, varandas, molduras de metal e outros elementos excessivos que sobrecarregam o delicado detalhamento, enquanto os paralelogramos arbitrariamente irregulares de Portzamparc oferecem interiores de formas estranhas dentro de um tradicional projeto ocidental e conservador. Em termos gerais, o projeto Nexus apresenta uma gama de alternativas de projeto incomuns em um único empreendimento, mas a IBA provoca mais reflexão sobre os rumos do projeto habitacional e do projeto urbano.

3. A RECONFIGURAÇÃO DA ESFERA URBANA

No início do século XX, foi extraordinária a decisão de Peter Behren de aceitar a tarefa de projetar a fábrica da AEG Turbine em Berlim. Numa época em que muitas vezes os arquitetos desdenhavam projetar estações de trem ou outras estruturas seculares, era raro que um projetista importante aceitasse tal proposta. O fato de que hoje as firmas mais prestigiadas participem rotineiramente de tais concorrências é um indício de como as coisas mudaram. Outra questão é saber se os arquitetos conseguem estar a par das amplas forças sociais e econômicas que estão por trás das mudanças no local de trabalho e na configuração das cidades.

Para ilustrar o problema, basta examinar a seqüência de edifícios há muito desdenhados pela profissão arquitetônica, do subúrbio norte-americano do século XX ao *shopping center* de bairros residenciais, ou mesmo mais recentemente, ao surgimento do *minimall*, ou centro comercial urbano em menor escala, em Los Angeles, no início da década de 80. A indiferença dos arquitetos também é coerente com a estratégia dos incorporadores de elaborar fórmulas para seus projetos, fórmulas que não admitem a singularidade do bom projeto. Enquanto arquitetos e críticos foram rápidos em demonstrar seu desdém pelo *minimall*, por exemplo, em geral revestido de ousadas decorações pós-modernas, deixaram de reconhecer as necessidades a que atendia. Como local rápido e próximo para realizar uma vasta gama de tarefas e como lugar onde famílias de imigrantes poderiam abrir pequenos negócios com mão-de-obra familiar, o *minimall* atendia a segmentos crescentes da população de Los Angeles, e empreiteiros e construtores forneciam os projetos. O pouco prestígio associado aos *minimalls* levou muitos arquitetos a ignorá-los, assim como durante décadas ignoraram os subúrbios de classe média, os *shopping centers* e os postos de gasolina. Os duplos perdedores dessa evidente falha do setor são a comunidade e os próprios arquitetos. Se o setor será capaz de reconciliar-se com a revolução que vem sendo operada pelo rápido desenvolvimento das comunicações e da tecnologia dos computadores, pela mudança do local de trabalho e pela passagem cada vez mais intensa ao emprego de meio expediente e ao trabalho em casa, permanece uma questão em aberto.

Os arquitetos responderam com entusiasmo à convocação de governos ou grandes empresas privadas para renovar grandes áreas das cidades. O remodelamento de grande parte de Paris na segunda metade do século XIX tavez seja o exemplo mais vigoroso de modernização de uma cidade histórica, não igualado nem mesmo pelos gigantescos programas de projeto urbano promovidos por Benito Mussolini na Itália durante as décadas de 20 e 30. Os últimos vinte e cinco anos, particularmente os anos 80, foram caracterizados por megaprojetos em escala comparável à de Paris no tempo de Napoleão III.

RUÍNAS INDUSTRIAIS

A tecnologia em rápida mudança e a maior mobilidade correspondente do capital transformaram as paisagens industriais do final do século XX em toda a Europa e nas Américas. Em seu rastro fica uma ceifa de estruturas abandonadas e sem uso anteriormente ocupadas pela indústria pesada, tais como fábricas de automóveis ou siderúrgicas, ou novas instalações fabris inseridas em países do Terceiro Mundo como substituto barato daquelas fechadas em nações industrializadas mais antigas devido ao alto custo de mão-de-obra, impostos e controles ambientais mais restritivos. Entre os casos mais óbvios estão as fábricas *maquiladoras* que produzem componentes de alta tecnologia e outras mercadorias manufaturadas no norte do

México, perto da fronteira com os Estados Unidos, ou gigantescas fábricas novas que estão sendo planejadas na Polônia e em outros pontos da Europa oriental. O preço cobrado à paisagem nas nações industrializadas é visível há décadas. Mas em outras áreas está apenas começando a aparecer, nas carcaças enferrujadas de instalações estagnadas da indústria pesada e nos exércitos de desempregados sem-teto que moram em seus carros e viajam de cidade em cidade em busca de trabalho. Por mais devastadoras que essas mudanças convulsivas tenham sido para centenas de milhares de trabalhadores, serve de medida para os valores do fim do século – e do sistema econômico capitalista – o fato de que políticos, incorporadores e magnatas do setor imobiliário tenham dedicado o grosso de sua energia à especulação com prédios, e não ao combate às más condições de vida de desempregados e subempregados, ao movimento cada vez mais livre do capital e não às necessidades das populações em torvelinho. E há também pouca pressão de outros setores da sociedade em favor dos menos favorecidos.

Quando a indústria pesada e as grandes empresas fugiram das áreas urbanas para locais menos caros, as cidades encorajaram investidores privados ou a eles se aliaram para transformar prédios vazios em fontes de receita privada e pública. Tais esforços levaram à transformação de estruturas desatualizadas em *shopping centers* especializados – pode-se pensar em locais como a Ghirardelli Square (1967), de Wurster Bernardi & Emmons, criada a partir de uma velha fábrica de chocolate, e The Cannery (1968), de Joseph Esherick & Associates, convertido a partir de uma antiga fábrica de enlatados Del Monte, ambos em São Francisco. De tamanho discreto e favorecidos por atraentes estruturas de tijolos voltadas para a Baía, mostraram-se de fácil incorporação por pequenos investidores. Em outros lugares, nos centros decadentes da indústria pesada, como Pittsburgh, na Pensilvânia, os administradores municipais desmantelaram antigas usinas siderúrgicas ou empreendedores reconfiguraram-nas para usos industriais leves, e remodelaram enormes pátios ferroviários transformando-os em atraentes parques à margem do rio. Em sua maior parte, essas iniciativas fizeram parte de estratégias mais amplas de revitalização, que consistem basicamente na substituição de famílias pobres ou operárias por profissionais urbanos em ascensão social em zonas de armazéns, indústrias ou áreas

127. Giacomo Mattè Trucco, fábrica Fiat Lingotto, Turim, Itália, 1919.

decadentes do centro das cidades. Contudo, outros tipos de grandes estruturas industriais apresentam problemas mais perturbadores.

127   A fábrica da Fiat Lingotto em Turim, uma massa compacta de concreto armado e marco da arquitetura moderna (obra de Giacomo Mattè Trucco, 1919), exemplifica bem as instalações industriais que sofrem transformações para servirem a novos usos. Em muitos países, uma estrutura como essa teria sido demolida em favor de arranha-céus de concreto pré-moldado de terceira categoria, mas o mérito arquitetônico e histórico da Lingotto levou a uma reação diferente na Itália. Para o projeto de Renzo Piano, em execução desde 1984, seus 250.000 metros quadrados de área construída restaurada foram subdivididos em zonas para exposições industriais e comerciais, centro de conferências, heliporto, espaço para pequenos empresários, restaurantes, jardins, bares, lojas, hotéis e instalações para os departamentos científicos da Universidade de Turim. Mudar a função de uma fábrica de produção industrial para um monstro amplamente dedicado ao consumo de elite cria problemas proporcio-

nalmente mastodônticos para a cidade. De início, quando foi construída, a Lingotto elevava-se em cinzento esplendor solitário na periferia urbana, mas terminou sendo engolida pela expansão da cidade nas décadas subseqüentes. Como aconteceu na maioria das cidades italianas, a administração turinense não conseguiu prever esse crescimento e, assim, ignorou a crescente inadequação da infra-estrutura, das estradas, do transporte público, do estacionamento e de outras necessidades. Como empresa multinacional de dimensões gigantescas, a Fiat beneficiou-se substancialmente de vários tipos de subvenção governamental e de leis favoráveis que lhe concederam vantagens sobre competidores estrangeiros. Mas a direção empresarial da Fiat assumiu a posição de que a cidade de Turim deveria cobrir um terço das despesas da transformação de Lingotto. Além disso, esperava que o governo italiano gastasse somas ainda maiores (embora até então indeterminadas) para revolucionar sistemas de transporte totalmente inadequados no distrito circundante, podendo assim acomodar as multidões previstas pelas várias atividades e eventos agendados para Lingotto. Nem a cidade nem a Fiat haviam pensado, ainda que remotamente, em introduzir tais melhorias para uma população fabril de operários forçados a chegar à fábrica do jeito que conseguissem.

A aventura da Fiat demonstra a colaboração íntima do governo com a indústria em favor dos grupos mais ricos e à custa da classe trabalhadora. Na verdade, tem sido assim em quase todos os lugares em que se recuperaram zonas industriais abandonadas. A IBA, ou Internazionale Bau Ausstellung, em Emscher Park, Alemanha, constitui um instigante contra-exemplo – 803 quilômetros quadrados destinados a ser recuperados depois da partida das indústrias pesadas, sobretudo de carvão e aço, do vale do Ruhr, na Alemanha. O objetivo da campanha, iniciada em 1988, era obter uma renovação quíntupla: ecológica, econômica, social, cultural e do ambiente construído. O que diferenciou esse projeto dos demais foi a determinação precoce de que seria totalmente coletivo, tanto operacionalmente quanto no processo de tomada de decisões. A intenção era evitar a rígida hierarquia social existente na região, especificamente o vasto plano-padrão, e em vez disso levar os moradores a gerar respostas diferentes para os problemas locais. Nos primeiros anos, surgiram oitenta e sete propostas diferentes, do treinamento e desenvolvimento de novos tipos de trabalho à criação de museus da indústria. Não eram propostas ideais em grande escala, mas ações que poderiam ser realizadas de maneira razoável num curto período de tempo. A IBA Emscher Park começou no ano seguinte ao da conclusão da Altbau IBA em Berlim, guiada pelo desejo de manter no planejamento a postura de recuperar a cidade existente por meio da participação decisiva dos moradores. Também a movia uma preocupação maior com o processo do que com resultados idealizados, cujo sucesso depende de forçar um grupo ou classe a abrir espaço para outro, diferente e mais rico.

Instalações industriais dilapidadas foram quase impossíveis de restaurar em áreas remotas, ou naquelas abandonadas pela indústria, como a antiga cidade de Flint, Michigan, que fabricava automóveis, ou a fábrica de aço Kaiser em Fontana, Califórnia. As instalações localizadas em cidades onde se podia prever uma expansão do turismo foram mais rapidamente transformadas. Entre as várias estruturas industriais antiquadas e sem uso em toda a Europa e na América no início da década de 70, os portos, no passado entradas de grandiosas cidades marítimas, atraíram incorporadores que neles viram uma localização promissora para projetos multifuncionais. Na década de 60, a tecnologia dos contêineres revolucionou o transporte, a carga e descarga de mercadorias e, em particular, afetou o tamanho dos navios e das docas necessárias para acomodá-los. Os portos que não conseguiram adaptar-se à nova tecnologia foram condenados à rápida obsolescência, à perda dos negócios para portos mais atualizados e eficientes como Hamburgo e Rotterdam, e inclusive ao fechamento. Foi esse o destino de muitos portos importantes, como Gênova, Copenhague, Manchester, Liverpool, Baltimore e Boston, Massachusetts. Junto com o fechamento vieram as demissões e as desordens sociais que as acompanham, assim como considerável incerteza quanto ao que fazer com essas relíquias decadentes de uma era já passada. Em geral, a solução mais comum foi transformá-las em *shopping centers* ou áreas comerciais festivas, muitas vezes com residências e escritórios, como em Boston e Baltimore, para compensar com o turismo e o consumo os impostos e empregos ligados à indústria e perdidos.

É emblemática dos esquemas do fim da década de 80 a solução da cidade de Gênova, que contratou o arquiteto genovês Renzo Piano para renovar seu porto no quinto centenário da viagem de descobrimento de Cristóvão Colombo. Terminado no verão de 1992, esse esquema previa a conversão do porto em um atracadouro de luxo para iates que cruzam o Mediterrâneo, mantendo o antigo armazém de algodão, mas transformando-o em pavilhão temporário de exposições e depois em butiques caras, adicionando outros pavilhões temporários no decorrer do ano comemorativo de Colombo. As autoridades da cidade e do porto também aproveitaram a oportunidade para liquidar as atividades remanescentes na parte mais antiga do porto, demitindo os últimos estivadores e resolvendo assim, a favor da administração do porto, a prolongada luta por supremacia entre ela, o sindicato dos estivadores e os embarcadores. Num caso ideal de justiça poética, a exposição de Colombo transformou-se num fracasso, deixando no horizonte problemas financeiros para Gênova.

As Docklands de Londres

Nenhuma resposta tornou-se satisfatória para todas as cidades, mas o remodelamento das Docklands de Londres mostrou-se um dos mais atraentes quanto ao papel atual da arquitetura e sua relação com os processos econômicos cataclísmicos que afetam o mundo moderno. No final da década de 70, já estava em andamento um processo de reestruturação econômica disperso em termos espaciais e globalmente integrado. Surgiram três grandes centros de controle financeiro e firmas de serviços financeiros especializados. Atrás de Nova York mas à frente de Tóquio, Londres sofreu enormes mudanças econômicas que também a transformaram em termos espaciais e sociais. Entre as duas guerras mundiais, as fábricas já tinham migrado do centro para a periferia. Agora, embora há muito tempo os empregos burocráticos constituíssem parte significativa da força de trabalho de Londres, o número de vagas nesse setor aumentou enormemente na década de 80, quando bancos, empresas de serviços financeiros e seguradoras passaram a responder por um terço de todos os empregos. Canary Wharf, nas Docklands, foi concebido como importante nó das atividades econômicas globalmente integradas do setor financeiro especializado que, na década de 90, ultrapassou a indústria como principal atividade econômica.

Deve-se entender o que aconteceu e por que a renovação tomou o rumo que tomou dentro do contexto histórico e contemporâneo. A zona hoje conhecida como "Docklands" consiste na antiga área do porto do Tâmisa, cerca de 13 quilômetros que se estendem para leste da Tower Bridge, o que coincide com a fronteira da City de Londres – o centro financeiro tradicional. Na margem norte, as docas vão de Wapping até as Royal Docks em Beckton, com uma imensa curva a meio caminho que forma a Isle of Dogs (Ilha dos Cães, onde hoje fica o complexo de Canary Wharf). Ao sul do rio sua extensão não é tão grande, já que segue a margem para leste até o promontório antigamente ocupado pelas Surrey Docks para o embarque de madeira.

Quando se anda hoje pelas Docklands, com sua confusão de armazéns restaurados, novos empreendimentos habitacionais, novos e maciços prédios de escritórios, grandiosos espaços públicos, algumas pitorescas ruas e igrejas antigas, desembarcadouros sem uso e vastas extensões de terra vazia e aplanada, é difícil reconstruir a história da área com o que se vê. Nos últimos quatro séculos, o rio foi a chave do império comercial aparentemente ilimitado de Londres. No final do século XVIII, o enorme congestionamento e as instalações de armazenamento inadequadas resultavam em perdas imensas de mercadorias, vítimas de apodrecimento e de ladrões nos cais, o que por sua vez levou à demanda de docas cercadas onde os navios pudessem ser descarregados em segurança e de uma gigantesca ampliação do espaço para armazenamento.

Nascia a era em que os navios britânicos, a indústria britânica, as mercadorias britânicas e a força britânica dominaram o comércio e a economia de nações tão distantes quanto a Austrália e o Extremo Oriente. Aos poucos, o rio todo foi ladeado por armazéns e desembarcadouros, com docas ainda maiores e mais armazéns e depósitos por trás delas. Três das primeiras, a West India Dock na Isle of Dogs (iniciada em 1799), a London Dock em Wapping (1802) e a St. Katharine Dock perto da Torre (1827), consistiam em fileiras uniformes de construções com paredes de tijolo e piso de tábuas, erguidas com verbas privadas por mercadores londrinos ávidos por lucrar com o comércio ultramarino. Esses armazéns, em geral com quatro ou cinco andares, impulsionaram alguns dos sistemas estruturais tecnologicamente mais avançados da época, enormes prédios de tijolos que combinavam os novos materiais, ferro fundido e forjado, com um classicismo rudimentar.

O desenvolvimento continuou durante o século XIX, descendo ainda mais o rio, com as docas Royal Victoria (1855) e Royal Albert (1880), chegando ao século XX com a King George V Dock em 1921. Todas elas eram mundos vastos, especializados e privados, ocultos ao público por trás de muros elevados. A Isle of Dogs, centrada nas docas West India e Millwall, tinha apenas uma minúscula periferia povoada em suas margens. Na década de 60, a prolongada expansão das construções industriais representada pelo extenso trabalho nas docas foi vitimada por um estágio posterior das forças de mudança tecnológica e econômica que, de início, haviam dado vida às docas. Já no século XIX, os navios ficaram grandes demais para as docas do rio; depois de 1945, o uso de contêineres alterou o padrão de manejo de mercadorias. Neste ínterim, durante a Segunda Guerra Mundial, as docas sofreram terrível devastação dos bombardeios alemães, que deixaram a área quase tão arrasada quanto Berlim ficaria mais tarde: cerca de metade dos armazéns e depósitos foi destruída. Apesar das tentativas de recuperação, em 1971 todas as docas do rio estavam fechadas, com exceção do grupo de West India e Millwall; e estas seguiram o exemplo em 1980.

A história da recuperação divide-se em dois episódios, antes e depois da criação da London Docklands Development Corporation (Corporação para o Desenvolvimento das Docas de Londres), em 1981; e abrange edifícios residenciais e de escritórios.

O mundo das docas fora sempre afastado da vida da maioria dos londrinos, já que era habitado por pessoas ligadas ao transporte marítimo, de marinheiros a estivadores, e, embora seus homens do mar e seus portuários possam ter ajudado a fornecer as mercadorias necessárias, eles quase não se integravam à vida do resto da cidade. A área também era fisicamente isolada: com vida econômica fechada em si mesma, nunca foi ligada ao centro de Londres por uma linha direta do metrô, e o acesso rodoviário era irregular. Como muitos dos bairros pobres a nordeste da cidade, as Docklands mantiveram-se como reduto da política socialista.

Na década de 70, uma série de propostas, de empreendimentos comerciais a habitações de aluguel para a população de baixa renda, foi apresentada por vários grupos. O Greater London Council (GLC) governava Londres como um todo, mas, por seu controle oscilar entre trabalhistas e conservadores, os planos para a área também variavam. Os bairros locais resistiam aos empreendimentos comerciais e defendiam, em seu lugar, habitações de baixo custo, em sua maioria para aluguel. Parece que nenhum dos diversos projetos apresentados teve muita oportunidade de sucesso devido ao custo proibitivamente alto da infra-estrutura necessária, em particular do sistema de transportes. Ainda assim, aos poucos ocorreram mudanças. Partes das docas de Surrey foram transformadas em parques e habitações, e os incorporadores da doca St. Katherine construíram hotéis, escritórios e uma marina privada. Muitas indústrias das margens do rio e nele baseadas sobreviveram, e planejavam permanecer na área. Estava em andamento a recuperação urbana em pequena escala. Artistas e outros se mudavam para armazéns e transformavam-nos em estúdios ou apartamentos, e abriram-se algumas empresas comerciais.

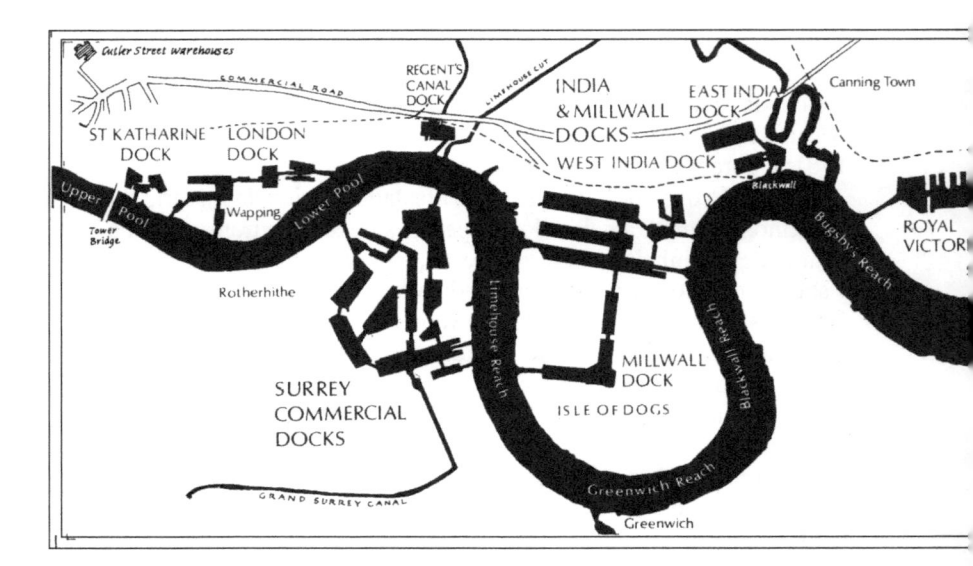

Quando as últimas docas do rio fecharam em 1980 e a população de 55.000 ex-trabalhadores da área ficou efetivamente desempregada e sem poder, tornou-se evidente a impossibilidade de renascimento da falecida indústria portuária em escala que lembrasse, mesmo de longe, seu antigo porte, e grandes áreas de terra sem uso – ou pouco usadas, como os incorporadores preferem dizer – tornaram-se disponíveis para possíveis empreendimentos. Os conservadores haviam recuperado o controle do governo central em 1979, com Margaret Thatcher, e logo selaram o destino das Docklands. A London Docklands Development Corporation (LDDC) foi criada em 1981; o controle da área foi tirado dos conselhos socialistas lo-

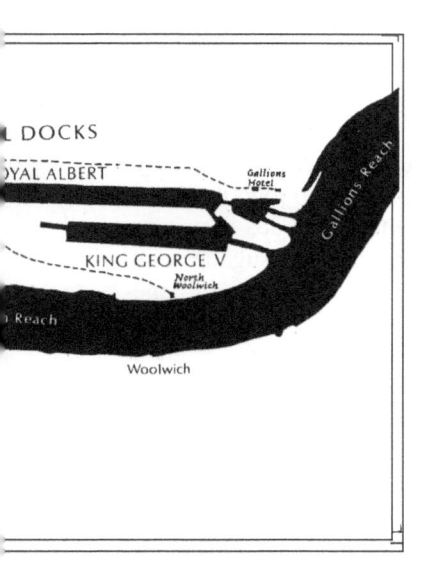

128. *à esquerda* Mapa que mostra as principais áreas envolvidas na recuperação das Docklands, Londres, Inglaterra.

129. *acima* As Docklands de Londres antes da Segunda Guerra Mundial. Estamos de frente para o leste, com a City ao longe (marcada por pontes). No primeiro plano está a Isle of Dogs, com os três atracadouros da doca West India; o cais entre as duas docas da direita é hoje a localização de Canary Wharf, o da esquerda é Heron Quays (comparar com a ilustração 134). Mais adiante, o rio curva-se em volta dos vários atracadouros das docas de Surrey, na margem sul.

cais e entregue a forças de mercado fortemente condicionadas pelo investimento governamental. Alegando que a recuperação fora paralisada durante anos pelas pendengas entre o GLC (dissolvido pelo governo em 1985) e os bairros locais, a LDDC preferiu atrair investimentos privados para a área com o uso de fundos do governo e outros estímulos.

O principal expediente da LDDC para minimizar os custos do empreendimento foi a criação de uma Zona Empresarial. Instituída em 1982 (e afinal encerrada em 1991), oferecia aos incorporadores um pacote aparentemente imbatível: nenhum imposto territorial sobre a incorporação e nenhum imposto por dez anos, dedução de 100 por cento do capital investido e, melhor que tudo, isenção de incômodos controles de planejamento. A zona designada ficava na Isle of Dogs e na região logo ao norte – uma área desabitada de 8.000 metros quadrados, no local das antigas docas West India, Millwall e East India. A LDDC recebeu dotações anuais do governo que ajudariam a comprar a terra, limpá-la e prepará-la para as construções por meio do fornecimento de todos os serviços, de transportes a esgotos. Londres não é a primeira cidade impelida pela perda da receita de indústrias obsoletas a engendrar negócios da China para incorporadores. Exatamente a mesma coisa aconteceu com a Community Redevelopment Agency (Agência de Renovação da Comunidade, CRA), em Los Angeles e Hollywood. E, assim como em outros locais, os incorporadores acharam que os termos eram quase bons demais para serem verdade, representando incentivos concretos para investir na área em questão. No entanto, em Londres logo ficou claro que estava em andamento um elaborado jogo de Banco Imobiliário na vida real, pois os investimentos privados direcionados para as Docklands estavam sendo simplesmente sugados para outros locais de investimento potencial na City, locais sem os benefícios dos generosos créditos tributários. A resposta prosaica do restante da City foi promover suas próprias incorporações, aumentando assim a quantidade de espaço para escritórios – e o número de escritórios vazios. Não se sabe exatamente quanto se perdeu de receita tributária potencial, embora em 1990 o Comitê Consultivo das Docklands tenha estimado o total em 1,33 bilhão de libras.

Abandonada à lenta escala da mudança não administrada, é provável que, com o tempo, a composição física e social das Docklands passasse por consideráveis alterações. Sem garantias, ninguém poderia prever quanto tempo levaria para que a região se tornasse um pólo de atração, processo lento e arriscado demais para os grandes incorporadores. O centro de Londres já sofrera grandes renovações em todo o período pós-guerra e, como nos outros dois centros financeiros internacionais, Nova York e Tóquio, não era fácil encontrar novas terras para expansão. As Docklands tinham a vantagem de ser baratas e livres do inconveniente de muitos moradores a remover. Mas os grandes incorporadores precisam de mais do que isso para começar um projeto e, por meio dos escritórios da LDDC e da Zona Empresarial, conseguiram o que desejavam. Boa parte do risco foi eliminada e uma porção assustadora do custo do empreendimento em grande escala foi transferida do setor privado para o público. A questão não era tanto *se* as Docklands mudariam, mas sim *quem* lucraria, *quem* pagaria, *quão* rapidamente ocorreria a mudança, *quem* a controlaria e que papel a arquitetura teria no empreendimento. A resposta do governo Thatcher foi que os incorporadores lucrariam (comprando a terra abaixo do valor de mercado), o público pagaria e as mudanças seriam rápidas e controladas pelo capital privado, muitas vezes estrangeiro.

As Docklands representam uma fase da nova ordem social e econômica global, que é caracterizada pela polarização da distribuição de renda e da distribuição ocupacional dos trabalhadores: existem mais empregos de salário alto e de salário baixo e, em números absolutos, mais destes últimos. Uma grande oferta de empregos de salário baixo, em Londres e em outros locais, ocupados muitas vezes por membros de grupos étnicos e raciais de imigrantes minoritários, sustenta os distritos residenciais e comerciais de alta renda, com as vagas para os baixos salários concentradas em restaurantes caros, butiques e lojas de alimentos finos, empresas de *catering** e de limpeza e outros serviços pessoais como limpeza doméstica, consertos, salões de beleza e manicures. O declínio do setor industrial de Londres levou à redução do número de empresas sindicalizadas com salários tabelados e a um aumento das fábricas de fundo de quintal e de trabalho industrial doméstico, principalmente na indústria de vestuário. Essa dispersão local do emprego está li-

* Empresas de fornecimento de comida e bebidas para festas, casamentos etc. (N. do R.)

gada à linha de montagem global, caracterizada pela fragmentação espacial do trabalho, com bens produzidos e montados onde quer que o custo da mão-de-obra e a economia de escala sejam compensadores. Isso tem o efeito de neutralizar o poder político potencial dos operários, que não trabalham mais com proximidade suficiente para desenvolver estratégias eficazes contra o capital.

Parte da estratégia de renovação das Docklands consistia em reduzir a presença dos poucos moradores e indústrias remanescentes e reescrever a história da área. A LDDC fez da transferência das poucas indústrias fluviais existentes, quer elas concordassem quer não, condição-chave para a recuperação das Docklands. Apesar de promessas anteriores, elas foram removidas para fora da área e não para outra região das Docklands. A promessa absolutamente não cumprida foi a da oferta de um enorme campo de trabalho. Foram prometidos aos moradores locais programas de treinamento profissional por meio da LDDC, mas até hoje esses programas receberam relativamente pouco financiamento, e o emprego nas áreas residenciais adjacentes é limitado. Um estudo encomendado pela LDDC (mas depois cancelado e não publicado) previa não mais que 1.800 empregos nas Docklands para os moradores dos bairros afetados pela recuperação, e muitos deles de meio expediente. Exceto pelos serviços de salário mais baixo, a maioria dos novos trabalhadores das Docklands era formada por empregados simplesmente transferidos pelas empresas de seus antigos locais de trabalho, geralmente em outros locais de Londres.

Como é de praxe em muitos projetos capitalistas, a LDDC e os incorporadores fizeram com que as objeções sistematicamente apresentadas pelos moradores durante a década de 80 parecessem ser nada mais que oposição ignorante às forças do progresso e da renovação. Retratavam os opositores como ligados à atrasada política socialista que exigia a intervenção do governo em vez das energias modernizantes do capital internacional e das forças de mercado. Em resposta a essas colocações distorcidas, os grupos de resistência uniram-se numa campanha de contra-informação e ativismo; entre suas observações mais incisivas estava a de que o governo pregava contra o socialismo mas praticava-o em prol das corporações internacionais. Os grupos mais auxiliados pela intervenção do governo foram os incorporadores privados, que receberam descontos nos preços, subsídios e favores enormes da rede de transportes públicos.

Na verdade, os favores na linha de transportes demoraram muito mais a materializar-se do que se esperava inicialmente. O acesso rodoviário foi melhorado: a Docklands Highway, que ligava a City a Canary Wharf, custou 200 milhões de libras em dinheiro público. As linhas férreas de superfície já existentes foram ampliadas para formar a Docklands Light Railway, que chegava às novas habitações da margem do rio na extremidade da Isle of Dogs – mas que logo se mostrou inadequada. O elemento mais importante, a extensão da Linha Jubilee do metrô de Londres, foi tema de lutas contínuas entre o governo e os incorporadores privados a respeito do financiamento. O trabalho só começou em 1993, depois que a LDDC havia sido encerrada (em 1991) e quando os incorporadores de Canary Wharf foram à bancarrota. Por coincidência, a London Transport fora induzida a mudar sua sede para a torre de Canary Wharf pouco antes do início das obras.

A construção de moradias nas Docklands, assim como a de escritórios, dependia para seu sucesso dessas redes de transporte. As unidades de aluguel nunca surgiram com destaque na agenda thatcherista para a renovação das Docklands, mas as moradias para venda a preços populares assim como os empreendimentos de cooperativas habitacionais de moradores tornaram-se parte dos planos da LDDC, juntamente com a exigência de melhorar as moradias existentes. Construtores privados tiveram acesso a propriedades da LDDC para corrigir o que se via como desequilíbrio nas Docklands, onde mais de 80 por cento das acomodações residenciais consistiam em *council housing*, ou seja, unidades para aluguel pertencentes ao setor público, construídas em sua maior parte depois de 1945.

O compromisso com a moradia privada, especialmente para grupos de baixa renda, não era muito forte: na Isle of Dogs vinte e seis projetos habitacionais foram terminados entre 1981 e 1992, mas apenas seis em terras da LDDC, e das mais de 15.000 unidades construídas nas Docklands só pouco mais de 2.000 eram para gente do local. Grandes firmas incorporadoras construíram a maior parte dos apartamentos e casas, em grande parte seguindo vários estilos tradicionais, com poucas exceções como o bloco de apartamentos Cascades, com detalhes náuticos, de Campbell, Zogolovitch, Wilkinson & Gough (1988). Outro projeto, Burrell's Wharf (Jestico & Whiles, iniciado em 1987), ao longo da extremidade sul da Isle of Dogs, misturou novas construções com adaptações de espaços industriais e fabris existentes para uso como lojas, escritórios e apartamentos. De forma incomum, por trabalhar com o tecido construído existente, a incorporadora Kentish Homes justapôs, com bons resultados estéticos, conversões de armazéns de ferro e tijolos nus a versões mais novas do mesmo tipo, ou então a malhas de suaves painéis de concreto.

Entre os grupos que recebiam assistência da LDDC havia associações habitacionais de moradores, geralmente formadas com o objetivo específico de construir apartamentos ou conjuntos de casas nas Docklands. Três dessas associações (a Great Eastern, a Isle of Dogs Self-Build Housing Association e a Second Isle of Dogs Self-Build Housing Association) foram formadas por moradores locais

130. Stout & Litchfield Architectural Partnership, projeto de construção cooperativa de Maconochie's Wharf, West Ferry Road, Londres, 1985-90.

que compraram terras da LDDC e construíram 89 residências de três quartos em Maconochie's Wharf (1985-90), junto à Burrell's Wharf, com ajuda de Roy Stout, da Stout & Litchfield Architectural Partnership. Dentro dos estritos padrões da LDDC, que insistia na uniformidade da massa geral e do posicionamento, dos detalhes de madeira e da cobertura de telhas, os moradores mostraram-se capazes de erguer moradias seguras, em escala modesta e bem construídas, com interiores adequados à necessidade das famílias específicas.

A especulação elevou os preços residenciais depois de 1985, até que o colapso do mercado de ações em outubro de 1987 marcou o fim da construção especulativa de unidades para venda. No entanto, novas propriedades do conselho foram construídas em esquema de *council housing*, inclusive Masthead Terrace (1990-92), pela Alan J. Smith Partnership. Esses blocos de dois a seis andares de cores ousadas, como a maior parte das moradias das novas Docklands, são de projeto bem tradicional, seguindo esquemas anteriores de habitações públicas ou adaptando características tradicionais de projeto doméstico em novas construções. Em outros locais, no caso de moradias já existentes, adotaram-se às vezes soluções diversas. Embora muitas delas precisassem desesperadamente de reparos por dentro e por fora, a alocação inicial de fundos da LDDC para melhoramentos nesses prédios ficou muito limitada ao paisagismo, seguida depois por ajustes cosméticos exteriores. Por exemplo, Millpond Estate, em Bermondsey, ao sul do rio, foi adornada com colunatas, novas portas e janelas, cercas, floreiras, árvores estrategicamente plantadas e a reconstrução dos muros das docas. Como o Centro de Planejamento da Comunidade de Rotherhithe observou amargamente, os novos proprietários das luxuosas unidades vizinhas não queriam uma paisagem de cortiços. Esses empreendimentos da LDDC enfrentavam abertamente a realidade do desenvolvimento irregular com o mito de uma comunidade idílica.

Na esfera dos empreendimentos comerciais, vários fatores adicionais tiveram papel importante no caráter e na forma do que se construía. Em primeiro lugar, em 1985 o Banco da Inglaterra atenuou sua regra de que as empresas bancárias tinham de manter suas sedes na City de Londres: o aluguel barato e a isenção de impostos oferecidos pela Zona Empresarial eram agora um convite possível de ser aceito. Então, em 1986, a revolução financeira conhecida como "Big Bang" levou a uma expansão ainda maior e à necessidade de prédios com instalações para novas tecnologias. As novas tecnologias foram também um estímulo por trás da mudança de grandes grupos jornalísticos para as Docklands, encabeçada pelo deslocamento da News International (editora do *The Times*) para o terreno recém-ocupado nas Docas de Londres. O resultado, a partir de meados da década de 80, foi uma grande expansão em altura e densidade: os projetos foram radicalmente redesenhados e, em alguns casos, novos prédios foram demolidos e substituídos por outros maiores. Os preços, que em 1981 eram, em média, de 50.000 libras por acre, chegaram em 1988 a até 10.000.000 por acre nos melhores pontos.

Dados os enormes incentivos para construir e a economia em expansão na época, os incorporadores invadiram as Docklands. Os resultados foram previsíveis: muitos projetos mal concebidos, planejados com indiferença e mal construídos, ostentando alguma das várias modas pós-modernas e de natureza basicamente especulativa, surgiram, parecia, do dia para a noite. No entanto, construir depressa não significa necessariamente construir mal. A estrutura de aço do prédio do *Financial Times* (1988), de Nicholas Grimshaw, na Zona Empresarial da antiga doca East India, terminado em apenas um ano, é um desses casos. O cliente pediu um simples arcabouço industrial, mas Grimshaw enxergou as possibilidades visuais das poderosas impressoras em funcionamento e, assim, envolveu o prédio em alumínio e colocou um revestimento de vidro sem molduras, interrompido apenas por esguias colunas e vigas de aço, na seção onde ficariam as impressoras, criando uma visão espetacular à noite, quando estão em funcionamento e o prédio se enche de luz. (O destino subseqüente da estrutura ilustra as rápidas mudanças que afetam as construções comerciais e industriais do final do século XX: em 1995, as impressoras foram removidas para outro local e o *Financial Times* abria mão de seu prédio construído com um fim determinado e muito elogiado.) Outra exceção notável ao reinado da mediocridade é o edifício David Mellor, de Michael Hopkins (1991), em Shad Thames, ao sul do rio. O cuidado e a clareza da construção, a qualidade dos materiais e a simplicidade elegante e sem adornos distinguem ambos os prédios, em contraste com os edifícios de escritórios da área, tipicamente muito enfeitados e exagerados.

131. Michael Hopkins and Partners, Edifício David Mellor, Shad Thames, Londres, 1991.

Um dos prédios mais populares das Docklands é a Estação de Bombeamento de Águas Pluviais (Storm Water Pumping Station), de John Outram (1988), na margem oriental da Isle of Dogs. Executado em listras luminosas de tijolo vermelho, amarelo e roxo, com cores igualmente vistosas nas colunas, capitéis, pedestais e lunetas historicistas, o projeto da Estação pega uma atividade necessária, mas não muito excitante, e a transforma em uma espantosa experiência visual. Nem tudo, porém, está nos olhos do observador: a maior parte dos detalhes neo-egípcios serve, na verdade, de elementos funcionais para a estação de bombeamento.

132. Nicholas Grimshaw & Partners, Edifício Financial Times, Estrada East India Dock, Londres, 1988.

133. John Outram Associates, Estação de Bombeamento de Águas Pluviais, Isle of Dogs, Londres, 1988.

Canary Wharf

Canary Wharf é o empreendimento mais importante das Docklands e oferece o melhor exemplo do jogo da incorporação e suas conexões com o mundo arquitetônico. É a versão ampliada de um processo repetido em todo o mundo. O local, dentro da Zona Empresarial, é significativo: perto da extremidade norte da Isle of Dogs, no cais que separa duas docas da histórica West India Dock, muito danificada pela guerra. Qualquer coisa construída ali teria de se ajustar a um terreno longo e estreito. E o complexo também se encontraria isolado – da City pelos distritos operários e, na própria Isle of Dogs, na terra-de-ninguém do antigo recinto das docas. Esses fatores explicam até certo ponto tanto a disposição formal a que se chegaria quanto a insistência dos incorporadores em apresentar sua criação como parte da Londres histórica.

As propostas inglesas para o local em 1984 exigiam a conversão das estruturas existentes em moradias, lojas, escritórios e cafés. Porém, em 1985 um incorporador norte-americano, G. Ware Travelstead, surgiu com uma proposta inteiramente comercial que previa densidade e grandiosidade muito maiores na arquitetura e na organização urbana.

Travelstead encabeçava um consórcio que incluía dois bancos de investimento americanos, Crédit Suisse First Boston e Morgan Stanley, que desejavam novos prédios para suas sedes. Skidmore, Owings & Merrill (SOM) e Pei Cobb Freed, firmas de arquitetura americanas com prática internacional, foram convocadas. A proposta resultante incluía três torres, todas ligeiramente mais altas que a única que acabou sendo construída. As objeções da GLC e da administração de alguns bairros locais – especialmente a de Greenwich, preocupada com o efeito de arranha-céus como pano de fundo para a vista dos famosos prédios de Inigo Jones e sir Christopher Wren – não deram em nada (o *status* da Zona Empresarial tornava muito difícil apresentar objeções). Tower Hamlets, administração regional local, era, de qualquer forma, favorável à proposta por causa da promessa de empregos para os moradores da área. Em 1987, a infra-estrutura estava pronta. No entanto, neste estágio a Travelstead percebeu que seus fundos eram inadequados e voltou atrás. O incorporador americano foi então seguido por um incorporador canadense, Olympia & York, dos irmãos Reichmann.

Com investimentos globais no setor imobiliário, assim como em muitos outros setores, Olympia & York alegavam ser um dos poucos incorporadores internacionais com capacidade de financiar projetos com recursos próprios. Entre suas notáveis iniciativas estão as estruturas comerciais de Toronto, no First Canadian Place e no Queen's Quay Terminal e, em Nova York, na Battery Park City, que Olympia & York assumiram em 1981, em especial o World Financial Center ali localizado, outro vasto complexo de escritórios com quatro torres projetadas por Cesar Pelli (arquiteto da torre de Canary Wharf).

De imediato, Olympia & York fizeram sentir sua presença. Para eles, SOM reconfigurou os planos em escala muito mais ambiciosa. Convenientemente cortado pela Docklands Light Railway (ferrovia de bitola estreita das Docklands) e com acesso a oeste por meio de uma grande estrada já existente, pretendia-se que o terreno de 28,5 hectares de Canary Wharf contivesse quase 929.000 metros quadrados de escritórios e lojas, sem falar na estimativa de 250 restaurantes e outras instalações de serviços. O terreno do empreendimento foi também expandido para incluir Port East, do lado norte das docas meridionais (onde sobrevivem os únicos armazéns do início do século XIX de todo o sistema de docas) e Heron Quays ao sul. A armação sobre a qual se suspenderia o projeto de Canary Wharf propriamente dito fazia referência explícita à composição barroca, estratégia de projeto predileta dos bastiões do poder absoluto nos séculos XVII e XVIII. O grandioso espaço de Westferry Circus, cheio de árvores, inaugura a seqüência para oeste, na junção da estrada de acesso vinda do centro de Londres. Daí, o eixo da perspectiva estende-se para leste, abrindo-se na Cabot Square e depois dividindo-se em dois em torno de uma ilha de prédios baixos que culminam no colossal ponto de exclamação de um arranha-céu de 50 andares. No esquema planejado antes da interrupção das obras (assunto ao qual voltaremos), retomava-se o eixo depois da torre para cruzar outra praça e acabar em uma praça circular menor, Cartier Circle.

A SOM supervisionou o projeto de todo o esquema e também se responsabilizou por alguns prédios específicos. Os outros arquitetos participantes eram firmas arquitetônicas igualmente grandes e bem conhecidas, com prática internacional – Pei Cobb Freed, Cesar Pelli e Kohn Pederson Fox (KPF) – além de algumas firmas menores – Koetter and Kim, Aldo Rossi e Hanna/Olin Landscape Architects. Depois de protestos pela ausência de arquitetos britânicos, escritórios locais foram chamados, como Troughton McAslan e, caso o projeto prossiga, Norman Foster Associates. Antes de morrer, James Stirling, da Stirling and Wilford, recebeu a encomenda de construir uma série de torres residenciais à margem do rio em Westferry Circus.

Como esclarecem os comunicados à imprensa de Olympia & York, os objetivos do projeto eram retóricos e representativos. Só com a promessa de algo novo e grandioso os ocupantes em potencial seriam atraídos para longe de outros pontos da City. Três objetivos diretos do projeto caracterizavam os prédios de Canary Wharf: homogeneidade da aparência geral, variedade nos detalhes e historicismo. Para a comercialização, Olympia & York precisavam de variedade suficiente para que clientes em potencial tivessem prédios de escritórios diferenciados, mas com homogeneidade suficiente para que o complexo inteiro fosse uma entidade definida. A SOM criou um conjunto de diretrizes de projeto para abranger tudo, dos recuos aos materiais e detalhes das fachadas. Segundo o próprio plano urbano, seu objetivo confesso era obter a rica textura dos bairros mais antigos de Londres em uma nova localização, com edifícios individuais e de escala maciça "assinados", projetados por arquitetos diferentes que acrescentassem uma variedade limitada.

As fachadas de Westferry Circus, de SOM e Koetter & Kim, são em estilo clássico despojado, com cornijas e uma arcada de pilastras pareadas. O tema da arcada perpassa todo o empreendimento, criando um tom tradicionalista. De Westferry Circus, a Avenida West India segue para a Cabot Square, em cujas esquinas defrontam-se duas variações discretas e pouco imaginosas de modelos modernistas familiares; para o norte, o prédio de Pei Cobb Freed para o CS First Boston comprimiu 4.650 metros quadrados em pilhas de painéis de granito que seguem um padrão horizontal, enquanto para o sul a SOM envidraçou para Morgan Stanley uma caixa gigante e adicionou caixilhos verticais que vão se afinando. Os dois prédios da KPF, no número 20 da Cabot Square e no 30 da South Colonnade, são versões refinadas do classicismo genérico modernizado do governo na década de 30, que alternam painéis verti-

134. Skidmore Owings & Merrill, primeiro projeto para Canary Wharf, Londres, iniciado em 1988, visto pelo leste. Para além de Westferry Circus (no primeiro plano), o eixo leva à Cabot Square e à torre de One Canada Place, encimada por uma pirâmide. Foram feitas algumas mudanças no projeto, e as duas torres na extremidade do terreno também não foram construídas.

136. Cesar Pelli, One Canada Square, Canary Wharf, Londres, vista por trás da Queen's House de Inigo Jones e do Royal Hospital, de Wren, Greenwich, em 1991.

cais de vidraças e granito verde entre bases pesadas e áticos elevados e uma altíssima torre cilíndrica a um canto. A torre repete-se de forma simétrica no prédio mais descaradamente historicista e eclético do grupo, o número 10 da Cabot Square, projetado pela SOM, que combina, à maneira agora familiar da colagem pós-moderna, alusões a uma série de modos arquitetônicos. No entanto, o sabor dominante é norte-americano, incluindo decorações celtas entrelaçadas num estilo sub-Louis Sullivan. Mais adiante, instigado por Olympia & York que desejavam maior variedade estilística, Troughton McAslan rejeitou esse historicismo exagerado em favor de um despojado bloco de granito e vidro de estrita roupagem modernista. Faixas de vidraças diferentes e colunas esguias que correm do pórtico ao terceiro andar constituem apenas uma leve tentativa de in-

135. *página anterior* Olhando de cima a Cabot Square, em Canary Wharf. À esquerda, os prédios da SOM e de Troughton McAslan estão separados pela Docklands Light Railway. À direita, vê-se um canto do prédio da SOM para Morgan Stanley, seguido de duas fachadas da KPF. A torre de Pelli eleva-se atrás da estação.

cluir algumas das fontes históricas propostas pela SOM. Essas estratégias de projeto caracterizaram muitos empreendimentos urbanos menores na década de 80, nos quais a memória foi cuidadosamente reinventada para simular a diversidade de uma cidade construída no decorrer do tempo, e não em poucos meses.

A arquitetura assinada serve como instrumento importante para dois objetivos afins: vender espaço comercial e concentrar a crítica na forma. Não surpreende que o arranha-céu de Cesar Pelli no número um da Canada Square tenha gerado uma calorosa discussão. Recoberto de painéis de aço inoxidável, o obelisco de 244 metros é o edifício mais alto da Grã-Bretanha e o segundo mais alto da Europa. Eleva-se sobre tudo o mais em Londres, realizando a função óbvia de um arranha-céu – um emblema do poder. O Príncipe de Gales foi apenas o mais famoso dentre os que se queixaram de que seu tamanho era desproporcional em relação ao resto da cidade, e muito mais em relação à Isle of Dogs. Bem pago e bem divulgado, Pelli pôde dar-se ao luxo de desdenhar as críticas, já que o grande bônus da Zona Empresarial para incorporadores e arquitetos está no fato de funcionar inteiramente fora do controle público exercido pelas comissões de planejamento ou pelos conselhos de vistoria dos cidadãos.

Os projetos mais idiossincrásicos de todos ainda não foram realizados: dois prédios de Aldo Rossi, imaginados para formar a esquina de uma praça pública de um lado e, de outro, emoldurar o ângulo de uma antiga comporta. Eles aproveitam algo da riqueza cromática familiar ao Hotel Il Palazzo em Fukuoka, de Rossi, com revestimento em pedra rosa e vermelha e uma enorme rotunda de cobre verde na chamada estrutura de basílica. Por meio do contraste, ao longo da orla das docas as duas fachadas apelam para a tradição local dos armazéns com suas colunatas de ferro fundido e revestimento de painéis de metal, única homenagem em Canary Wharf ao antigo tecido construído. Os problemas financeiros de Olympia & York interromperam a construção pouco depois dos alicerces, e desse modo não se conhece ainda a forma como se ajustarão ao empreendimento.

Em vista da galáxia de arquitetos estrangeiros empregados e da distância da Isle of Dogs, talvez não surpreenda que Olympia & York tenham preferido promover Canary Wharf junto a seu público como um lugar de "aparência normal e natural". A isca para os clientes em perspectiva, britânicos e estrangeiros, realçava o empenho dos arquitetos em estudar o tecido urbano da Londres histórica e apresentava os espaços abertos como completamente típicos do local – praças londrinas para os dias de hoje. Na verdade, para o visitante britânico médio o complexo parece totalmente estrangeiro e, dependendo do indivíduo, provoca perplexidade ou excitação. Norman Tebbit, Secretário de Estado de Comércio e Indústria, previu exaltadamente em 1986 que a área das docas West India e Millwall iria tornar-se a "Manhattan-on-Tames", e é esse o efeito, sejam quais forem as evocações verbais da Regent Street, das praças georgianas ou da época áurea do Império Britânico.

E a respeito da natureza do novo espaço urbano? Como em empreendimentos semelhantes em outras partes do mundo no fim da Era Moderna, a noção de público incorporada às novas ruas e praças era limitada desde o princípio, uma vez que o chamado espaço público, sem exceção, era na verdade privado, pois Olympia & York mantiveram a prerrogativa de controlar tanto o acesso quanto as atividades. Guardas particulares patrulham as ruas privadas; nos portões de entrada, os visitantes são examinados e o acesso é cuidadosamente limitado. (Com certeza a bomba do IRA no vizinho South Quay, em 1996, foi um poderoso lembrete de que, em eras de inquietação política e econômica, palcos do capitalismo irrestrito como Canary Wharf serão alvo de dissidentes e terroristas.) A publicidade dos incorporadores afirmava o tempo todo que Canary Wharf destinava-se a uma categoria indistinta, as "pessoas". Mas os tipos de estabelecimento que os incorporadores indicavam como disponíveis para essas pessoas eram exatamente aqueles preferidos por trabalhadores de escritórios, e não necessariamente os que interessariam aos operários que vivem nas áreas próximas: principalmente restaurantes caros, lojas de roupas finas, bares sofisticados e cafés.

Em 1985-86, em meio à expansão econômica da Inglaterra, 1,8 milhão de pessoas viviam na linha da pobreza ou abaixo dela, duas vezes mais que em 1960; e, em 1991, estimava-se que 75.000 não tinham onde morar. O número de pessoas sem casa nas Docklands quase quadruplicou entre 1979 e 1987, e o preço das novas moradias construídas sob os auspícios da LDDC excedia em muito os parcos recursos dessas famílias, pelo menos até depois de a recessão instalar-se. Contra essas massas de novos pobres, Canary Wharf e boa parte das Docklands ofereciam um oásis isolado. As muitas imagens hipotéticas distribuídas por Olympia & York retratam trabalhadores de escritórios, bem vestidos, almoçando ao ar livre, visitando galerias de arte, descendo de seus carros ou comprando em lojas finas. Não mostram gente lavando janelas, patrulhando estacionamentos, limpando escritórios ou consertando máquinas de xerox – quem dirá organizando jogos de bola no gramado no centro de Westferry Circus, envolvendo-se em atividades políticas nas ruas ou agarrando-se a latas de cerveja ou sidra, empurrando carrinhos de feira cheios de pertences ou passando a noite em bancos de praça.

Em Canary Wharf e no restante das Docklands a luta não se dá entre os setores público e privado, mas sim a respeito de *que* público e *que* privado controlarão o futuro da área. Nos Estados Unidos e na maioria dos países capitalistas onde a terra é uma mercadoria, os donos constroem em sua propriedade e os órgãos públicos tentam mediar os interesses privados e o bem-estar da comunidade. Nas Docklands, os detentores de propriedade privada autorizados a participar do empreendimento são imensos conglomerados internacionais, e o interesse público foi representado pela Secretaria de Estado do Meio Ambiente e pela LDDC, reunindo-se em segredo e a serviço do empreendimento direcionado ao mercado. Proprietários menores, como moradores de renda baixa a moderada que foram removidos pelas obras de transporte, ou as indústrias fluviais que não se adequavam à imagem que a LDDC tinha em mente para as Docklands, foram sistematicamente excluídos da equação. Da mesma forma, a LDDC foi habilitada, pelos termos de sua criação, a ignorar o desejo do governo local, na forma de administrações eleitas democraticamente e de associações de vizinhos e moradores, de participar do planejamento e da supervisão das enormes mudanças operadas em suas comunidades.

Porém, embora em 1990 parecesse que a LDDC e os incorporadores privados estavam ganhando, dois anos depois muitos incorporadores das Docklands, derrotados pela crescente recessão, abandonaram o negócio e o mercado imobiliário comercial afundou. Até Olympia & York lutaram com a espada de Dâmocles pendente sobre suas cabeças, forçados pela ameaça de bancarrota a vender propriedades a preço de banana, a não pagar alguns juros e a reorganizar o que fosse possível para recuperar seus investimentos em Canary Wharf, perdendo no processo o controle do empreendimento. Em 1993, o endividamento total de Olympia & York chegava a 20 bilhões de dólares, e a concordata e a venda forçada de algumas propriedades tornaram-se inevitáveis. Em Canary Wharf, em 1994, escritórios vazios estendiam-se interminavelmente, trens vazios entravam e saíam da estação, estruturas semiconstruídas elevavam-se desajeitadas do chão e os estacionamentos permaneciam vazios. No entanto, na época em que este livro foi escrito, dez anos depois do início do grande *boom* das Docklands, Canary Wharf está de volta às mãos de Reichmann e, embora boa parte das acomodações ainda esteja vaga, quatro quintos da torre principal já foram ocupados.

Canary Wharf levanta algumas questões, sendo que uma das mais importantes diz respeito ao papel dos arquitetos. Dado o nível de detalhe no plano-mestre e das diretrizes de projeto da SOM, restou a cada uma das firmas fazer algum trabalho na fachada, na entrada e no telhado. Na verdade, Olympia & York deram o título de "arquitetos conceituais" aos escritórios participantes, não lhes concedendo responsabilidade alguma além do conceito inicial do projeto. Isso torna possível a arquitetos, dos mais vanguardistas aos mais tradicionais, ter grande prática internacional por meio do simples expediente de ter pouca relação com a verdadeira construção. Só precisam fornecer o tipo de imagem cultural aceitável que encorajará os ocupantes a alugar, os visitantes a ir até lá e a crítica a fixar-se em estudos da fachada e do plano urbano barroco, em vez de combater as conseqüências sociais e políticas do projeto.

INTERVENÇÕES URBANAS NA ESPANHA E NA FRANÇA

As Docklands simbolizam as contradições e tensões na estrutura do local de trabalho contemporâneo, assim como os piores aspectos da política de tomada de decisões no mau uso de terras e espaços públicos. É também a realização física da configuração contemporânea do local de trabalho. Os exemplos examinados a seguir incluem-se, *grosso modo*, em três grandes grupos definidos pela linguagem arquitetônica e, assim, pelo entendimento dos ambientes sociais e construídos específicos. Em geral, projetar novos locais de trabalho em áreas urbanas existentes implica aperfeiçoar o que já se tem por meio do desdobramento hábil de uma nova linguagem dramática arquitetônica, ou inserir um elemento novo e surpreendente sem alterar substancialmente o caráter do ambiente. Uma terceira solução, de longe a mais fácil de todas, é insistir no emprego da mesma linguagem arquitetônica em qualquer lugar, em qualquer tempo, com pouca atenção a outros fatores. Embora esta abordagem permita que o projetista utilize um repertório pessoal de técnicas testadas e aprovadas, em geral também simplifica a miríade de problemas associados à construção.

Dois aeroportos recentes, um de Rafael Moneo e outro de Renzo Piano, ilustram este ponto. Localizado bem no campo, longe do nordeste da cidade, o novo Aeroporto San Pablo, em Sevilha (1991), de Moneo, segue um esquema de organização padronizado. Mas a solução específica de Moneo demonstra que os arquitetos podem tornar claras e atraentes as mais complicadas propostas funcionais. Embora construído rapidamente antes da Expo'92 em Sevilha, o aeroporto também previa acomodar futuras expansões, já que sua expectativa de vida estende-se para muito além da duração da feira. Em vez de sucumbir ao apelo fácil e muitas vezes banal das imagens de alta tecnologia exibidas num pavilhão multiuso, típico do aeroporto de Renzo Piano em Osaka (1994) ou da caixa de vidro espelhado de Ricardo Bofill para o aeroporto de Barcelona (1991), Moneo compilou habilmente elementos extraídos da arquitetura hispano-mourisca. O revestimento do bloco de concreto, fabricado com uma areia local de um amarelo-quente, e a cobertura do teto em telhas de cerâmica azul-brilhante, relembram as antigas tradições locais de construção.

Em vez da transparência expansiva e monótona dos outros dois aeroportos, o San Pablo de Moneo tornou-se um refúgio, como uma fortaleza contra o sol causticante de Sevilha, à moda dos prédios espanhóis mais tradicionais, o que foi conseguido com base nas propriedades térmicas dos materiais, na orientação e no padrão das janelas para resfriar o interior. Por dentro, o viajante encontra não os espaços tediosos e anônimos que são o padrão dos *shopping centers* regionais, mas um local definido pela luz natural suavemente difundida por uma longa seqüência de clarabóias em dupla cúpula,

137. Rafael Moneo, Aeroporto San Pablo, Sevilha, Espanha, 1991.

138. Renzo Piano Building Workshop, Aeroporto Internacional de Kansai, Osaka, Japão, 1994.

cada uma das quais encima um grande arco que se lança de robustas colunas em campânula. Juntos, os elementos e materiais tectônicos enfatizam a continuidade das funções atuais, apesar de avançadas tecnologicamente, em relação às do passado distante.

Do outro lado do mundo, a resposta de Renzo Piano no Japão não poderia ser mais diferente: uma estrutura de vidro e aço planejada com perfeição, monótona perfeição. A principal causa de sua fama talvez seja ter sobrevivido ao terremoto de Kobe, em 1995. Ainda que realizado com talento e sensibilidade, as limitações do pavilhão multiuso são óbvias: uma infindável repetição do mesmo motivo, produzindo ambientes que bem podem ser calmos e claros, mas também de uma irritante e entorpecedora mesmice.

O florescimento da arquitetura na Espanha durante o final da década de 70 e na de 80 é comparável às explosões de criatividade na Alemanha dos anos 20, na Itália dos anos 30 e no Japão da década de 70. Em cada caso, as condições políticas e econômicas foram componentes essenciais. A situação na Espanha foi alimentada pela demanda reprimida dos anos de controle estrito sob o governo de Francisco Franco. Sua morte em 1975 libertou a criatividade arquitetônica reprimida quando o país apressou-se a instalar uma nova e vasta rede de infra-estrutura que compensasse décadas de negligência. Embora as décadas de 60 e 70 tenham presenciado o saque à magnífica costa do país por uma orgia de construções especulativas e montanhas de cimento despejadas sobre paisagens intocadas – a Espanha não foi a única vítima destes empreendimentos impiedosos –, no final da década de 70 começou uma reversão. Durante os anos 80, sob a liderança de uma administração socialista, o Estado e o setor privado iniciaram uma vasta campanha pública e privada de construção: encomendas de estações de trem, museus, terminais aéreos, escolas e universidades, restauração e reconstrução de prédios históricos, espaço habitacional, comercial e de varejo, sem falar dos preparativos para a Olimpíada de Barcelona e da Expo'92 em Sevilha. Essas obras públicas deram a uma geração de arquitetos espanhóis a oportunidade de florescer e empregaram milhares de trabalhadores na indústria de construção. Mas nem mesmo a demanda reprimida poderia resistir à pressão das condições econômicas internacionais. Em meados de 1992, o *boom* econômico do governo espanhol terminou abruptamente, e, quando começou a redu-

A RECONFIGURAÇÃO DA ESFERA URBANA **233**

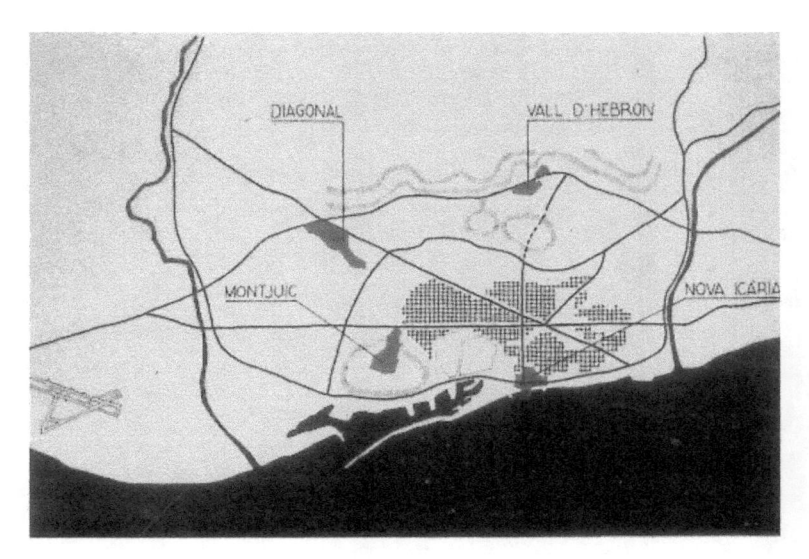

139. MBM Arquitectes (Martorell, Bohigas, Mackay y Puigdomènech), planta de Barcelona, Espanha, mostrando as quatro áreas olímpicas, 1992.

zir-se o investimento especulativo, turístico e estrangeiro, que de início ocultara a extensão do endividamento público e privado, as inadequações estruturais da economia espanhola – inflação, déficit e desequilíbrio do comércio – ficaram mais visíveis. Embora grandes indústrias tenham se beneficiado bastante da expansão econômica da década de 80, o plano do premier espanhol Felipe González para resolver as desventuras econômicas do país implicava cortes nos fundos de desemprego dos 17 por cento da população sem trabalho e redução da assistência médica (privilégio só recentemente estendido a toda a população), além de aumentos nos impostos sobre valor agregado e sobre a renda, medidas que afetavam principalmente os pobres. Arruinadas pela crise financeira internacional e ainda mais enfraquecidas pela superexpansão durante a década de 80, as perspectivas de emprego para os arquitetos espanhóis viram-se drasticamente reduzidas em 1992.

Antes disso, porém, eles conseguiram produzir um rico conjunto de obras notáveis. Emblemáticas do florescimento da arquitetura espanhola foram as cidades de Sevilha e Barcelona que, de meados da década de 80 em diante, ganharam grandes construções capazes

234 ARQUITETURA CONTEMPORÂNEA

140. Vittorio Gregotti e Correa & Mila, Estádio Olímpico, Barcelona, 1992.

de acomodar dois eventos internacionais, a Expo'92 em Sevilha e a Olimpíada de 1992 em Barcelona. Negligenciada durante muito tempo pelo regime de Franco em retaliação pela resistência republicana durante a Guerra Civil espanhola, Barcelona utilizou a Olimpíada para condensar em poucos anos uma vasta campanha de infra-estrutura que estava décadas atrasada, e, sob a direção de Oriol Bohigas, quatro zonas de desenvolvimento foram indicadas para as instalações olímpicas, com o objetivo de enriquecer áreas urbanas existentes em vez de erradicá-las ou de mover-se para fora da cidade para criar uma Vila Olímpica.

Planejou-se uma variedade espantosa de instalações que durassem bem mais que as Olimpíadas. Como demonstraram os aeroportos de Moneo e Bofill, as linguagens e abordagens arquitetônicas

A RECONFIGURAÇÃO DA ESFERA URBANA 235

variaram do *high tech* ao historicismo, com a maioria ficando entre esses dois extremos. Só na área de Montjuic, em Barcelona, os projetos vão da Torre de Telecomunicações de Santiago Calatrava, planejada de forma precisa e elegante, à remodelação do Estádio Olímpico por Vittorio Gregotti com Correa & Mila, onde uma complexa cobertura moderna de traves e vigas foi sobreposta ao barroco estádio abobadado de 1929. O complexo esportivo de Montjuic, de Ricardo Bofill, com seu frontão na fachada de concreto pré-moldado, volta-se para o outro lado da Esplanada do Anel Olímpico e das outras instalações esportivas. Embora Bofill tenha atenuado o exagerado uso retórico de elementos clássicos, típico de seus projetos franceses, o complexo ainda deixa uma impressão inquietantemente pesada e monumental. Não há nenhum frescor em seu projeto, tal como pode se encontrar nas proezas de engenharia de Calatrava, nem tentativa alguma de reinterpretação sensível da arquitetura histórica, como no Museu de Arte Romana de Bofill, em Mérida. O projeto de Bofill simboliza a fórmula da repetição de um arsenal pessoal de elementos arquitetônicos que não leva em consideração o local ou a tradição.

140

141

44, 45

141. Ricardo Bofill Taller de Arquitectura, INEFC (Instituto Nacional de Educação Física da Catalunha), Montjuic, Barcelona, 1991.

Bohigas convocou um grupo diferente de arquitetos, estrangeiros e espanhóis, para produzir a Vila Olímpica, uma nova área resgatada de instalações portuárias e ferroviárias sem uso ao longo do litoral mediterrâneo. Além de novas instalações portuárias e cinco quilômetros de praias recém-restauradas, o plano geral de Bohigas exigia milhares de novas unidades habitacionais a ser projetadas por arquitetos diferentes. Generosamente intercaladas com áreas verdes, pretendia-se que elas reproduzissem a consistência urbana e a diversidade arquitetônica de cidades tradicionais: o revestimento de tijolos e os blocos perimetrais dão regularidade ao tecido urbano, enquanto os muitos tratamentos diferentes de arquitetos tão distintos quanto Esteve Bonell e Francesc Rius de um lado, e Oscar Tusquets e Carlos Díaz de outro, impedem que a paisagem urbana se torne uma repetição monótona. Infelizmente, todo o complexo é dominado pelos arranha-céus de dois hotéis, um de Bruce Graham, principal sócio da Skidmore Owings and Merrill, e outro da firma de Inigo Ortiz Díez e Enrique León García, de Barcelona. Totalmente desproporcionais em relação a seus vizinhos de sete andares, os hotéis representam mais a exploração típica dos centros urbanos e das propriedades litorâneas em todas as cidades ocidentais do que o urbanismo de Barcelona.

São acréscimos mais felizes as mais de cem pequenas intervenções em espaços públicos dispersas pela cidade e em sua periferia, um programa modesto e barato de acrescentar pequenos parques urbanos, esculturas e murais a setores negligenciados, como o simples e eficiente memorial próximo à igreja de Santa María del Mar, de Carme Fiol (1983).

Juntamente com a construção de novos prédios, os arquitetos espanhóis envolveram-se na preservação dos antigos. O súbito ímpeto de crescimento econômico durante a década de 60 levou à destruição de muitos centros históricos, mas a partir da morte de Franco uma nova atitude e o envolvimento mais definido dos arquitetos transformaram o campo da preservação. Pela primeira vez, até escritórios movimentados, com grandes portfólios de prédios novos, começaram a trabalhar com a preservação histórica sob a liderança do governo local ou da província. Foi exemplar, nesse aspecto, a transformação por Josep Lluis Mateo da antiga Fábrica Catex (1990) na área de Poble Nou, em Barcelona, berço da industrialização da cidade. Em vez de demolir a fábrica vazia, a cidade, com o incentivo dos moradores da vizinhança, preferiu transformá-la em um complexo comunitário onde os filhos e netos dos antigos operários poderiam praticar esportes ou participar do centro cultural. O projeto de Mateo navegou entre a severa fachada clássica e a elegante estrutura de ferro rebitado e o arqueado interior catalão, inserindo painéis de cores vivas e um novo piso interno, e uma esbelta torre de acesso, parcialmente envidraçada, do lado de fora. Perto, José Antonio Martínez Lapena e Elías Torres transformaram uma magnífica fábrica da década de 50 em oficinas para empresas nascentes. A estrutura exposta de concreto, com suas janelas redondas, detalhamento racional e volumes curvilíneos, recebeu novo acabamento e *brise-soleil* nas janelas, além de subdivisões em intercolúnios internos, com elos de corrente amarelos que formam uma cobertura ornamental.

142

Durante o mesmo período, da década de 70 ao início da de 90, a cidade de Paris tornou-se o cenário de um ambicioso grupo de edifícios, apelidados coletivamente de *Grands Travaux* (grandes obras), que oferecem um contraponto instrutivo ao exemplo espanhol. O impulso para o programa francês não veio de uma exposição internacional ou de um evento esportivo, mas do desejo dos presidentes franceses, de Georges Pompidou a François Mitterrand, de aumentar maciçamente as instalações artísticas e culturais de Paris. As histórias de cada prédio também revelam mudanças na política francesa, já que algumas construções foram interrompidas em certos pontos, de outras o financiamento governamental foi cancelado e decisões anteriores foram revogadas quando partidos políticos diferentes chegaram ao poder. Apesar das aspirações grandiosas e das enormes quantias despendidas, muitos dos prédios dos *Grands Travaux* são arquitetonicamente indistintos. O Centro Pompidou, iniciado em 1969 e inaugurado em 1977, foi o primeiro de uma série de grandes realizações que incluíam a transformação da antiga Gare d'Orsay em um museu, projetado por Gae Aulenti (1986), do Instituto do Mundo Árabe, de Jean Nouvel (1987), do Ópera da Bastilha, de Carlos Ott (1989), do Arco da Defesa, de Johan Otto von Spreckelsen (1989), do Novo Louvre, de I. M. Pei (1993), do novo Ministério das Finanças, de Paul Chemetov e Borja Huidobro (1993), da série de projetos para La Villette, com planejamento geral de Bernard

51, 52

147, 148

145
143, 144

146

142. Josep Lluis Mateo, Fábrica Catex remodelada, Barcelona, 1990.

143, 144. *abaixo e página seguinte* Pei Cobb Freed & Partners, Grand Louvre, Paris, França, 1993: vista externa e interna da pirâmide.

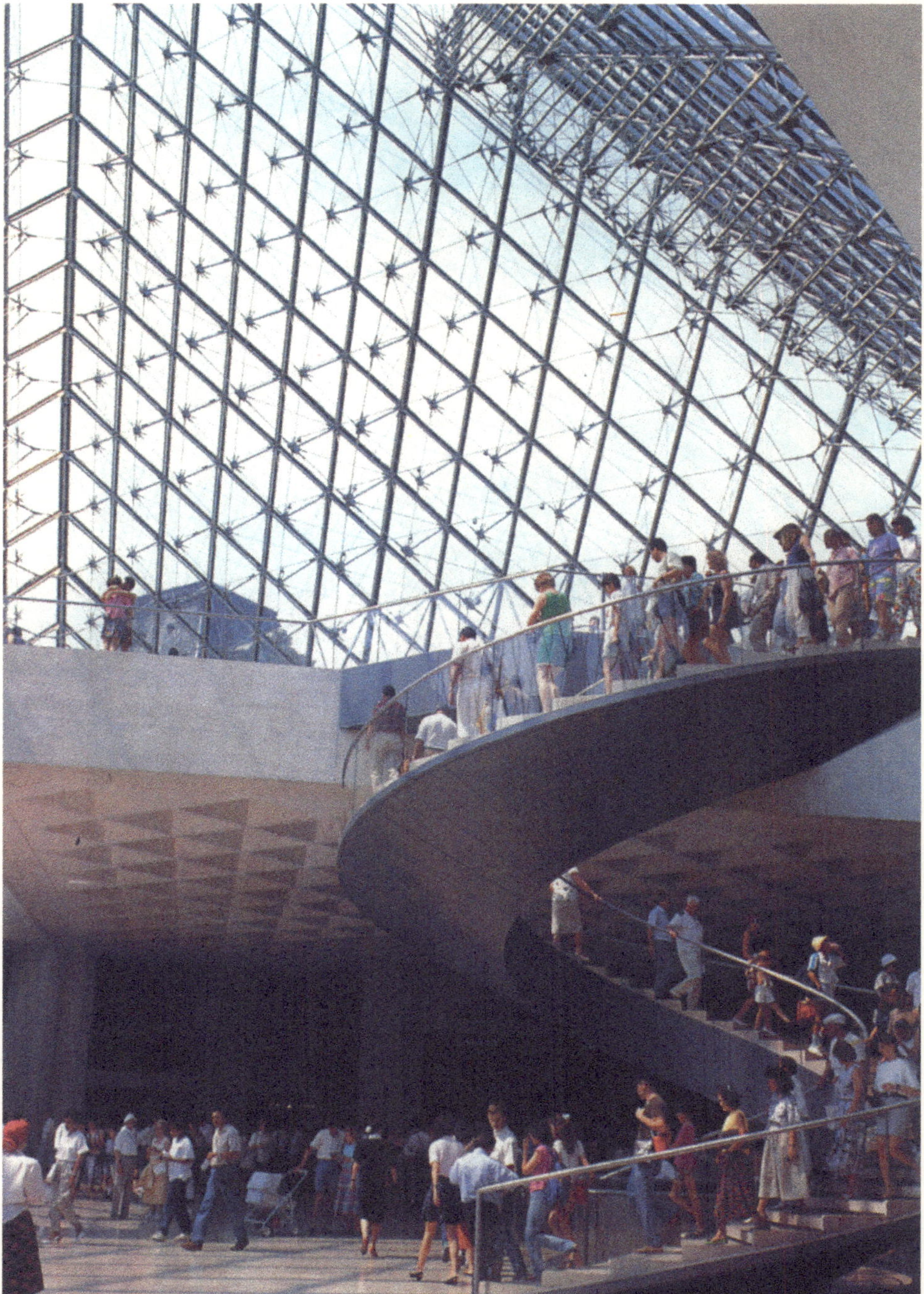

145. Johan Otto von Spreckelsen (vencedor da competição) e Paul Andreu, Grande Arco da Defesa, Paris, 1989.

Tschumi (partes inauguradas a partir de 1989), da transformação da galeria de zoologia do Museu de História Natural em uma Galeria da Evolução, por Chemetov e Huidobro (1994), e da Biblioteca da França, de Dominique Perrault (iniciada em 1990).

A gama de projetos vai da reconfiguração e adaptação da estação ferroviária de Orsay, do século XIX, e de partes do Museu de História Natural, a prédios inteiramente novos, como o Instituto do Mundo Árabe e a Ópera da Bastilha. Projetos como a expansão do Louvre, de Pei, com a adição de mais 650.000 metros quadrados de espaço subterrâneo, buscavam obter o máximo de área adicional com o mínimo de interferência visível no centro histórico. A pirâ-

146. Paul Chemetov e Borja Huidobro, Ministério das Finanças, Paris, 1993.

mide envidraçada no Cour Napoléon provocou gritos e protestos em todo o mundo, mas acabou por mostrar-se de escala modesta e minimamente perturbadora em termos estéticos, bem menos do que temiam muitos opositores. Na verdade, a pirâmide ofereceu aos visitantes uma entrada original para as novas instalações subterrâneas, banhou a área de entrada com luz natural e assinalou a partida das centenas de automóveis ligados ao Ministério das Finanças que antes ocupavam o lugar. Com certeza, até mesmo os tradicionalistas mais fiéis iriam preferir a pirâmide a um estacionamento e sua fumaça, ainda que ela tenha levado a filas insuportavelmente longas.

Outros projetos partilham do mesmo objetivo de tamanho máximo, mas com resultados menos felizes. Com o Arco da Defesa, o Teatro Géode em La Villette e o Ministério das Finanças, o governo buscou claramente o máximo de impacto para cada tostão gasto. Situado na extremidade do eixo que liga o Grand Louvre, a Place de la Concorde, os Champs Elysées e o Arco do Triunfo, o Arco da Defesa é um gigantesco cubo revestido de mármore com um vasto núcleo vazio, elevando-se acima do novo distrito financeiro na orla leste da cidade. Construção de assombrosa complexidade – entre outras coisas, foi preciso permitir o movimento constante do prédio por meio da estrutura de concreto protendido e de um vasto conjunto de cabos de sustentação –, o projeto foi selecionado em 1982 pelo presidente Mitterrand dentre quatrocentos inscritos, e foi obra de um arquiteto dinamarquês desconhecido e inexperiente, Johan Otto von Spreckelsen. Vagamente baseado no precedente histórico do arco triunfal (e aludindo, assim, ao Arco do Triunfo da própria Paris), o Arco seria o centro de comunicação do distrito financeiro adjacente e parece ter sido projetado para causar na cidade um impacto visual comparável ao da Torre Eiffel. Sim, e causa mesmo impacto visual, mas não especialmente favorável. Enquanto a Torre Eiffel expressa com ousadia o otimismo do século XIX, esta massa silenciosa, inexpressiva e monolítica soa como nada além do predomínio esmagador das burocracias financeiras, um triste comentário sobre o fim do tecido urbano rico e diversificado de Paris e de outras cidades históricas de cuja vivacidade a crescente segregação espacial consome grande parte.

Assim como o projeto do Novo Louvre respeitou a área urbana, o Arco e outros projetos a desdenharam. O novo Ministério das Finanças, na orla oriental de Paris, perto do Sena, embora engenhosamente dividido por dentro para facilitar a circulação e dotar cada escritório de uma janela, combina-se à cidade com muito menos eficácia. A massa de 216.000 metros quadrados, emoldurada por fachadas inegavelmente rotineiras, cobre um terreno flanqueado pela Rue de Bercy, pelo Quai de la Rapée e pelo Boulevard de Bercy, com uma ala que se estende por sobre a estrada que vai para o Sena e é chamada de "portal" da cidade. Pode ser comparado às barreiras de pedágio construídas em Paris por Claude-Nicolas Ledoux durante a década de 1780, que foram a última tentativa da monarquia de restaurar o dilapidado tesouro do Estado. Inquestionáveis expressões do poder do Estado e ousadas na modificação da tradição clássica, para seus contemporâneos as estações de pedágio de Ledoux simbolizavam de tal forma o poder autoritário que ele acabou na prisão durante a Revolução Francesa. O novo portal, com sua austeridade insípida e suas fachadas monótonas, subestima um poder que não é hoje mais fraco que há duzentos anos. Juntamente com o Arco da Defesa, do outro lado de Paris, cinge de maneira adequada uma cidade dominada pela burocracia estatal. Mas é provável que seja mais lembrado por ter finalmente permitido que o Louvre se libertasse de outro órgão estatal. O Ministério é uma lembrança de que a história dos *Grands Travaux* é também de oportunidades dolorosamente desperdiçadas, como o projeto de Rem Koolhaas para a concorrência da Biblioteca da França (1989), que previa fachadas ricamente luminosas e sensuais, com vários graus de transparência em oposição ao pesado monólito do Ministério das Finanças.

De todos os prédios dos Grands Travaux, o Instituto do Mundo Árabe de Jean Nouvel é, esteticamente, o mais bem-sucedido. Em termos urbanísticos, o revestimento leve e a esbelta gaiola de metal da estrutura mantêm a escala dos prédios circundantes e confrontam-se diretamente com uma área urbana que se pode considerar degradada, chegando a abrir uma praça pública na direção da cidade. O instituto é um centro de pesquisa e disseminação de informações sobre a cultura árabe, e assim Nouvel fez várias referências a motivos árabes, em especial os 240 painéis de vidro e alumínio com aberturas sensíveis à luz que mantêm uma intensidade constante. Eles recordam os muxarabis, ou janelas com treliças, encontrados em algumas habitações árabes tradicionais. Aqui, são executados com material industrial e força poética pouco comum.

O fascínio com a alta tecnologia como fonte de imagem estética é comum a vários projetos, resolvido com mais sucesso no Instituto do Mundo Árabe, mas também encontrado na extravagante Ópera da Bastilha e na restauração, por Adrien Fainsilber, de uma fábrica de embalagem de carne para o Museu da Ciência e da Indústria (1986). De forma pouco usual entre os governos da Europa do pósguerra, o Estado francês tem se identificado com um estilo arquitetônico representativo, assim como vários monarcas franceses elegeram, no passado, sua emblemática estética arquitetônica. A alta tecnologia – não só nos *Grands Travaux*, mas também em várias outras obras, como a de Rem Koolhaas para a Lille e os conjuntos habitacionais de Renzo Piano na periferia de Paris – e o mastodôntico classicismo em escala exagerada de Ricardo Bofill parecem ter sido a arquitetura preferida do Estado desde a década de 70. O Estado é tão predominante e onipresente quanto em outros países, e assim a decisão de filiar-se a um estilo em particular não é apenas a expres-

147, 148. Jean Nouvel, Instituto do Mundo Árabe, Paris, 1987: entrada principal e elevação com painéis sensíveis à luz.

são de seu poder, mas sim uma decisão clara do governo francês de tornar enfaticamente visível sua presença onde quer que ela ocorra. Tanto na Espanha quanto na França, os fundos do governo foram despejados em grandes projetos de construção durante as duas últimas décadas, mas com efeitos muito diferentes. Prédios polidos que têm em primeiro plano aço, vidro e tecnologias visivelmente complexas dominam a paisagem de Paris e de outras cidades, radicalmente diferenciados do tecido urbano circundante. Destacando-se emudecidos, em esplêndido isolamento, esses edifícios são simples objetos, tão apropriados ou inapropriados na França como em Hong Kong, Rio de Janeiro ou Melbourne. Em contraste, em sua maioria os prédios erguidos na Espanha são profundamente enraizados na cultura e nas tradições arquitetônicas, e não há esforço para afirmar determinado estilo como representação exclusiva do Estado. Além disso, as intervenções espanholas buscam recuperar com mais coerência estruturas industriais existentes, porém abandonadas ou obsoletas.

O MUNDO DO TRABALHO

Acima de tudo, a reconfiguração dos prédios industriais para dar-lhes outros usos e os planos de reestruturação urbana lembram-nos de como o mundo do trabalho mudou nas últimas décadas do século XX. O declínio da indústria pesada na Europa ocidental e nos Estados Unidos e a transferência da produção e dos empregos para a mão-de-obra menos bem paga em outros lugares do mundo levaram a uma polarização crescente, cabendo uma parte cada vez maior das oportunidades aos empregos de meio expediente, com a concomitante perda de benefícios e proteções que costumam associar-se aos empregos de tempo integral. Todos os indícios são de que a tendência para o emprego na área de serviços, em meio expediente, feito em casa e de salário mínimo, em particular o trabalho de montagem e de fábricas de fundo de quintal na indústria de vestuário e outras, vai aumentar em vez de diminuir nas próximas décadas. Ao mesmo tempo, a maior consciência do impacto negativo de muitas indústrias sobre o meio ambiente continua a impelir pequenos e grandes fabricantes para longe de locais urbanos, para áreas rurais decadentes ou para nações do Terceiro Mundo, onde o espectro do desemprego é mais grave do que as preocupações ambientais.

Não se sabe qual o significado disso para a arquitetura e o projeto urbano do futuro, mas algumas mudanças já ocorridas causaram forte impacto sobre os territórios urbanos das nações industrializadas, desde a criação da Vila Olímpica de Barcelona a partir de ruínas de antigos pátios de estrada de ferro até a transformação radical das instalações múltiplas do porto de Los Angeles em um moderno porto de contêineres. Talvez as primeiras mudanças tenham ocorrido em dois movimentos paralelos. As grandes empresas mudaram-se do centro das cidades para áreas suburbanas ou semi-rurais, muitas vezes chamadas de "centros ou parques empresariais". E as cidades atraíram as empresas para seu centro com a utilização de incentivos fiscais e financeiros.

Podem-se encontrar parques industriais, comerciais e de escritórios em todo o mundo. Do Vale do Silício na península de São Francisco aos subúrbios de Paris, uma forte tendência descentralizadora caracterizou o desenvolvimento de distritos empresariais e industriais. Por razões óbvias, relacionadas à poluição, ao barulho e aos gastos, aos poucos a indústria pesada migrou para fora dos centros urbanos durante o século XIX. Ao mesmo tempo, pessoas com acesso a novos meios de transporte começaram também a mudar-se, num processo conhecido como "suburbanização". A partir da segunda metade do século XX, o impulso para expulsar as operações de negócios não industriais para fora dos núcleos urbanos fortaleceu-se e ganhou velocidade. Impelida pelo automóvel, pelos caminhões e pelas auto-estradas, a tendência de suburbanização dos negócios acompanhou o crescimento dos subúrbios residenciais de classe média. Com a indústria pesada já se afastando, a indústria leve, o armazenamento e as atividades correlatas e, em última instância, o emprego administrativo seguiram-na, principalmente a indústria de defesa durante a Segunda Guerra Mundial, e a tendência acelerou-se depois da guerra. As áreas industriais planejadas para onde as empresas se mudaram, diferentemente das áreas urbanas que deixavam para trás, eram em geral espaçosas, projetadas para a fácil circulação do tráfico e manutenção das instalações e, muitas vezes, de paisagismo exuberante.

O parque de escritórios seguiu o parque industrial como meio de aproveitar as novas estradas, a terra mais barata e a facilidade de es-

A RECONFIGURAÇÃO DA ESFERA URBANA 247

tacionamento, para não mencionar impostos mais baixos e menos problemas de cidade grande. Vale lembrar que o apelo dos novos locais semelhantes a parques cresceu em proporção direta ao aumento do crime e da pobreza nos centros urbanos. Os parques de escritórios também eram locais mais baratos para indústrias em formação que dependiam de baixo investimento inicial para sobreviver. Em Houston, Texas, é exemplo clássico desse padrão o empreendimento da área de Post Oak, a oeste do centro da cidade. Embora alguns pequenos "*strip centers*" (pequenos *shopping centers* que se estendem ao longo de uma estrada) já tivessem migrado para Post Oak em 1970, a incorporação que realmente estimulou os empreendimentos comerciais posteriores foi a Galleria de Gerald Hines, projetada por Hellmuth, Obata e Kassabaum com Neuhaus e Taylor (1969-71). Cobrindo 18 hectares e contendo quase 370.000 metros quadrados de empreendimentos de uso múltiplo, a Galleria foi imaginada por Hines para ser um centro para Houston. O núcleo era o *shopping center*, executado no grandioso estilo texano, com rinques de patinação no gelo e clarabóias. Hotéis e torres de escritórios de firmas locais, como 3D/International, S. I. Morris e Morris* Aubry, e de arquitetos internacionalmente conhecidos como Philip Johnson e Cesar Pelli, foram acrescentados num período de poucos anos, realizando o sonho de Hines de um novo centro da cidade com to-

149

149. Hellmuth, Obata e Kassabaum com Neuhaus e Taylor, Galleria, Houston, Texas, 1969-71.

dos os benefícios do subúrbio, inclusive grandes espaços para estacionamento, terra mais barata e muito paisagismo. O empreendimento das Docklands ao longo do Tâmisa para leste de Londres é outro exemplo, mas os parques de escritórios de subúrbio circundam cidades de Hong Kong a São Francisco, de Atlanta a Milão, de São Paulo a Istambul.

A segunda tendência – melhorar antigos distritos comerciais centrais para atrair de volta os negócios – cresceu junto com os parques industriais e de escritórios. A administração das cidades abandonadas pela classe média e pelas empresas praticamente doou os terrenos para estimular as empresas e o capital internacional a reinvestirem ali. Precedida por projetos de maciça eliminação de cortiços e favelas nas décadas de 50 e 60, para acabar não só com o que restam de moradias dilapidadas, mas também com seus habitantes, a recuperação dos bairros degradados da cidade foi invariavelmente marcada por algumas das seguintes características, ou por todas elas: tentativa de elevar a classe social, melhoria de marinas e pavilhões para feiras, *shopping centers* urbanos, às vezes estádios desportivos, novas instalações para estacionamento e até mesmo a inserção de novos parques ou o remodelamento de antigos, como o projeto colorido mas enfaticamente exclusivista da Praça Pershing, em

150. Legorreta Arquitectos e Laurie Olin, projeto da Praça Pershing, Los Angeles, Califórnia, 1994.

Los Angeles, de Legorreta Arquitectos com paisagismo de Laurie Olin (1994). No final, o centro das cidades assumiu muitas das características dos parques suburbanos de escritórios, que, por sua vez, nos Estados Unidos, passaram cada vez mais a parecer-se com os antigos centros em termos de problemas de trânsito, poluição, crime e outros males da cidade grande. A alegre linguagem associada a esse processo (tratado de forma variada como revitalização, enobrecimento, renovação) enfatiza a transformação de algo negativo – "morto", pobre, improdutivo – em algo positivo, reintroduzindo a "nobreza", ou seja, gente de classe média, mais próspera e educada, em áreas que agora são "vivas". Por meio da linguagem, assim como do projeto, cidades diferenciadas e muitas vezes caóticas que incluíam os trabalhadores pobres são descartadas, e em vez disso os espaços que se tornam extremamente segregados são celebrados como locais urbanos adequados.

Dominada por duras restrições econômicas, materiais baratos e impulso funcionalista, boa parte da arquitetura dos parques industriais e de escritórios tem sido pouco inspirada, quase sempre regida pelo fato de que a maioria dos prédios são esqueletos estruturais nos quais os arquitetos drapejam vários tipos de roupagem. A variedade de materiais – concreto pré-moldado, bronze de alumínio anodizado, painéis de pedra, aço inoxidável, vidro espelhado prata, bronze ou verde – mantém-se tipicamente em proporção inversa à criatividade do projeto e à variedade de espaços internos. Nem mesmo o impulso classicista do pós-modernismo da década de 80 conseguiu oferecer muitas oportunidades para melhorar a aparência de um tipo de construção essencialmente monótona, em geral apenas alguns andares mais baixa do que os arranha-céus das áreas de empreendimentos imobiliários centrais. Alguns projetistas foram bem-sucedidos ao imaginarem novas soluções para espaços industriais e de escritórios, o que os destaca da maioria, coisa incomum no vasto mercado de construção comercial e industrial.

O pioneiro Edifício Centraal Beheer em Apeldoorn, Holanda (1972), de Herman Hertzberger, levou para a esfera do local de trabalho algumas das idéias que, encontradas na habitação, reforçam a capacidade de os ocupantes tomarem decisões espaciais. Hertzberger argumentava que, em ambos os campos, os arquitetos precisavam desenvolver protótipos que tornassem possível aos indivíduos

151, 152. Herman Hertzberger, Edifício Centraal Beheer, Apeldoorn, Holanda. *Acima* Vista aérea, com o prédio de 1972 no centro e o novo prédio de 1995 do lado esquerdo. *À esquerda* Um dos poços de luz do prédio de 1972.

interpretar como quisessem os espaços. No Centraal Beheer, Hertzberger encaixou plataformas de trabalho diferenciadas em uma malha ortogonal regular com poços de luz que iluminavam os escritórios até os andares mais baixos. Em vez do tipo padronizado de espaço aberto como o de um depósito, projetado para ter flexibilidade máxima com o uso de divisórias, o prédio de Hertzberger complementou a variedade visual com uma malha tridimensional de espaços suscetíveis a modificações com a mudança de mobília, assim como é possível fazer em um depósito. A planta toda se compara a uma pequena cidade interligada por uma variedade de corredores e conexões visuais que desafiam de forma radical as noções tradicionais do espaço para escritórios. Um projeto mais recente de Hertzberger para o Ministério do Bem-Estar Social e do Emprego em Haia (1990) fornece espaço para escritórios de dois mil funcionários estatais, seguindo os princípios articulados em Apeldoorn para aproveitar ao máximo a luz natural e a diversidade espacial.

As vantagens da organização de Hertzberger são imediatamente visíveis quando comparadas ao Edifício Team Disney de Arata Isozaki, em Orlando, Flórida (1991), um tipo clássico de espaço em depósito com escadarias e galerias internas em torno de um átrio central. Pintada em cinza-chumbo, a malha de unidades modulares de escritórios incansavelmente idênticas estende-se do corredor interno às

153. Arata Isozaki & Associates, Edifício Team Disney, Orlando, Flórida, 1991.

154. Niels Torp, sede das Linhas Aéreas SAS, Estocolmo, Suécia, 1988.

paredes externas ao longo de todo o prédio, praticamente sem luz natural e sem diferenciação entre as unidades, exceto pela hierarquia do tamanho e da proximidade do átrio. A impressão é de ordem e controle absolutos, tornados explícitos pelo enorme relógio de sol, imagem da medida do tempo empresarial. Em contraste, o prédio de Hertzberger oferece uma seqüência variada de espaços bem iluminados que podem ser modificados por seus ocupantes com fins funcionais e decorativos. Em vez das unidades taylorizadas do esquema de Disney, o Centraal Beheer desafia os ditames da racionalidade da linha de montagem no local de trabalho ao assegurar que, visivelmente, boa parte do controle está nas mãos dos ocupantes.

A sede das Linhas Aéreas SAS, de Niels Torp, em Estocolmo, Suécia (1988), é uma digna sucessora do Centraal Beheer. Assim como o cliente de Hertzberger, Jan Carlzon, diretor-executivo da SAS, abriu mão dos elementos convencionais da hierarquia empresarial e do controle burocrático, tipicamente institucionalizados em prédios de escritórios e seu mobiliário. Em vez disso, imaginou um prédio no qual a interação criativa e informal seria encorajada sem sacrificar a privacidade. Para conseguir isso, abandonou os dogmas imobiliários contemporâneos relativos à proporção entre o espaço útil e a área construída, optando por um edifício feito sob medida. Assim, embora quase todos os que nele trabalham tenham um escritório particular com controles individuais de iluminação, janelas e energia, além de mobília personalizada, o prédio também oferece um número incomum de possibilidades para reuniões informais em muitos tipos de locais.

Torp dispôs o complexo como se organizasse uma rua de muitos quarteirões. Embora seja um espaço em átrio, a "rua" só mantém semelhança mínima com espaços abertos extravagantes, porém aborrecidos, como o átrio do Westside Pavilion, de Jon Jerde, em Los Angeles (1985), ou o vestíbulo do Edifício AT&T, de Johnson/Burgee, em Nova York (1978-84). Adornado com árvores, com vista para um lago artificial ao lado, pequenas cascatas e pontes, a rua da SAS é emoldurada por massas construídas que vão de quatro a sete andares de altura, articuladas por fachadas variadas. Assentos e bancos de diferentes tipos pontilham a rua interna, assim como cafés e restaurantes, servindo de locais para encontros informais e complementados por uma academia de ginástica, saunas, piscina e quadras de *squash*. Localizado num parque de escritórios suburbano, o exterior do prédio da SAS talvez não dê uma contribuição ilustre ao projeto urbano, não mais que o prédio de Hertzberger, mas a bem-sucedida solução de seus espaços interiores é mais que compensadora. Por outro lado, a cativante fachada do Edifício Team Disney de Isozaki jamais compensará o interior sem graça e sufocante para os que lá trabalham.

De estampa bem diferente é a agência do banco Borges & Irmão de Álvaro Siza, em Vila do Conde, Portugal (1985). Essa modesta inserção na paisagem urbana enfatiza sua presença pública por meio de uma série de vistas em perspectiva criadas de forma espantosa-

155. Álvaro Siza, agência do banco Borges & Irmão, Vila do Conde, Portugal, 1985.

mente original no vestíbulo e nas escadarias interna e externa. Embora os escritórios sejam divididos de maneira bem padronizada, o vestíbulo e as escadas revestidos de mármore oferecem uma variação impressionante do ambiente bancário tradicional. Embora o edifício revele as raízes modernistas de Siza, sua sensibilidade ao contexto topográfico e urbano fazem do banco mais que um exercício modernista. Corredores oblíquos, vistas cortadas de outras partes do edifício ou das cercanias, além de outros artifícios, são as ferramentas com as quais Siza transformou o ambiente tipicamente mundano das transações financeiras em um prazer estético em pé de igualdade com seus museus, lembrando-nos, na verdade, que o local de trabalho merece tanta atenção e cuidado quanto um local para a exposição de obras de arte.

Igualmente admirável é o edifício da administração e da escola juvenil do Museu de Belas-Artes em Houston, Texas (1994), de Carlos Jiménez, combinação de prédio de escritórios e escola de artes para jovens. Jiménez rejeitou a tirania dos andares-bandeja com divisões indefinidas do espaço, centrados no elevador e envolvidos em algum tipo de revestimento – o arquétipo do prédio especulativo de escritórios –, em troca de uma reconfiguração espacial fundamental do local de trabalho burocrático. Sua solução do problema

156. Foster Associates, Edifício Willis-Faber and Dumas, Ipswich, Inglaterra, 1974.

demonstra como um bom arquiteto pode imaginar novos espaços e soluções inéditas quando surge uma oportunidade.

O número limitado de projetos capazes de conciliar com sucesso a realização arquitetônica com generosos ambientes de escritórios, individualizados e não taylorizados, testemunha as dificuldades exponencialmente maiores desse tipo de empreendimento. A resposta mais comum à complexidade da proposta e aos problemas associados à inserção de um edifício volumoso em local urbano ou suburbano tem sido um arranha-céu com diferentes articulações de fachada ou um bloco de escritórios com paredes de vidro refletindo de forma inerte o que o cerca, em vez de constituir por si só uma adição atraente. Muitos prédios famosos de revestimento polido entram nessa categoria, principalmente o Pacific Design Center de Cesar Pelli em West Hollywood, Califórnia, e o Edifício Willis-Faber and Dumas, de Norman Foster, em Ipswich, na Inglaterra (1974). Os centros de tantas cidades asiáticas, européias e norte-americanas possuem seu próprio lote de prédios semelhantes, assim como os parques de escritórios suburbanos de todo o mundo desenvolvido. As variações pós-modernas combinam seus detalhes superdimensionados e vagamente historicistas, como edículas em forma de leque, com vários matizes de superfícies transparentes e reflexivas, em lugar algum mais vulgares que no Hotel Marriott de Anthony

157. Sir Norman Foster and Partners, Century Tower, Tóquio, Japão, 1991.

Lumsden, adição extravagante e exagerada à silhueta de São Francisco.

Kenneth Frampton esboçou com lucidez os princípios do produtivismo: o preparo de um galpão neutro e flexível ao máximo, com tais características possibilitadas por uma rede integrada de serviços; e a expressão vívida da estrutura e dos serviços do prédio, assim como do próprio processo de produção.

A produção de componentes e a expressão dos processos de produção, assim como os princípios estruturais da construção, formam as idéias que estão por trás de muitos edifícios de Norman Foster, como o Sainsbury Centre em Norwich, na Inglaterra, e a sede da Hong Kong and Shanghai Banking Corporation, em Hong Kong. Seu prédio de escritórios comerciais em Tóquio, a Century Tower (1991), revelou esses princípios de forma clara: duas torres reforçadas por estruturas excêntricas, com os serviços colocados em projeções opacas e características tecnológicas como iluminação, *sprinklers*, sistemas de aquecimento e refrigeração encaixados em lugares como os interstícios entre andares. Foster enfatizou o sistema estrutural codificando com cores os elementos em cinza-escuro, cinza-claro, prateado e branco. Sejam quais forem seus méritos, esse edifício tecnologicamente sofisticado e belamente construído poderia, de forma bastante literal, ter-se erguido em qualquer lugar, ainda que o projeto tenha sido condicionado por restrições do terreno.

O estilo de projeto do qual Foster e Richard Rogers foram pioneiros, conhecido como *high tech*, compreendia uma combinação de plantas simples e sem complicação, materiais pré-fabricados e a tendência a expor as estruturas. Foster nunca sucumbiu à tentação de expor externamente as entranhas de um prédio, como fez Rogers. Rogers consumiu oito anos no projeto e na construção do edifício da Lloyd's of London (1978-86), localizado no coração do distrito financeiro da capital. Essa instituição pouco usual, que consiste em associações de seguradores, é uma das companhias de seguros mais antigas do mundo (embora não necessariamente a mais estável, como sugere a prática recente de arrecadar dinheiro de seus membros). Os negócios são feitos como em um grande mercado no qual os acionistas se reúnem em um salão enorme para decidir sobre os riscos a ser segurados. O projeto de Roger colocou esse grande salão no núcleo do prédio, cercado pela construção perimetral de ou-

158. Richard Rogers, Edifício Lloyd's, Londres, Inglaterra, 1978-86.

tros espaços, como indicam as seis torres de serviços, e oculto por trás da estrutura exposta e independente. A flexibilidade e a pureza máximas que, imaginava-se, esse esquema permite, também resultam em espaços fundamentalmente anônimos, aborrecidos até. Isso se mostra especialmente verdadeiro no caso das salas destinadas à equipe responsável pela manutenção dessa proeza tecnológica: salas e corredores desagradáveis, despojados e sem graça, abaixo do nível do solo e privados até mesmo de luz. Não surpreende que nem o arquiteto nem o cliente pareçam ter se importado muito com eles.

Apesar da ênfase na sofisticação tecnológica, a superfície do Lloyd's está envelhecendo de forma tão rápida e devastadora quanto a do Centro Pompidou, o que nos leva de imediato a um importante problema da tão enfática arquitetura *high tech*: a aplicação ruidosa de apêndices tecnológicos evidencia uma visão da tecnologia como cenografia estética, e não como um tipo de conhecimento arquitetônico inserido em um vasto e contínuo projeto de pesquisa. No total, os projetos mais controlados e sutis de Foster suportaram melhor a prova do tempo, e obras em andamento, como o elegantemente elaborado aeroporto de Hong Kong, prometem requinte ainda maior.

Uma vez que em sua maioria os edifícios de escritórios são insípidos e monótonos, seria ingênuo esperar maior riqueza da construção industrial. Quanto maior e mais complexa a proposta, mais difícil é trabalhar com todas as variáveis de maneira programática e arquitetonicamente convincente. Embora sejam poucas as fábricas que expressam, de um lado, o modo de produção e a divisão do trabalho em tarefas automáticas e repetitivas e, de outro, a atividade criativa, às vezes surge a oportunidade de infringir a norma com uma abordagem diferente da manufatura. Com sua Fábrica de Plásticos Phillips na pradaria em torno de New Richmond, Wisconsin (1991), Julie Snow, da James/Snow, harmonizou o processo de fabricação da empresa com um prédio incomum. O trabalho é dividido entre várias equipes, cada uma das quais segue todo o processo de fabricação de produtos plásticos, da moldagem à pintura e à montagem. Cada equipe tem controle e responsabilidade totais sobre os objetos que fabri-

159. Julie Snow, de James/Snow, Fábrica de Plásticos Phillips, New Richmond, Wisconsin, 1991.

ca. Snow abrigou as operações em uma estrutura de aço cercada por paredes de pedra e painéis de isolamento e atravessada por vigas de 49 metros de comprimento, mantendo assim o mais aberto possível o espaço interno. Embora a empresa tenha rejeitado deliberadamente a separação hierárquica e burocrática, a preocupação com o barulho fez com que fossem separados os setores de escritórios e de produção. Para reduzir o impacto dessa divisão, Snow projetou uma parede transparente de vidro com painéis quadrados de 1,22 metro. O mesmo tipo de arranjo de espaço aberto dentro de um galpão é também uma ferramenta adequada para a obtenção de controle e visibilidade absolutos. Na Phillips, a administração insistiu em que seus objetivos eram totalmente opostos.

Outra fábrica, a Herman Miller Western Region Manufacturing and Distribution Facility, em Rocklin, Califórnia (1989), no sopé da Sierra Nevada, incorpora outra abordagem da administração participativa e do envolvimento significativo dos empregados com a empresa, neste caso uma organização antiga e global que fabrica móveis de escritório. A estratégia de administração participativa da Herman Miller evoluiu até que, na década de 80, cada empregado tornou-se um acionista com participação pessoal na qualidade dos produtos e no sucesso da empresa, estratégia que contribuiu para seu extraordinário êxito econômico. Frank Gehry projetou o complexo como uma série de estruturas de depósitos, ou galpões, assimetricamente dispostos em torno de uma área central comum, que ele imaginava como a pequena praça de uma cidade. Construídos sobre um monte de pedras e revestidos de painéis de aço galvanizado, os prédios da montagem e do armazenamento parecem ter superfícies acolchoadas. Como os painéis de cobre semelhantes da imensa estrutura em caramanchão que domina o centro do complexo, parecem estar vivos, com movimento e sensualidade. Talvez porque a empresa produza mobiliário de alta qualidade e cuidadosamente detalhado, os administradores encorajaram Gehry a utilizar materiais de boa qualidade e técnicas exigentes de construção. Embora os empregados passem a maior parte do tempo dentro dos prédios-galpões, Gehry dedicou o melhor de sua energia criativa à praça da cidade, no centro, onde uma lanchonete para os empregados, iluminada pela luz do céu e com uma projeção cônica, está inserida no caramanchão. A contribuição final à praça é uma tolice totalmente anômala da Tigerman-McCurry Architects: um auditório em abóbada, mergulhado em uma área gra-

160, 161. Frank Gehry, fábrica e distribuidora Herman Miller na região oeste, em Rocklin, Califórnia, 1989: prédios da montagem e do armazenamento (*acima*) e "praça da cidade".

mada para piqueniques e expresso em uma linguagem que não poderia ser mais distante da de Gehry.

Outra característica marcante do projeto da Herman Miller são os jardins de Martha Schwartz. Em vez de plantar extensões gramadas em torno de mais um edifício comercial de painéis de alumínio, como é comum nos parques de escritórios, na maior parte do complexo de 63 hectares Schwartz restaurou os prados de flores silvestres e gramíneas nativas da Califórnia. Só adicionou árvores e gramados formais à praça propriamente dita. Algum dia esta será a única lembrança do aspecto original da área, um oásis dentro de uma paisagem deprimente e insensível de empreendimentos suburbanos e comerciais impiedosos e esbanjadores. Os moradores de Rocklin podem não se lembrar do nome de Gehry, talvez nem mesmo do de Herman Miller, mas distinguem prontamente o prédio projetado pelo arquiteto dos caixotes indistintos de seus vizinhos no parque industrial: no dizer de muitos deles, trata-se do "prédio engraçado no morro fora da cidade".

A estratégia do projeto de Gehry, que consiste em lançar, aparentemente ao acaso, as massas construídas no terreno, encontra uma colocação adequada nesse lugar varrido pelos ventos, que já foi um ponto distante. Há apenas poucos anos, a terra dessa área era agrícola, mas a pressão populacional e o custo crescente da terra próxima às grandes cidades estimularam os incorporadores a criar o Stanford Ranch Business Park, um parque de escritórios de dimensões gigantescas. O mesmo tipo de pressão fez com que milhares de hectares de terra em Rocklin e nas cercanias fossem arrasados para ceder espaço ao tipo planejado de deserto suburbano comum a toda a Califórnia. Lugares como Rocklin são atraentes para as empresas não só porque a terra e a mão-de-obra são baratas, mas também porque os rigorosos estudos e controles de impacto ambiental característicos dos condados mais prósperos na área da baía de São Francisco ou no sul da Califórnia não vêm sendo obedecidos, ou são ignorados devido a problemas econômicos que os governos locais esperam erradicar com a chegada de mais empregos.

A Houston Fine Art Press, em Houston, Texas (1988), projetada por Carlos Jiménez, abriga um tipo de atividade ainda mais limitado e extremamente refinado. A gráfica produz impressos e livros de altíssima qualidade e, como toda fábrica, precisa de luz, amplo espaço

… A RECONFIGURAÇÃO DA ESFERA URBANA **263**

162. Carlos Jiménez, Houston Fine Art Press, Houston, Texas, 1988.

de trabalho e alguns espaços diferenciados, mas não hierarquizados, para diferentes tipos de atividade. Localizado no terreno longo e estreito de um dos subúrbios industriais da cidade, o prédio aceitou e aperfeiçoou a tipologia do galpão industrial de seus vizinhos. Depois de circundar o local com um muro de concreto cinza-claro de três metros de altura, Jiménez organizou o interior em dois grandes setores, um para atividades públicas e outro para a produção, na forma de uma série de salas, uma seqüência que vai da parede de vidro curvo da pequena galeria de arte à área de recepção e de escritórios. A zona de produção segue-se aos escritórios com uma mudança abrupta de escala e luz em que a forma se altera para a de um galpão que combina água-furtada e rotunda, dividido no topo para deixar entrar abundante luz do dia. Acima de tudo, os interiores articulam-se por meio das diferentes qualidades de luz, da parede em blocos de vidro curvo da entrada às janelas elevadas da pequena estação de trabalho em nível mais alto na outra extremidade, do nível do clerestório à fila de janelas opostas à área de escritórios. A impressão exige luz clara, e

163. Louis Kahn, Instituto Salk, La Jolla, Califórnia, 1959-65.

164. Machado e Silvetti, estrutura do estacionamento, Universidade de Princeton, Princeton, New Jersey, 1991.

assim os interiores têm paredes pintadas em creme bem claro. O galpão de alvenaria cor-de-rosa aninha-se confortavelmente entre seus vizinhos, mas demonstra com força notável que até o prédio ou tipo de prédio mais utilitário pode transformar-se em arquitetura atraente. O oposto também é verdadeiro. Até mesmo o tipo de construção com maior significado cultural pode tornar-se sem graça e entediante.

Entre os tipos mais intimidadores de prédios estão as clínicas e hospitais, área na qual as firmas tendem a se especializar. Apresentam algumas das propostas arquitetônicas mais complexas e a participação de muitos especialistas e consultores diferentes. No entanto, até escritórios menores, com projetos consideravelmente variados, conseguem realizar com sucesso esse tipo de trabalho. Dois edifícios projetados na década de 80, ambos localizados em movimentados pontos urbanos, apontam para atitudes radicalmente opostas em relação à arquitetura do gênero. Em 1988, Morphosis (Thom Mayne e Michael Rotondi) terminaram a Comprehensive Cancer Clinic (Clínica Geral do Câncer), ligada ao Centro Médico Cedars-Sinai, em Los Angeles. Limitada por normas de altura para hospitais, a maior parte do Centro afunda-se um andar abaixo do solo, ainda que o nível alto do lençol d'água exija bombeamento periódico e alicerces como os de um arranha-céu. A sobriedade do perfil externo do prédio e a discrição da entrada e do estacionamento são pouco comuns entre as obras dessa firma, mais conhecida por sua estética industrial característica. Os projetistas perderam poucas oportunidades de expressar sua visão da arquitetura e, a julgar tanto pelos interiores reais quanto por entrevistas, sua atitude quanto à doença. No Centro todo, a Morphosis deixou em primeiro plano a tecnologia e os instrumentos tecnológicos, em geral sobre fundos branquíssimos, inclusive luminárias especialmente desenhadas, uma pintura abstrata do projeto do prédio, um enfeite tecnológico na sala de espera e os pinos e barras de metal fixados em painéis translúcidos. Em vez dos elementos de metal muitas vezes oxidados ou ousadamente pintados de preto de tantas obras suas, a Morphosis diluiu o impacto do metal pintando-o de branco, mas isso só reduziu ligeiramente o estilo Rube Goldberg (em termos ingleses, estilo Heath Robinson)* dos componentes aparentemente desproposita-

---

* Rube Goldberg (1883-1970), cartunista americano nascido em São Francisco, tornou-se famoso por seus desenhos de máquinas malucas – "os jeitos mais complicados de realizar tarefas

165. Morphosis, Comprehensive Cancer Clinic, Los Angeles, Califórnia, 1988.

dos. Com esses gestos, talvez os arquitetos estivessem sugerindo o conhecimento limitado da medicina a respeito do câncer, e não uma visão especialmente animadora para os pacientes atingidos.

Na Fukuhara Arthritis Clinic (Clínica de Artrite Fukuhara), em Tóquio (1985-87), Tadao Ando projetou uma atitude totalmente diversa a respeito do bem-estar. Fiel a suas estratégias arquitetônicas anteriores, Ando produziu um edifício robusto e de notável poder poético a partir de materiais potencialmente pouco inspiradores, como concreto aparente e tinta cinza. Enquanto a organização espacial da Clínica Geral do Câncer guiava-se por eixos e uma geometria rígida, a seqüência de Ando seguiu os princípios japoneses tradicionais do *mujokan*, padrão de movimento descontínuo e enviesado que reflete a noção de mutabilidade e transformação. Ele exprimiu isso oferecendo volumes espaciais distintos entre si e, em uma espécie de passeio arquitetônico, conectados ou atravessados por degraus, pontes e rampas organizados de modo que enfatizem os clímaxes e tensões tão importantes à sua concepção da arquitetura. A estrutura de sete andares apresenta um volume semicircular de faixas alternadas de concreto e janelas que, além da presença urbana serena, porém enfática, permite também espaços iluminados com abundante luz do sol e amplas vistas de Tóquio no *hall* de entrada, na unidade

fáceis", segundo ele, "símbolos da capacidade humana de fazer o máximo de esforço para atingir o mínimo de resultado". Já William Heath Robinson, ilustrador inglês seu contemporâneo famoso pelos belos livros infantis que produziu, também se rendeu aos encantos das complexas máquinas inúteis e publicou vários desenhos nessa linha. (N. da T.)

166. Tadao Ando, Fukuhara Arthritis Clinic, Setagaya, Tóquio, Japão, 1985-87.

de fisioterapia, na lanchonete e nos quartos dos pacientes internados. Outro contraste com as paredes brancas e a seqüência cheia de detalhes e elementos de metal que se destacam das paredes ou cercam os enfeites tecnológicos são as superfícies sensualmente ricas e quentes de Ando, inseridas em espaços de escala doméstica.

As instalações de pesquisa constituem um aspecto essencial do setor de saúde, e o Instituto Salk de Louis I. Kahn, em La Jolla (1959-65), talvez seja a instituição de pesquisa mais famosa dos últimos vinte e cinco anos. Situado em um local de extraordinária beleza no sul da Califórnia, o projeto de Kahn aproveitou completamente o lugar ao abrir uma grande praça entre duas alas de pesquisa e laboratórios voltados para o magnífico panorama do Oceano Pacífico e do litoral. A planta é um estudo sobre a simplicidade enganosa. A partir das longas alas de laboratórios, escritórios separados para pesquisadores projetam-se sobre a praça, cada um com sua própria vista para o oceano e constituindo um local de tranqüila reflexão, longe da azáfama dos laboratórios. Kahn levou o motivo dos volumes entrelaçados a múltiplas proporções, até aos detalhes da mobília. Sensuais superfícies de concreto são complementadas pela madeira em lento amadurecimento, que ao envelhecer adquire o mesmo tom de cinza. Elementos de infra-estrutura como o aquecimento e a ventilação foram colocados fora do caminho, em espaços de fácil acesso entre os andares. Isso é feito com a mesma habilidade encontrada nos prédios de Norman Foster, mas sem apoiar-se em imagens de alta tecnologia para definir a estética geral. Como em muitos de seus edifícios, Kahn plantou um pequeno bosque ao longo da entrada principal do lugar, e a água é elemento integrante do projeto, em particular no canal que corre pelo meio da praça.

Há muitos outros tipos de construção no mundo do trabalho. Fábricas, estacionamentos, pequenos edifícios de escritórios, aeroportos e outras estruturas industriais leves são, muitas vezes, projetados por engenheiros segundo determinações estritamente funcionais, exatamente porque poucos escritórios de arquitetura demonstram disposição ou capacidade de enfrentar os problemas técnicos e estéticos envolvidos. Os estacionamentos, por exemplo, representam um irritante problema de projeto ao qual os arquitetos geralmente reagem mandando-o para o subsolo ou colocando um acréscimo sem atrativos atrás de um prédio em tudo o mais interessante, quase como uma lembrança tardia que em geral deixa uma fachada feia em pelo menos uma parte do terreno. Em outros locais, como em muitas torres de escritórios no centro de Los Angeles e em *shopping centers* como o Beverly Center, o estacionamento ocupa a rua e os primeiros andares exatamente para desencorajar a atividade na via pública.

Contudo, quando abordado com a seriedade exigida por um problema arquitetônico, até o mais humilde dos edifícios pode tornar-se uma realização nobre. A estrutura de estacionamento de Machado e Silvetti em Princeton, New Jersey (1991), a primeira de uma série planejada pela Universidade, é um exemplo das possibilidades. Duplamente limitados pelo tipo de prédio propriamente dito e pelas exigências da administração da Universidade, que desejava um projeto em harmonia com o campus histórico, os arquitetos adotaram os materiais e as dimensões de um muro de alvenaria de McKim, Mead e White (1911), já existente, e estenderam-no em torno do local como moldura para os dois primeiros andares da estrutura. Organizada em cinco andares com uma rampa de circulação central, a garagem é de construção simples, de colunas, traves e vigas horizontais de concreto. O tratamento da superfície dos três andares superiores distingue-a de outros estacionamentos, pois ao longo da face que dá para o jardim uma tela de aço vai se tornar uma treliça coberta de hera, enquanto pelos outros três lados os arquitetos montaram uma tela de bronze em treliça dupla. Confinada a uma malha retangular dupla, formada de treliças de dois tamanhos, a tela curva-se no alto como uma cornija saliente. Com essas três soluções de projeto enganosamente simples – tela, muro de cantaria e treliça – o estacionamento adquiriu uma elegância austera que se ajusta perfeitamente a seu contexto. Ao mesmo tempo, confrontou-se com acréscimos recentes ao campus que não conseguiram igualar sua discreta grandeza.

Os projetos pequenos e específicos apresentados na segunda metade deste capítulo são obras arquitetônicas da mais alta qualidade que se inserem com elegância nas suas cercanias. Em contraste, as maciças intervenções urbanas em Londres e Paris, os portos e áreas industriais degradados e "renovados" em todo o mundo testemunham muitas vezes a infusão de fundos públicos e privados, mas apresentam quadros desanimadores de algo que só se pode ver como futuras cidades com menos aspirações democráticas: altamente segregadas e controladas, com destruição implacável da paisagem natural, maior polarização da riqueza e maior concentração do poder nas mãos de instituições financeiras anônimas, além de uma arquitetura que expressa esse poder sem ambigüidade e, em geral, sem imaginação.

NOTAS SOBRE OS ARQUITETOS

A lista a seguir traz os anos de nascimento e morte (quando conhecidos), local da prática arquitetônica, formação e, onde houver, a posição acadêmica. Arquitetos ligados a empresas de maior porte são listados separadamente nos casos em que a empresa não existe mais ou passou por mudanças substanciais.

Aida, Takefumi n. 1937
Tóquio, Japão
  Bacharel em Arquitetura, Mestre em Arquitetura, Doutor em Arquitetura, Universidade Waseda, Tóquio. Professor, Shibaura Institute of Technology, Osaka
Ando, Tadao n. 1941
Osaka, Japão
  Autodidata em arquitetura
Appleton, Marc n. 1945
Venice, Califórnia

* Bacholor of Arts (bacharel em humanidades). (N. do R.)

B.A.*, Universidade de Harvard; Mestre em Arquitetura, Universidade de Yale.
Architectenbureau Alberts & Van Huut
Amsterdam, Holanda
  Anton Alberts n. 1927
  École Nationale Supérieure des Beaux-Arts, Paris; diplomado em Arquitetura, Academia de Arquitetura, Amsterdam
  Max van Huut n. 1947
  Diplomado em Arquitetura, Academia de Arquitetura, Amsterdam
Arquitectonica
Miami, Flórida
  Bernardo Fort-Brescia n. 1951
  B.A., Universidade Princeton; Mestre em Arquitetura, Universidade de Harvard
  Laurinda Spear n. 1950
  B.A., Universidade Brown; Mestre em Arquitetura, Universidade de Colúmbia
Aymonino, Carlo n. 1926

Roma, Itália
Diplomado em Arquitetura,
Universidade de Roma. Professor,
Instituto Arquitetônico,
Universidade de Veneza
Bacharel em Arquitetura, NTH,
Trondheim; e outros estudos
Baracco, Juvenal n. 1940
Lima, Peru
Diplomado em Arquitetura,
Universidade Nacional de
Engenharia, Lima
Barragán, Luis 1902-88
(Guadalajara, México)
Diplomado em Engenharia,
Universidade de Guadalajara
Bausman, Karen n. 1958
Nova York, N.Y.
Bacharel em Arquitetura, Cooper
Union, Nova York
Bawa, Geoffrey n. 1919
Colombo, Sri Lanka
B.A., Universidade de Cambridge;
advogado, Middle Temple,
Londres; diplomado em
Arquitetura, Architectural
Association, Londres
Binder, Rebecca n. 1951
Playa del Re, Califórnia
B.A., Mestre em Arquitetura,
Universidade da Califórnia, Los
Angeles
Bofill, Ricardo n. 1939
Barcelona, Espanha / Paris, França
Diplomado em Arquitetura,
Escuela Técnica Superior de
Arquitectura, Barcelona; Escola
de Arquitetura de Genebra
Calatrava Valls, Santiago n. 1951
Zurique, Suíça
Diplomado em Engenharia Civil,
diplomado em Arquitetura, ETH,
Zurique
Calthorpe, Peter n. 1949

Berkeley, Califórnia
B.A., Antioch College, Ohio;
Mestre em Arquitetura,
Universidade de Yale
Casasco, Victoria n. 1956
Venice, Califórnia
B.F.A.*, Rhode Island School of
Design; Mestre em Arquitetura,
Universidade de Colúmbia
Cavaedium
Los Angeles, Califórnia
James Bonar
Bacharel em Arquitetura,
Universidade do Sul da
Califórnia; Mestre em Arquitetura,
Massachusetts Institute of
Technology
Kathleen FitzGerald
B.F.A., Bacharel em Arquitetura,
Rhode Island School of Design;
Mestre em Arquitetura,
Universidade de Harvard
Kenneth Kuroe
B.A., Universidade de Yale;
Bacharel em Arquitetura, Instituto
de Arquitetura do Sul da Califórnia
Chemetov, Paul n. 1928
Paris, França
Diplomado em Arquitetura, École
Nationale Supérieure des
Beaux-Arts, Paris
Ciorra, Pippo n. 1955
Roma, Itália
Láurea, Universidade de Roma;
diplomado em Arquitetura,
Universidade de Veneza.
Professor, Escola de Arquitetura,
Universidade de Ascoli Piceno
Coop Himmelblau
Viena, Áustria / Culver City,
Califórnia

* Bachelor of Fine Arts (bacharel em Belas-Artes). (N. do R.)

Wolfgang Prix n. 1942
Diplomado em Arquitetura,
Akademie für Angewandte Kunst,
Viena. Professor, Akademie für
Angewandte Kunst, Viena
Helmut Swiczinsky n. 1944
Diplomado em Arquitetura,
Technische Univ., Viena;
diplomado em Arquitetura,
Architectural Association,
Londres. Professor visitante,
Architectural Association,
Londres
Correa, Charles n. 1930
Bombaim, Índia
Bacharel em Arquitetura,
Universidade de Michigan; Mestre
em Arquitetura, Massachusetts
Institute of Technology
Cruz, Antonio n. 1948
Sevilha, Espanha
Diplomado em Arquitetura,
Escuela Técnica Superior de
Arquitectura, Sevilha
D/PZ
Miami, Flórida
Andres Duany n. 1950
Bacharel em Arquitetura,
Universidade Princeton; Mestre
em Arquitetura, Universidade de
Yale
Elizabeth Plater-Zyberk n. 1950
Bacharel em Arquitetura,
Universidade Princeton; Mestre
em Arquitetura, Universidade de
Yale. Reitora, Universidade de
Miami
Dam, Cees n. 1932
Amsterdam, Holanda
Diplomado em Arquitetura,
Academie van Bouwkunst,
Amsterdam. Decano, Faculdade
de Arquitetura, Universidade
Técnica de Delft
Doshi, Balkrishna Vithaldas n. 1927
Ahmedabad, Índia
Ferguson College, Poona;
diplomado em Arquitetura, J. J.
School of Art, Bombaim
Dubnoff, Ena
Santa Monica, Califórnia
Bacharel em Arquitetura,
Universidade do Sul da
Califórnia; Mestre em Arquitetura,
Universidade de Colúmbia
Duinker, Margreet
Amsterdam, Holanda
Diplomada em Arquitetura,
Universidade Técnica de Delft.
Professora, Escola de Arte de
Amsterdam
Eisenman, Peter n. 1932
Nova York, N.Y.
Bacharel em Arquitetura,
Universidade Cornell; Ph.D.,
Universidade de Cambridge.
Professor, Cooper Union, Nova
York
El-Wakil, Abdel Wahed n. 1943
Miami, Flórida
Bacharel em Ciências, Universidade
Ains Shams, Cairo, Egito
Erskine, Ralph n. 1914
Drottningholm, Suécia
Diplomado em Arquitetura,
Regent Street Polytechnic, Londres
Fathy, Hassan 1900-1990
Cairo, Egito
Diplomado em Arquitetura,
Escola de Engenharia, Cairo
Foster, sir Norman n. 1935
Londres, Inglaterra
Diplomado em Arquitetura,
Universidade de Manchester;
Mestre em Arquitetura,
Universidade de Yale
Franciosini, Luigi
Roma, Itália
Láurea, Universidade de Roma

Galí, Beth n. 1950
Barcelona, Espanha
Diplomada em Arquitetura,
Escuela Técnica Superior de
Arquitectura, Barcelona.
Professora, Escuela Técnica
Superior de Arquitectura,
Barcelona
Gehry, Frank n. 1929
Santa Mônica, Califórnia
Bacharel em Arquitetura,
Universidade do Sul da
Califórnia; Mestre em Arquitetura,
Universidade de Harvard
Gill, Leslie n. 1957
Nova York, N.Y.
Bacharel em Arquitetura, Cooper
Union, Nova York. Professor,
Parsons School of Design, Nova
York
Graham, Bruce n. 1925
Chicago, Illinois
Bacharel em Arquitetura,
Universidade da Pensilvânia
Graves, Michael n. 1934
Princeton, N.J.
Bacharel em Arquitetura,
Universidade de Cincinnati;
Mestre em Arquitetura,
Universidade Princeton. Professor,
Universidade Princeton
Gregotti, Vittorio n. 1927
Milão, Itália
Láurea, Politécnica de Milão.
Professor, Politécnica de Milão
Grimshaw, Nicholas n. 1939
Londres, Inglaterra
Diplomado em Arquitetura,
Architectural Association,
Londres
Gruen, Victor 1903-80
Los Angeles, Califórnia
Diplomado em Arquitetura,
Akademie für Angewandte Kunst,
Viena

Gwathmey, Charles n. 1938
Nova York, N.Y.
Bacharel em Arquitetura,
Universidade da Pensilvânia;
Mestre em Arquitetura,
Universidade de Yale
Hadid, Zaha M. n. 1950
Londres, Inglaterra
Bacharel em Ciências,
Universidade Americana, Beirute,
Líbano; diplomada pela
Architectural Association, Londres
Hejduk, John n. 1929
Nova York, N.Y.
Bacharel em Arquitetura,
Universidade de Cincinnati;
Mestre em Arquitetura,
Universidade de Harvard
Hellmuth, Obata and Kassabaum
Saint Louis, Missouri
  George Hellmuth n. 1907
  Bacharel em Arquitetura, Mestre
  em Arquitetura, Universidade
  Washington, Saint Louis;
  Diplomado em Arquitetura, École
  des Beaux-Arts, Fontainebleau,
  França
  Gyo Obata n. 1923
  Bacharel em Arquitetura,
  Universidade Washington, Saint
  Louis; Mestre em Arquitetura,
  Cranbrook Academy of Art,
  Michigan
  George Kassabaum n. 1920
  Bacharel em Arquitetura,
  Universidade Washington, Saint
  Louis
Hertzberger, Herman n. 1932
Amsterdam, Holanda
Diplomado em Arquitetura,
Universidade Técnica de Delft.
Professor, Universidade Técnica
de Delft
Hilmer & Sattler

NOTAS SOBRE OS ARQUITETOS

Berlim / Munique, Alemanha
Heinz Hilmer n. 1936
Diplomado em Engenharia,
Universidade Técnica, Munique
Christoph Sattler n. 1938
Diplomado em Engenharia,
Universidade Técnica, Munique;
Mestre em Arquitetura, Illinois
Institute of Technology, Chicago
Thomas Albrecht n. 1960
Diplomado em Engenharia,
Universidade Técnica, Munique;
Mestre em Arquitetura, Illinois
Institute of Technology, Chicago
Hodgetts e Fung
Santa Mônica, Califórnia
Craig Hodgetts n. 1937
B.A., Oberlin College, Ohio;
Mestre em Arquitetura,
Universidade de Yale. Professor,
Universidade da Califórnia, Los
Angeles
Hsin-Ming Fung n. 1953
B.A., Universidade do Estado da
Califórnia, Dominguez Hills;
Mestre em Arquitetura,
Universidade da Califórnia, Los
Angeles. Professora, Universidade
Politécnica do Estado da
Califórnia, Pomona
Holl, Steven n. 1947
Nova York, N.Y.
Bacharel em Arquitetura,
Universidade de Washington;
Diplomado em Arquitetura,
Architectural Association,
Londres. Professor, Universidade
de Colúmbia
Hollein, Hans n. 1934
Viena, Áustria
Diplomado em Arquitetura,
Akademie für Angewandte Kunst,
Viena; Mestre em Arquitetura,
Universidade da Califórnia,
Berkeley. Presidente da Escola e
Instituto de Design, Akademie für
Angewandte Kunst, Viena
Holzbauer, Wilhelm n. 1930
Viena, Áustria / Amsterdam,
Holanda
Diplomado em Arquitetura,
Akademie für Angewandte Kunst,
Viena
Hopkins, Michael n. 1935
Londres, Inglaterra
Diplomado em Arquitetura,
Architectural Association,
Londres
Ishiyama, Osamu n. 1944
Tóquio, Japão
Diplomado em Arquitetura,
Universidade Waseda, Tóquio.
Professor, Universidade Waseda,
Tóquio
Isozaki, Arata n. 1931
Tóquio, Japão
Diplomado em Arquitetura,
Faculdade de Arquitetura,
Universidade de Tóquio
Jahn, Helmut n. 1940
Chicago, Illinois
Diplomado em Engenharia/
Arquitetura, Technische
Hochschule, Munique
Jerde, Jon n. 1940
Venice, Califórnia / Hong Kong
Bacharel em Arquitetura,
Universidade do Sul da Califórnia
Jiménez, Carlos n. 1959
Houston, Texas
Bacharel em Arquitetura,
Universidade de Houston
Johnson, Philip n. 1906
Nova York, N.Y.
B.A., Mestre em Arquitetura,
Universidade de Harvard
Kahn, Louis 1901-74
Filadélfia, Pensilvânia

Bacharel em Arquitetura,
Universidade da Pensilvânia
Karmi-Melamede, Ada n. 1936
Tel-Aviv, Israel
Diplomada em Arquitetura,
Architectural Association,
Londres; Diplomada em
Arquitetura, Escola de
Arquitetura, Technion, Haifa,
Israel. Professora, Universidade
de Colúmbia
Kleihues, Josef Paul n. 1933
Berlim, Alemanha
Diplomado em Engenharia,
Technische Hochschule, Berlim
Koetter, Kim and Associates
Boston, Massachusetts
Fred Koetter n. 1938
Bacharel em Arquitetura,
Universidade de Oregon; Mestre
em Arquitetura, Universidade
Cornell; Reitor, Universidade de
Yale
Susie Kim n. 1948
Bacharel em Arquitetura,
Universidade Cornell, Mestre em
Arquitetura e Urbanismo,
Universidade de Harvard
Kohn Pederson Fox (KPF)
Nova York, N.Y. / Berlim, Alemanha
/ Londres, Inglaterra
A. Eugene Kohn n. 1930
Bacharel em Arquitetura, Mestre
em Arquitetura, Universidade da
Pensilvânia. Professor, Graduate
School of Fine Arts, Universidade
da Pensilvânia
William Pederson n. 1938
Bacharel em Arquitetura,
Universidade de Minnesota;
Mestre em Arquitetura,
Massachusetts Institute of
Technology
Sheldon Fox n. 1930

Bacharel em Arquitetura, Mestre
em Arquitetura, Universidade da
Pensilvânia; Mestre em
Arquitetura, Incorporação
Imobiliária, Universidade de
Harvard
Robert Cioppa n. 1942
Bacharel em Arquitetura, Pratt
Institute, Brooklyn, N.Y.
Lee Polisano
B.A., LaSalle College, Filadélfia,
Pensilvânia; Mestre em
Arquitetura, Virginia Polytechnic
Institute
David M. Leventhal
B.A., Mestre em Arquitetura,
Universidade de Harvard
Koning Eizenberg Architects
Santa Mônica, Califórnia
Hank Koning n. 1953
Bacharel em Arquitetura,
Universidade de Melbourne,
Austrália; Mestre em Arquitetura,
Universidade da Califórnia, Los
Angeles
Julie Eizenberg n. 1954
Bacharel em Arquitetura,
Universidade de Melbourne,
Austrália; Mestre em Arquitetura,
Universidade da Califórnia, Los
Angeles. Professora adjunta,
Universidade da Califórnia, Los
Angeles
Koolhaas, Rem n. 1944
Londres, Inglaterra / Rotterdam,
Holanda
Diplomado em Arquitetura,
Architectural Association,
Londres. Professor visitante,
Universidade de Harvard
Koolhaas, Teun n. 1940
Almere, Holanda
Diplomado em Arquitetura e
Engenharia, Universidade Técnica

de Delft; Mestre em Arquitetura e
Urbanismo, Universidade de
Harvard
Krier, Rob n. 1938
Viena, Áustria
Diplomado em Engenharia e
Arquitetura, Technische
Hochschule, Munique. Professor,
Technische Hochschule, Viena
Kroll, Lucien n. 1927
Bruxelas, Bélgica
Diplomado em Arquitetura,
Institut Supérieur d'Urbanisme,
École Normale Supérieure,
Bruxelas. Professor, Institut
Supérieur d'Urbanisme, École
Normale Supérieure, Bruxelas
Lapena e Torres
Barcelona, Espanha
José Antonio Martínez Lapena
n. 1941
Diplomado em Arquitetura,
Escuela Técnica Superior de
Arquitectura, Barcelona.
Professor, Escuela Técnica
Superior de Arquitectura,
Barcelona
Elías Torres Tur n. 1944
Diplomado em Arquitetura;
Doutorado, Escuela Técnica
Superior de Arquitectura,
Barcelona. Professor, Escuela
Técnica Superior de Arquitectura,
Barcelona
Láurea, Universidade de Roma;
diplomado em Arquitetura,
Universidade de Veneza.
Professor, Escola de Arquitetura,
Universidade de Ascoli Piceno
Legorreta, Ricardo n. 1931
Cidade do México, México
Diplomado em Arquitetura,
Universidad Nacional Autonoma
de México

Lumsden, Anthony n. 1928
Los Angeles, Califórnia
Bacharel em Arquitetura,
Universidade de Sydney, Austrália
Machado e Silvetti
Boston, Massachusetts
Rodolfo Machado n. 1942
Diplomado em Arquitetura,
Universidade de Buenos Aires,
Argentina; Mestre em Arquitetura,
Universidade da Califórnia,
Berkeley. Professor, Universidade
de Harvard
Jorge Silvetti n. 1942
B.A., Universidade de Buenos
Aires, Argentina; Mestre em
Arquitetura, Universidade da
Califórnia, Berkeley. Professor,
Universidade de Harvard
Mack, Mark n. 1949
Venice, Califórnia
Diplomado em Arquitetura,
Akademie für Angewandte Kunst,
Viena. Professor, Escola de
Arquitetura, Universidade da
Califórnia, Los Angeles
Mateo, Josep Lluis n. 1949
Barcelona, Espanha
Diplomado em Arquitetura,
Escuela Técnica Superior de
Arquitectura, Barcelona
MBM Arquitectes S.A.
Barcelona, Espanha
Oriol Bohigas n. 1925
Diplomado em Arquitetura,
Doutorado em Arquitetura,
Escuela Técnica Superior de
Arquitectura, Barcelona
Josep Martorell n. 1925
Diplomado em Arquitetura,
Doutorado em Arquitetura,
Escuela Técnica Superior de
Arquitectura, Barcelona
David Mackay n. 1933

Diplomado em Arquitetura,
Northern Polytechnic, Londres
Albert Puigdomènech n. 1944
Diplomado em Arquitetura,
Escuela Técnica Superior de
Arquitectura, Barcelona
Mechur, Ralph n. 1949
Santa Mônica, Califórnia
Bacharel em Ciências,
Universidade da Pensilvânia;
Mestre em Arquitetura,
Universidade da Califórnia, Los
Angeles
Meier, Richard n. 1934
Nova York, N.Y. / Los Angeles,
Califórnia
Bacharel em Arquitetura,
Universidade Cornell
Mockbee, Samuel
Greensboro, Alabama / Canton,
Mississippi
Bacharel em Arquitetura,
Universidade Auburn, Alabama.
Professor, Universidade Auburn
Moneo, Rafael n. 1937
Madri, Espanha
Bacharel em Arquitetura, Doutor
em Arquitetura, Escuela Técnica
Superior de Arquitectura, Madri.
Professor, Universidade de
Harvard
Moore, Charles 1925-94
Los Angeles, Califórnia
Bacharel em Arquitetura,
Universidade de Michigan; Mestre
em Arquitetura, Ph.D.,
Universidade Princeton
Morphosis
Santa Mônica, Califórnia
Thom Mayne
Bacharel em Arquitetura,
Universidade do Sul da
Califórnia; Mestre em Arquitetura,
Universidade de Harvard

Michael Rotondi
Bacharel em Arquitetura, Mestre
em Arquitetura, Southern
California Institute of
Architecture, Los Angeles.
Presidente, Southern California
Institute of Architecture, Los
Angeles
Murcutt, Glenn n. 1936
Mosman, N.S.W., Austrália
Diplomado em Arquitetura,
Universidade de Nova Gales do
Sul
Nouvel, Jean n. 1945
Paris, França
Diplomado em Arquitetura, École
Nationale Supérieure des
Beaux-Arts, Paris
Nylund/Puttfarken/Stürzebecher
Berlim, Alemanha
Kjell Nylund n. 1939
Diplomado em Engenharia,
Technische Hochschule, Berlim
Christof Puttfarken n. 1949
Diplomado em Engenharia,
Technische Hochschule, Berlim
Peter Stürzebecher n. 1943
Diplomado em Engenharia,
Technische Hochschule, Berlim.
Professor, Technische Hochschule,
Berlim
Olin Partnership
Filadélfia, Pensilvânia
Laurie Olin n. 1939
B.A., Universidade de
Washington, Seattle; Engenharia
Civil, Universidade do Alaska.
Conferencista, Universidade da
Pensilvânia
OMA (Office for Metropolitan Architecture)
Londres, Inglaterra / Atenas,
Grécia
Elia Zenghelis n. 1937

Diplomado em Arquitetura,
Architectural Association,
Londres
Matthias Sauerbruch n. 1955
Diplomado em Arquitetura,
Architectural Association,
Londres
Outram, John n. 1934
Londres, Inglaterra
Polytechnic of Central Londres;
Architectural Association,
Londres
Patkau Architects
Vancouver, N.C., Canadá
John Patkau
B.A., Bacharel em Estudos
Ambientais, Mestre em
Arquitetura, Universidade de
Manitoba
Patricia Patkau
Bacharel em Arquitetura de
Interiores, Universidade de
Manitoba; Mestre em Arquitetura,
Universidade de Yale. Professora,
Escola de Arquitetura,
Universidade da Colúmbia
Britânica
Michael Cunningham
B.A., M.A., Design Ambiental,
Universidade de Calgary
Pei, Ieoh Ming n. 1917
Nova York, N.Y.
Bacharel em Arquitetura,
Massachusetts Institute of
Technology; Mestre em
Arquitetura, Universidade de
Harvard
Peichl, Gustav n. 1928
Viena, Áustria
Diplomado em Arquitetura,
Akademie der Bildenden Künster,
Viena
Pelli, Cesar n. 1926
New Haven, Connecticut
Diplomado em Arquitetura,
Universidade de Tucumán,
Argentina; Mestre em Ciências
Arquitetônicas, Universidade de
Illinois, Champaign-Urbana
Piano, Renzo n. 1937
Gênova, Itália
Láurea, Politécnica de Milão
Portman, John C., Jr. n. 1924
Atlanta, Geórgia
Bacharel em Arquitetura, Georgia
Institute of Technology
Portoghesi, Paolo n. 1931
Roma, Itália
Láurea, Universidade de Roma.
Professor, Universidade de Roma
Portzamparc, Christian de n. 1944
Paris, França
Diplomado em Arquitetura, École
Nationale Supérieure des
Beaux-Arts, Paris
Predock, Antoine n. 1936
Albuquerque, Novo México
Bacharel em Arquitetura,
Universidade de Colúmbia
Quintana, Marius n. 1954
Barcelona, Espanha
Diplomado em Arquitetura,
Escuela Técnica Superior de
Arquitectura, Barcelona.
Professor, Escuela Técnica
Superior del Vallés, Barcelona
Rogers, sir Richard n. 1933
Londres, Inglaterra
Diplomado em Arquitetura,
Architectural Association,
Londres; Mestre em Arquitetura,
Universidade de Yale
Rossi, Aldo n. 1931
Milão, Itália / Nova York, N.Y.
Láurea, Politécnica de Milão.
Professor, Instituto de Arquitetura,
Universidade de Veneza
Saggio, Antonino
Roma, Itália
Láurea, Universidade de Roma

Santos, Adèle Naudé
Filadélfia, Pensilvânia / San Diego,
Califórnia
Diplomada em Arquitetura,
Architectural Association,
Londres; Mestre em Arquitetura,
Mestre em Planejamento,
Universidade da Pensilvânia,
Mestre em Arquitetura, Urbanismo
e Universidade de Harvard
Scheine, Judith
Los Angeles, Califórnia
B.A., Matemática, Universidade
Brown; Mestre em Arquitetura,
Universidade de Princeton.
Professora, College of
Environmental Design,
Universidade Politécnica do
Estado da Califórnia, Pomona
Schwartz, Martha n. 1950
Cambridge, Massachusetts
Bacharel em Belas-Artes, Mestre
em Paisagismo, Universidade de
Michigan. Professora, Graduate
School of Design, Universidade
de Harvard
Siza, Álvaro n. 1933
Porto, Portugal
Diplomado em Arquitetura,
Escola de Arquitetura,
Universidade do Porto. Professor,
Universidade do Porto
Skidmore, Owings & Merrill
Chicago, Illinois / Londres,
  Inglaterra e outros escritórios
  Louis Skidmore 1897-1962
  Nathaniel Owings 1903-84
  John Merrill 1896-1975
Em Chicago:
  Raymond J. Clark
  Bacharel em Ciências, Engenharia
  Mecânica, Mestre em Ciências,
  Engenharia Mecânica,
  Universidade Purdue

  Thomas K. Fridstein
  Bacharel em Arquitetura,
  Universidad Cornell; M.B.A.,
  Universidade de Colúmbia
  Joseph A. Gonzalez
  Bacharel em Arquitetura,
  Universidade do Estado de
  Oklahoma; Loeb Fellowship,
  Universidade de Harvard
  Jeffrey J. McCarthy
  Bacharel em Arquitetura,
  Universidade of Illinois,
  Champaign-Urbana
  Larry K. Oltmanns
  Bacharel em Arquitetura,
  Universidade de Illinois,
  Champaign-Urbana
  Adrian D. Smith
  Bacharel em Arquitetura,
  Universidade de Illinois, Chicago
  Richard F. Tomlinson
  Bacharel em Arquitetura/
  Engenharia, Universidade do
  Estado da Pensilvânia; Mestre
  em Arquitetura, Universidade de
  Illinois, Champaign-Urbana
  Robert L. Wesley
  Bacharel em Ciências,
  Arquitetura/Engenharia,
  Universidade do Estado do
  Tennessee; Bacharel em
  Arquitetura, Mestre em
  Arquitetura, Universidade de
  Oklahoma
Em Londres:
  Roger G. Kallman n. 1944
  Bacharel em Arquitetura,
  Universidade de Miami, Flórida;
  Mestre em Arquitetura e
  Urbanismo, Universidade de
  Minnesota; Mestre em
  Planejamento Regional,
  Universidade da Carolina do
  Norte

NOTAS SOBRE OS ARQUITETOS **281**

Peter J. Magill
Bacharel em Arquitetura,
Universidade de Illinois,
Champaign-Urbana
Robert L. Turner n. 1947
Bacharel em Arquitetura, Instituto
Politécnico da Virgínia
Snow, Julie n. 1948
Minneapolis, Minnesota
Bacharel em Arquitetura,
Universidade do Colorado.
Professor-adjunto, Universidade
de Minnesota
Solanas, Antonì n. 1946
Barcelona, Espanha
Diplomado em Arquitetura;
Escuela Técnica Superior de
Arquitectura, Barcelona
Steidle, Otto n. 1943
Munique, Alemanha
Diplomado em Arquitetura,
Akademie der Bildenden Künste,
Munique. Professor, Akademie
der Bildenden Künste, Munique
Stern, Robert n. 1939
Nova York, N.Y.
B.A., Universidade de Colúmbia;
Mestre em Arquitetura,
Universidade de Yale
Stirling, sir James 1926-94
Londres, Inglaterra
Diplomado em Arquitetura,
Escola de Arquitetura de
Liverpool
**TEN Arquitectos (Taller de
Enrique Norten Arquitectos)**
Cidade do México, México
Bernardo Gómez-Pimienta n.
1961
Bacharel em Arquitetura,
Universidade de Anahuac, Cidade
do México; Mestre em
Arquitetura, Universidade Cornell
Enrique Norten n. 1954

Bacharel em Arquitetura,
Universidade Ibero-americana,
Cidade do México; Mestre em
Arquitetura, Universidade Cornell
Tigerman McCurry Architects
Chicago, Illinois
Stanley Tigerman n. 1930
Bacharel em Arquitetura, Mestre
em Arquitetura, Universidade de
Yale
Margaret McCurry
B.A., Vassar College, N.Y.; Loeb
Fellowship, Universidade de
Harvard
Torp, Niels n. 1940
Oslo, Noruega
Bacharel em Arquitetura, NTH,
Trondheim; e outros estudos
Troughton McAslan
Londres, Inglaterra
James Troughton n. 1950
M.A., Diplomado em Arquitetura,
Universidade de Cambridge
John McAslan n. 1954
M.A., Diplomado em Arquitetura,
Universidade de Edimburgo
Tschumi, Bernard n. 1944
Nova York, N.Y.
Diplomado em Arquitetura,
Instituto Federal de Tecnologia,
Zurique. Decano, Escola de
Arquitetura, Universidade de
Colúmbia
Tusquets, Oscar n. 1941
Barcelona, Espanha
Diplomado em Arquitetura,
Escuela Técnica Superior de
Arquitectura, Barcelona
Ungers, Oswald Mathias n. 1926
Düsseldorf, Alemanha
Diplomado em Arquitetura,
Universidade Técnica, Karlsruhe
**Venturi, Scott Brown and
Associates**

Filadélfia, Pensilvânia
Denise Scott-Brown n. 1931
Bacharel em Artes, Universidade
de Witwaterswand,
Johannesburgo, África do Sul;
Diplomada em Arquitetura,
Architectural Association,
Londres; Mestrado em
Planejamento Urbano, Mestre em
Arquitetura, Universidade da
Pensilvânia
Robert Venturi n. 1925
B.A., M.F.A., Universidade de
Princeton
Waldhör, Ivo n. 1931
Malmø, Suécia
Diplomado em Arquitetura,
Akademie der Bildenden Künste,
Viena. Professor-conferencista,
Escola de Arquitetura,
Universidade de Lund
Weinstein, Edward n. 1948
Seattle, Washington
Bacharel em Arquitetura,
Universidade de Washington;
Mestre em Arquitetura e
Urbanismo, Universidade de
Harvard
Werkfabrik
Berlim, Alemanha

Hendrikje Herzberg n. 1952
Diplomado em Arquitetura,
Universidade Técnica, Berlim
H. P. Winkes n. 1946
Diplomado em Arquitetura,
Universidade Técnica, Berlim
Margarete Winkes n. 1947
Diplomada em Arquitetura,
Universidade Técnica, Berlim.
Professora convidada,
Universidade Técnica, Berlim
Wilford, Michael n. 1938
Londres, Inglaterra / Cingapura /
Stuttgart, Alemanha
Kingston Technical School;
Northern Polytechnic School of
Architecture, Londres; Regent
Street Polytechnic Planning
School, Londres
Wu, Liangyong n. 1922
Pequim, China
Diplomado em Engenharia,
Universidade Central Nacional,
Chongqing; Mestre em
Arquitetura e Urbanismo,
Cranbrook Academy of Art,
Michigan. Professor, Instituto
de Estudos Arquitetônicos e
Urbanos, Universidade de
Tsinghua.

BIBLIOGRAFIA SELECIONADA

Geral

Airahmadi, Hooshang e Salah S. El-Shakhs, *Urban Development in the Muslim World* (New Brunswick, NJ: Center for Urban Policy Research 1993)
Amin, Ash, org., *Post-Fordism: A Reader* (Nova York e Oxford: Basil Blackwell 1994)
— e Nigel Thrift, "Living in the Global", em A. Amin e N. Thrift, orgs., *Globalisation, Institutions and Regional Development* (Oxford: Oxford University Press 1994), 1-22
Archigram (Paris: Editions du Centre Pompidou 1994)
Berkeley, Ellen Perry e Matilda McQuaid, *Architecture: A Place for Women* (Blue Ridge Summit, Pa.: Smithsonian Institution Press 1989)
Bluestone, Barry e Bennett Harrison, *The Deindustrialization of America: Plant Closings, Community Abandonment, and the Dismantling of Basic Industry* (Nova York: Basic Books 1982)
Cantacuzino, Sherban, *Architecture in Continuity: Building in the Islamic World Today. The Aga Khan Awards in Architecture* (Londres: Academy Editions/Nova York: Aperture 1985)
Cook, Peter *et al.*, orgs., *Archigram* (Nova York: Praeger 1973)
Correa, Charles, *The New Landscape: Urbanisation in the Third World* (Sevenoaks, Kent: Butterworth Architecture 1989)
Dear, Michael J., e Jennifer Wolch, *Landscapes of Despair: From Deindustrialization to Homelessness* (Cambridge, Massachusetts: Polity Press 1987)
De Seta, Cesare, *L'architettura del Novecento* (Turim: UTET 1981)
Fathy, Hassan, *Architecture for the Poor; an Experiment in Rural Egypt* (Chicago, Illinois: University of Chicago Press 1973)

Frampton, Kenneth, *Modern Architecture: A Critical History*, 3.ª ed., rev. (Londres e Nova York: Thames and Hudson 1992)

Fuller, R. Buckminster, *Ideas and Integrities: A Spontaneous Autobiographical Disclosure* (Englewood Cliffs, N.J.: Prentice-Hall 1963)

——, *Critical Path* (Nova York: St. Martin's Press 1981)

Gilbert, Alan, *Cities, Poverty and Development: Urbanization in the Third World* (Oxford e Nova York: Oxford University Press 1992)

Harvey, David, *The Condition of Postmodernity* (Oxford: Basil Blackwell 1989)

Holod, Renata, *Architecture and Community: Building in the Islamic World Today. The Aga Khan Awards in Architecture* (Londres: Academy Editions/Millerton, N.Y.: Aperture 1983)

Huyssen, Andreas, *After the Great Divide* (Bloomington: University of Indiana Press 1986)

Jackson, Anthony, *Reconstructing Architecture for the Twenty-First Century: An Inquiry into the Architect's World* (Toronto, Ontário: University of Toronto Press 1995)

Jacobs, Jane, *The Death and Life of Great American Cities* (Nova York: Vintage Press 1961)

Klotz, Heinrich, *The History of Postmodern Architecture*, trad. inglesa Radka Donnell (Cambridge, Mass.: MIT Press 1988)

Larson, Magali Sarfatti, *Behind the Postmodern Facade: Architectural Change in Late Twentieth Century America* (Berkeley, Los Angeles e Londres: University of California Press 1993)

Lash, Scott, *Sociology of Postmodernism* (Londres e Nova York: Routledge 1990)

McLeod, Mary, "Architecture", em Stanley Trachtenberg, org., *The Postmodern Moment: A Handbook of Contemporary Innovation in the Arts* (Westport, Connecticut: Greenwood Press 1985), 19-52

——, "Architecture and Politics in the Reagan Era: From Postmodernism to Deconstructivism", *Assemblage* 8 (1989), 23-59

Nanji, Azim, org., *The Aga Khan Award for Architecture: Building for Tomorrow* (Londres: Academy Editions 1994)

Rossi, Aldo, *L'architettura della città* (Pádua: Marsilio Editori 1966), ed. inglesa *The Architecture of the City*, trad. Diane Ghirardo e Joan Ockman (Cambridge, Massachusetts: MIT Press 1982)

Serageldin, Ismail, org., *Space for Freedom: The Search for Architectural Excellence in Muslim Societies. The Aga Khan Awards in Architecture* (Londres e Boston, Massachusetts: Butterworth Architecture 1989)

Sieden, Lloyd S., *Buckminster Fuller's Universe: An Appreciation* (Nova York: Plenum Press 1989)

Smith, Neil, *Uneven Development: Nature, Capital and the Production of Space* (Oxford: Basil Blackwell 1984, 1990)

Steele, James, org., *Architecture for a Changing World* (Londres: Academy Editions 1992)
——, org., *Architecture for Islamic Societies Today* (Londres: Academy Editions 1994)
Storper, Michael e Richard Walker, *The Capitalist Imperative. Territory, Technology and Industrial Growth* (Nova York e Oxford: Basil Blackwell 1989)
Sudhir, Ved Dan, org., *The Crisis of Changing India* (Nova Délhi: National Publishing House 1974)
Terry, Quinlan, *Quinlan Terry: Selected Works* (Londres: Academy Editions 1993)
Tzonis, Alexander e Liane Lefaivre, *Architecture in Europe since 1968: Memory and Invention* (Londres: Thames and Hudson/Nova York: Rizzoli 1992)
Venturi, Robert, *Complexity and Contradiction in Architecture* (Nova York: Museum of Modern Art 1966)
Wilson, Elizabeth, *The Sphinx and The City: Urban Life, The Control of Disorder and Women* (Berkeley: University of California Press 1991)

Capítulo Um: O espaço público

Ando, Tadao, "On Designing", *Domus* 738 (maio de 1992), 17-24
Arango, Silvia, *Modernidad y Postmodernidad en América Latina* (Bogotá: Escala 1991)
Beard, Richard, *Walt Disney's Epcot: Creating the New World of Tomorrow* (Nova York: Abrams 1982)
Blomeyer, Gerald, "Learning and Stirling", *Architectural Review* 1105 (março de 1989), 28-41
Bolton, Richard, "Figments of the Public: Architecture and Debt", em M. Diani and C. Ingraham, *Restructuring Architectural Theory* (Evanston, Illinois: Northwestern University Press 1988), 42-47
Brannen, Mary Yoko, "'Bwanna Mickey': Constructing Cultural Consumption at Tokyo Disneyland", em Joseph J. Tobin, *Remade in Japan: Everyday Life in Consumer Taste in a Changing Society* (New Haven e Londres: Yale University Press 1992), 216-34
Cantacuzino, Sherban, *Charles Correa* (Cingapura: Concept Media 1984)
Ciorra, Pippo, *Botta, Eisenman, Gregotti, Hollein: Musei* (Milão: Electa 1991)
Cole, N. C., e Ruth E. Rogers, comp., *Richard Rogers* (Londres: Academy Editions/Nova York: St. Martin's Press 1985)
Correa, Charles, "Mystic Labyrinth", *Architectural Review* 1139 (janeiro de 1992), 20-26
Crawford, Margaret, "The World in a Shopping Mall", em M. Sorkin, org., *Variations on a Theme Park: The New American City and the End of Public Space* (Nova York: Hill and Wang 1992), 3-30
Crosbie, Michael, "Ace of Clubs", *Architecture* 80 (junho de 1991), 90-93
Davis, Mike, "The Redevelopment Game in Downtown Los Angeles", em Diane Ghirardo, org., *Out of*

Site: *A Social Criticism of Architecture* (Seattle, Washington: Bay Press 1991), 77-113

Dixon, John Morris, "Learning from London", *Progressive Architecture* (agosto de 1991), 80-85

Ellis, Charlotte, "Disney Goes to Paris", *Landscape Architecture* 80 (junho de 1990), 38-41

EuroDisney, Press Information Packet (abril de 1992)

Forster, Kurt W., "Shrine? Emporium? Theater? Reflections on Two Decades of American Museum Building", *Zodiac* 6 (1991), 30-74

Ghirardo, Diane, "Two Museums", em D. Ghirardo, org., *Out of Site: A Social Criticism of Architecture* (Seattle, Washington: Bay Press 1991), 114-28

Gutiérrez, Ramón e Adriana Irigoyen, *Nueva Arquitectura Argentina: Pluralidad y Coincidencia* (Bogotá: Escala e Universidad de los Andes 1990)

Habermas, Jürgen, *The Structural Transformation of the Public Sphere: An Inquiry into a Category of Bourgeois Society*, trad. inglesa Thomas Burger (Cambridge, Massachusetts: MIT Press 1991)

Irace, Fulvio, "Radiant Museum: Museum für Kunsthandwerk", *Domus* 662 (julho de 1985), 2-11

Ivy, Robert, "The New City as a Perpetual World's Fair", *Architecture* 76 (abril de 1987), 50-55

Khan, Hasan Uddin, *Charles Correa: An Architect in India* (Londres: Concept Media 1987)

Kleinberg, Benjamin, *Urban America in Transformation: Perspectives on Urban Policy and Development* (Thousand Oaks, Califórnia: Sage 1995)

Laurenzi, Laura, "Viaggio nel paese dei balocchi", *La Repubblica*, 12-13 de abril de 1992 , pp. II-III

Legorreta, Ricardo, "Mexican Lexicon", *Architectural Review* 1139 (janeiro de 1992), 37-41

Maitland, Barry, *Shopping Malls: Planning and Design* (Harlow, Essex: Longman Scientific & Technical 1985)

Moore, Rowan, "National Gallery", *Architectural Review* 1133 (novembro de 1991), 30-37

Pease, Victoria, "Children's Museum, Hyogo, Japan", *Architectural Review* 1134 (agosto de 1991), 55-60

Peckham, Andrew, "A Critique of the Sainsbury Centre", *Architectural Design* (1978) 2-26

Robbins, Bruce, org., *The Phantom Public Sphere* (Minneapolis: University of Minnesota 1993)

Rykwert, Joseph, "The Cult of the Museum: From the Treasure House to the Temple", *Museos Estelares. A & V Monografía de Arquitectura y Vivienda* 18 (1989), 81-83

Sandercock, Leonie, *Gender: A New Agenda for Planning Theory* (Berkeley, Califórnia: Institute of Urban and Regional Development 1990)

Seling, Helmut, "The Genesis of the Museum", *Architectural Review* 141, n.º 840 (fevereiro de 1967), 103-4

Snyder, Susan Nigra, "Mapping a New Urban Realm: Consumption Sites and Public Life", artigo inédito apresentado no American

Cultural Landscape Symposium, Syracuse University, N.Y., março de 1993
Sorkin, Michael, "See You in Disneyland", em M. Sorkin, org., *Variations on a Theme Park. The New American City and the End of Public Space* (Nova York: Hill and Wang 1992), 205-32
Stephens, Suzanne, "Future Past", *Progressive Architecture* (maio de 1977), 84-88
Vilades, Pilot, "Mickey the Talent Scout", *Progressive Architecture* 69 (junho de 1988), 104-7
La Villa Olimpica, Barcelona 92: Arquitectura, Parques, Puerto Deportivo (Barcelona: Gustavo Gili 1992)
Walker, Derek, *Animated Architecture* (Londres: Academy Editions 1982)
Walt Disney Company, "Port Disney: Preliminary Master Plan, Executive Report", julho de 1990
Zukin, Sharon, *Landscapes of Power: From Detroit to Disneyland* (Berkeley e Los Angeles, Califórnia: University of California Press 1991)

Capítulo Dois: O espaço doméstico

Acevedo, Mauricio P., org., *Togo Diaz: El Arquitectura y su Ciudad* (Bogotá: Escala e Universidad de los Andes 1993)
Albenaa, vol. 6, n.º 34 (abril/maio de 1987): número especial sobre Abdul Wahed El-Wakil
Architecture and Urbanism 5 (1987): número especial sobre a IBA, Berlim
"The Ark", *A + U* 276 (setembro de 1993), 76-95
Baracco, Juvenal e Pedro Belaunde, *Juvenal Baracco: un universo en casa* (Bogotá: Escala e Universidad de los Andes/Miami: University of Miami Press 1988)
Bergdoll, Barry, "Subsidized Doric", *Progressive Architecture* (outubro de 1982), 74-79
"Berlin as Model", *Architectural Review* 1076 (setembro de 1984), 18-119
Blake, Peter, "Berlin's IBA: A Critical Reassessment", *Architectural Record* 181 (abril de 1987), 50-52
"Brant House", *Architectural Design* 5/6 (1980), 33-34
Bristol, Katharine G., "The Pruitt Igoe Myth", *Journal of Architectural Education* (maio de 1991) 163-71
Capuzzeto, Rita, *Berlino: La nuova ricostruzione. IBA 1979-1987* (Milão: CLUP 1992)
Croset, Pierre Alain, "Berlino '87: la costruzione del passato", *Casabella* 506 (setembro de 1984), 4-25
Davey, Peter, "Berlin: Origins to IBA", *Architectural Record* 181 (abril de 1987), 22-106
De Rossi, Pietro, "In the Circuit of Representation: The Nexus World Operation in Fukuoka", *Lotus* 71 (1992), 36-40
Dixon, John Morris, "Seaside Ascetic", *Progressive Architecture* (agosto de 1989), 59-67
———, "Layers of meaning", *Progressive Architecture* (dezembro de 1979), 66-71
Doshi, N. V., "Aranya Township,

Indore", *Mimar* (junho de 1988), 24-29
Duany, Andres e Elizabeth Plater-Zyberk, *Towns and Town-Making Principles* (Nova York: Rizzoli/Cambridge, Massachusetts: Harvard University Graduate School of Design 1991)
Duffy, Frances, "SAS Co-operation", *Architectural Review* 1105 (março de 1989), 42-51
Dunlop, Beth, "Coming of Age", *Architectural Record* 177 (julho de 1989), 96-103
Egelius, Mats, *Ralph Erskine, Architect* (Estocolmo: Byggforlaget 1990)
Fathy, Hassan, *Gourna: A Tale of Two Villages* (Cairo: Ministério da Cultura 1969), reeditado como *Architecture for the Poor* (Chicago e Londres: University of Chicago Press 1973)
Firth, Simon e Jon Savage, "Pearls and Swine: The Intellectuals and the Mass Media", *New Left Review* 198 (março-abril de 1993), 107-16
Fisher, Thomas, "The Private and the Public", *Progressive Architecture* (novembro de 1991), 70-74
——, "A Literary House", *Progressive Architecture* (dezembro de 1988), 62-67
Frampton, Kenneth, "The Adventure of Ideas", *Progressive Architecture* 66 (janeiro de 1985), 25-27
Frank, Suzanne, *Peter Eisenman's House VI: The Client's Response* (Nova York: Whitney Library of Design 1994)
G. L., "Emilio Ambasz, Prefecture International Hall, Fukuoka", *Domus* 738 (maio de 1992), 38-41

Garreau, Joel, "Edge Cities", *Landscape Architecture* 78 (dezembro de 1988), 48-55
Ghirardo, Diane, "Carlos Jiménez, Tests of Stability", *Lotus* 77 (1993), 47-57
——, "Entre el terremoto y la sequía: Las dos últimas décadas", *A & V* 32 (1991), 16-25
——, *Mark Mack* (Tübingen: Wasmuth 1994)
——, "Peter Eisenman: Il camouflage dell'avanguardia", *Casabella* 613 (junho de 1994), 22-27
Hayden, Dolores, *Redesigning the American City: The Future of Housing, Work and Family Life* (Nova York: Norton 1984)
Hoffman, Peter, "Report from West Berlim", *Architectural Record* 173 (fevereiro de 1985), 87
Hogben, Gavin, "Synthesis", *Architectural Review* 1085 (fevereiro de 1985), 26-39
——, "Vernacular", *Architectural Review* 1104 (fevereiro de 1989), 80-86
Holl, Steven, *Anchoring* (Nova York: Princeton Architectural Press 1989)
Isozaki, Arata, "Project in the Renga Form: The Game of Individual Expressions", *Lotus* 71 (1992), 41-75
Jones, Peter Blundell, "Ecolonia", *Architectural Review* 1141 (março de 1992), 64-67
Kleihues, Josef Paul, *et al.*, *Das NEUE Berlin: Konzepte der Internationalen Bauausstellung 1987 für einen Städtebau mit Zukunft* (Berlim: Mann 1987)
Krier, Leon, *Leon Krier: Architecture and Urban Design*

1967-1992 (Londres: Academy Editions 1992)

Kroll, Lucien, *An Architecture of Complexity* (Cambridge, Massachusetts: MIT Press 1987)

Loomis, John, "Ralph Erskine Arkitekt", *Progressive Architecture* 72 (outubro de 1991), 101, 153

Lucan, Jacques, "Rem Koolhaas, Villa Dall'Ava, Paris", *Domus* 736 (março de 1992), 25-35

McCamant, Kathryn e Charles Durret, *Co-housing. A Contemporary Approach to Housing Ourselves* (Berkeley, Califórnia: Ten Speed Press 1994)

Mead, Christopher, *Space for the Continuous Present in the Residential Architecture of Bart Prince* (Albuquerque: Museu de Arte da Universidade do Novo México 1989)

——, *Houses by Bart Prince: An American Architecture for the Continuous Present* (Albuquerque: University of New Mexico Press 1991)

Miller, Wallis, "IBA's Models for a City: Housing and the Image of Cold War Berlin", *Journal of Architectural Education* 46 (maio de 1993), 202-16

Mohney, David e Keller Easterling, *Seaside: Making a Town in America* (Nova York: Princeton Architectural Press 1991)

Morales, Carlos, "Juvenal Baracco of Peru", *Mimar* 40 (setembro de 1991), 70-75

Morton, David, "Venturi & Rauch", *Progressive Architecture* (agosto de 1976), 50-53

Nexus World, *The Imagination of Nexus World* (Fukuoka: Fukuoka Jisho 1991)

"Il nuovo aeroporto di Seviglia", *Domus* 736 (março de 1992), 36-47

Peters, Paulhans, "Mixed Reviews for Berlin's International Building Exhibition", *Architecture* 76 (setembro de 1987), 18-19

Quantrill, Malcolm, "Century Symbol", *Architectural Review* 1133 (novembro de 1991), 27-37

Schuman, Tony, "Utopia Spurned: Ricardo Bofill and the French Ideal City Tradition", em Diane Ghirardo, org., *Out of Site: A Social Criticism of Architecture* (Seattle, Washington: Bay Press 1991), 220-49

Sprague, Joan Forrester, *More than Housing: Lifeboats for Women and Children* (Stoneham, Massachusetts: Butterworth-Heinemann 1991)

Strobel, Roland, "German City Planning and the International Building Exhibition Berlin 1987", artigo inédito, Universidade do Sul da Califórnia, Los Angeles, abril de 1991

Takiguchi, Noriko e Makoto Murata, orgs., *Architecture and the Contemporary City* (Fukuoka: Fukuoka International Architects' Conference '89 and Fukuoka Jisho 1989)

Venturi, Robert e Denise Scott Brown, *A View from the Campidoglio: Selected Essays 1953-1984* (Nova York: Harper & Row 1984)

Waisman, Marina, "Two Arcades by Two Architects Meet and Meld", *Architecture* 73 (setembro de 1984), 182-84

Waldhör, Ivo, "Process and Product", *Architectural Review* 1141 (março de 1992), 25-29

Wallis, Brian, org., *If You Lived Here: The City in Art, Theory and Social Activism. A Project by Martha Rosier* (Seattle, Washington: Bay Press 1991)

Warren, James A., *Ricardo Bofill, Taller de Arquitectura: Buildings and Projects* (Nova York: Rizzoli 1988)

Wheeler, K. V., P. Arnell, T. Bickford, orgs., *Michael Graves: Buildings and Projects 1966-1981* (Nova York: Rizzoli 1982)

Woodbridge, Sally, "Nexus Cultural Concert in the Far East", *Progressive Architecture* (agosto de 1991), 60-79

Capítulo Três: A reconfiguração da esfera urbana

Anderton, Frances, "Docklands Double Act", *Architectural Review* 1106 (abril de 1989), 28-38

Appelbaum, Eileen, *The New American Workplace: Transforming Work Systems in the United States* (Ithaca, Nova York: ILR Press 1994)

Association of London Authorities and the Docklands Consultative Committee, *10 Years of Docklands: How the Cake was Cut* (Londres 1991)

Barna, Joel Warren, *The See Through Years: Creation and Destruction in Texas Architecture and Real Estate 1981-1991* (Houston 1992)

Bird, Jon, "Dystopia on the Thames", *Art in America*, julho de 1990, 89-97

Blakeley, Edward James, *Changing Places: American Urban Planning Policy for the 1990s* (Berkeley, Califórnia: Institute of Urban and Regional Development 1992)

Brownhill, Sue, *Developing London's Docklands: Another Great Planning Disaster?* (Londres: Paul Chapman Publishing Ltd. 1990)

Buchanan, Peter, "Quays to Design", *Architectural Review* 1106 (abril de 1989), 39-44

Cox, Alan, *Docklands in the Making: The Redevelopment of the Isle of Dogs, 1981-1995* (Londres e Atlantic Highlands, New Jersey: The Athlone Press for the Royal Commission on the Historical Monuments of England 1995)

Crilley, Darrell, "Canary Wharf", artigo inédito, Londres 1991

Cruickshank, Dan, "Gwilt Complex", *Architectural Review* 1106 (abril de 1989), 55-58

Davey, Peter, "What to do in the Docks", *Architectural Review* 1106 (abril de 1989), 27

Docklands Consultative Committee, *Six Year Review of the LDDC* (Londres 1988)

—, *The Docklands Experiment: a Critical Review of Eight Years of the London Docklands Development Corporation* (Londres 1990)

Gabetti, Giovanni, "Il fantasma dei Docklands", *La Repubblica* (12 de junho de 1992)

Ghirardo, Diane e Ferruccio

Trabalzi, "Piano Quays", *Architectural Review* 1106 (abril de 1989), 84-88

Harvey, David, *The Condition of Postmodernity* (Oxford: Basil Blackwell 1989)

Hatton, Brian, "The Development of London's Docklands: The Role of the Urban Development Corporation", *Lotus* 67 (dezembro de 1990), 54-89

Henderson, George, *Cultural Diversity in the Workplace: Issues and Strategies* (Westport, Connecticut: Quorum Books 1994)

Carlos Jiménez, com ensaios de Aldo Rossi e Kurt Forster (Barcelona: Gustavo Gili 1991)

MacCormac, Richard, "Canary Wharf Options", *Architects' Journal* (4 de dezembro de 1985), 32-33

Herman Miller Inc., *Rocklin, California* (Grand Rapids, Michigan: Herman Miller 1989)

Minister für Stadtentwicklung, Wohnen u. Verkehr des Landes Nordrhein-Westfalen (1989), *Internationale Bauausstellung Emscher Park: Memorandum zu Inhalt und Organisation* (Düsseldorf 1989)

Olmsted, Barney, *Creating a Flexible Workplace: How to Select and Manage Alternative Work Options* (Nova York: AMACOM 1994)

Olympia & York, Londres, *Canary Wharf: The Untold Story; Canary Wharf: Vision of a New City District; The Tower, N.º 1 Canada Square;* e *Ogilvy & Mather, N.º 3 Cabot Square, Canary Wharf* (Londres: Olympia & York 1990)

Williams, Stephanie, *Docklands* (Londres: Architecture Design and Technology Press 1990)

Wynne, Richard, *Under Construction: Building for Health in the EC Workplace* (Shankill, Co. Dublin: European Foundation for the Improvement of Living and Working Conditions 1992)

Créditos das ilustrações

1 Cortesia de The Salk Institute, San Diego, Califórnia 2 Cortesia de A. C. Martin & Associates. 3 Cortesia de John Portman & Associates. 4 Michael Moran. 5, 6 Cortesia de Geoffrey Bawa. 7 Foto Rollin R. La France, cortesia de Venturi, Scott Brown & Associates. 8 Cortesia de Venturi, Scott Brown & Associates. 9 Cortesia de Aldo Rossi Studio di Architettura. 10 Morley Baer. 11 Foto Edmund Stoecklein, cortesia de Robert A. M. Stern Architects. 12 Y. Futagawa/Retoria. 13 Photo Studio Hollein/Jerzy Surwillo. 14, 15 Foto Robert Lautman, cortesia de Arquitectonica. 16, 17 Richard Ingersoll. 18 Foto Paschall/Taylor, cortesia de Michael Graves. 19 Bob Vickery/Architectural Association. 20 John Uniak. 21 Cortesia de AT&T. 22 Foto Gerald Zugmann, cortesia de Coop Himmelblau. 23 Christian Richters. 24 Cortesia de Sam Mockbee. 25 Cortesia de Cavaedium Architects. 26, 27 Emily Lane. 28 Cortesia de R. L. Binder Architecture & Planning. 29 Diane Ghirardo. 30, 31 Foto Steven Brooke, cortesia de Michael Graves.

32, 33 © Peter Aaron/Esto. 34 Norman McGrath. 35 Cortesia de The Jerde Partnership. 36 Diane Ghirardo. 37, 38 © Paul Bielenberg 1991. 39 John Uniak. 40 © Ezra Stoller/Esto. 41, 42 Martin Charles. 43 © Scott Frances/Esto. 44, 45 Lluís Casals. 46 Diane Ghirardo. 47 Cortesia de Legorreta Arquitectos. 48 Timothy Hursley. 49 Cortesia de Antoine Predock. 50 Timothy Hursley. 51 Martin Charles. 52 Charles Lane. 53 James Dow. 54, 55 Foto Richard Caspole, cortesia do Yale Center for British Art, New Haven, Connecticut. 56 © Richard Bryant/Arcaid. 57 Cortesia de Peter Eisenman. 58 Foto Mitsuo Matsuoka, cortesia de Tadao Ando Architect & Associates. 59-61 Cortesia de Charles Correa. 62 Paul Hester. 63 Cortesia de Beth Galí. 64 Foto Jeffrey Hannigan, cortesia de Hodgetts & Fung. 65 Foto Barbara Burg/Oliver Shuh, cortesia de Aldo Rossi Studio di Architettura. 66 Cortesia de Frank O. Gehry & Associates. 67 Diane Ghirardo. 68 Foto Barbara Burg/Oliver Shuh, cortesia de Aldo Rossi Studio di Architettura. 69 Archiv Internationale Bauausstellung, Berlim. 70 Cortesia de Gustav Peichl. 71 Foto Richard Bryant, cortesia de Michael Wilford & Partners. 72 Foto Barbara Burg/Oliver Shuh, cortesia de Aldo Rossi Studio di Architettura. 73 Cortesia de Aldo Rossi Studio di Architettura. 74 Cortesia de Herman Hertzberger. 75, 76 Foto Uwe Rau/ Archiv Internationale Bauausstellung, Berlim. 77 Cortesia de Zaha M. Hadid. 78 Christian Richters. 79 Foto Stefan Koppelkam/Archiv Internationale Bauausstellung, Berlim. 80 Cortesia de GSW, Berlim. 81 Foto Martha Deltsios, cortesia de Willem Holzbauer. 82 Foto Stefan Koppelkam/Archiv Internationale Bauausstellung, Berlim. 83 Cortesia de S.T.E.R.N., Berlim. 84 Uwe Rau. 85 © Dieter Leistner/Architekton. 86, 87 Cortesia de Takefumi Aida Architect & Associates. 88 Paul Rocheleau. 89 Cortesia de Ray Kappe. 90 Cortesia de Victoria Casasco. 91 Foto Frances McLaughlin-Gill, cortesia de Leslie Gill. 92 © Peter Aaron/Esto. 93 Cortesia de Ada Karmi-Melamede & Partners. 94 Foto Marvin Rand, cortesia de Ada Karmi-Melamede & Partners. 95 Cortesia de Luigi Franciosini e Antonio Saggio. 96, 97 Paul Hester. 98 Chant Avedissian/AKAA. 99 Basia Korofczyk Kenton. 100 Cortesia de Mark Mack. 101 © Robert Reck. 102 Grant Mudford. 103 Foto Tim Street-Porter, cortesia de TEN Arquitectos. 104 Cortesia de Lucien Kroll. 105 R. Banham. 106 Cortesia de Ivo Waldhör. 107 Foto Deidi von Shaewan, cortesia de Ricardo Bofill Taller de Arquitectura. 108, 109 Cortesia de Lucien Kroll. 110 Foto Yatin Pandya, cortesia de Vastu-Shilpa Foundation for Studies and Research in Environmental Design. 111, 112 Cortesia de Charles Correa. 113 Cortesia de Cooper, Robertson & Partners. 114 Foto Michael Shopenn, cortesia de Weinstein Copeland Architects. 115 Michael Moran. 116 Cortesia de Steven Holl Architects. 117, 118 Cortesia de

BIBLIOGRAFIA SELECIONADA

Victoria Casasco. **119** Cortesia de Ena Dubnoff. **120** © David Hewitt/Anne Garrison. **121** Foto Norbert van Onna, cortesia de Duinker, van der Torre samenwerkende architekten te Amsterdam. **122, 123** Cortesia de Adèle Naudé Santos & Associates. **124** Foto Nacasco & Partners, cortesia de Aldo Rossi Studio di Architettura. **125** Cortesia de Mark Mack. **126** Matsuo Photo Atelier, cortesia de Steven Holl Architects. **127** Cortesia da Fiat. **128** Desenho de Ian Mackenzie Kerr. **129** Museu do Projeto Docklands, Londres. **130** © Jeremy Cockayne/Arcaid. **131** Martin Charles. **132** Jo Reid e John Peck. **133** Cortesia de John Outram. **134, 135** Canary Wharf Ltd. **136** Emily Lane. **137** Duccio Malagamba. **138** © Denis Gilbert/Arcaid. **139** Cortesia de MBM Arquitectes. **140** Foto Mimmo Jodice, cortesia de Gregotti Associati Internationale. **141** Cortesia de Ricardo Bofill Taller de Arquitectura. **142** Cortesia de Josep Lluis Mateo. **143** Foto Koji Horiuchi, cortesia de Pei Cobb Freed & Partners. **144** Charles Lane. **145** Paul Maurer. **146** Martin Charles. **147, 148** Foto G. Fessey, cortesia do Institut du Monde Arabe, Paris. **149** Krista Armstrong. **150** Cortesia de Legorreta Arquitectos. **151** Foto Jan van den Berg, cortesia de Herman Hertzberger. **152** Foto Willem Diepraam, cortesia de Herman Hertzberger. **153** Foto Yasuhiro Ishimoto, cortesia de Arata Isozaki & Associates. **154** Cortesia de S.A.S. **155** Diane Ghirardo. **156** Tim Street-Porter. **157** Foto Ian Lambot, cortesia de sir Norman Foster & Partners. **158** Cortesia da Lloyds de Londres. **159** Foto Don F. Wong, cortesia de Julie Snow. **160, 161** Cortesia de Herman Miller. **162** Paul Hester. **163** Diane Ghirardo. **164** Cortesia de Machado & Silvetti. **165** Grant Mudford. **166** Cortesia de Tadao Ando Architect & Associates.

ÍNDICE REMISSIVO

Números em itálico indicam páginas nas quais há ilustrações.

Aalto, Alvar 14, 168
Abraham, Raimund 137-8, 147
Ackermann, Kurt, & Partners 132
Adriano, imperador 52
Agami (Egito): Casa Halawa 163, *163*
Ahrends Burton & Koralek 82
Aida, Takefumi 19, 151, *152*, 271
Alberti, Leon Battista *86*
Alberts, Anton *29*, 30, 271
Albrecht, Thomas; *ver* Hilmer & Sattler
Alençon (França): ZUP Perseigne 177, *178*
Almere, nova cidade de (Holanda) 24, *24*, 25
Alphen-aan-den-Rijn (Holanda): conjunto residencial 172
Amato, Giuliano 49
Ambasz, Emilio 193
Amsterdam (Holanda): Abrigo para Mulheres Vítimas de Violência 189, *190;* Banco NMB (atualmente ING) *29*, 30

Ando, Tadao 105, *106,* 111, 266-7, *267*, 271
Apeldoorn (Holanda): Edifício Centraal Beheer 249-53, *250*
Appleton, Marc 271
Appleton, Mechur & Associates 185
Archigram 8
Arquitectonica 21, *23,* 271
Atlanta (Geórgia): Hyatt Regency, Peachtree Center *6*, 7
Auburn University (Alabama): Casa Hale Bay 39, *40*
Aulenti, Gae 237
Avalon Park (Flórida) 188
Aymonino, Carlo 129, 132, 271

Bainbridge, Ilha (Washington): Winslow Co-housing (cooperativas habitacionais) 184, *184*
Baller, Heinrich e Inken 135
Baracco, Juvenal 168-9, 272
Barcelona (Espanha): Casa Aznar 156, *156*, Fábrica Catex 236, *238*; Instalações esportivas do I.N.E.F.C., Montjuic 235, *235*; Biblioteca Municipal *111*, 111-2;

Olimpíada (1992) 232-7, *233*, *234*, *235*; Estádio Olímpico *234*, 235.
Barragán, Luis 152-3, 272
Bausman, Karen 156-7, 272
Bawa, Geoffrey *11*, *12*, 12-3, 272
Behrens, Peter 201
Bentham, Jeremy 52
Bentota (Sri Lanka): Jardins Lunuganga *12*, 13
Berg/Christian 143
Berlim: Internationale Bauausstellung/IBA 123-51, 126-7, 205; (Altbau) 125-7, 142-8, *142-6*, 206; (Neubau) 125-7, 129-41, 147-8; apartamentos da Friedrichstrasse (Quarteirão 4) 138-40, *139*, (Quarteirão 5) *139*, 141; lar para idosos na Köpenicker Strasse *146*, 147; apartamentos em Kreuzberg 140, 141; apartamentos no Landwehrkanal 136; apartamentos na Lindenstrasse 138, *138*; apartamentos na Mariannenstrasse (Quarteirão 79) 144-6, *144* (Quarteirão 88) 144-5, *145*; creche na Oppelner Strasse *146*, 147; Usina de Eliminação de Fosfato 131, *131*; Potsdamer Platz *126-7*, 148-50, *149*; apartamentos na Rauchstrasse *134*, 135; apartamentos na Wilhelmstrasse 137; Wissenschaftscentrum 132-3, *133*, 136; apartamentos em Wohnregal *142*, 143
Beverly Hills (Califórnia): Two Rodeo Drive 74-6, *77*
Binder, Rebecca 52, *53*, 272
Bofill, Ricardo 19, 173-4, 174, 235, *235*, 243, 271
Bohigas, Oriol (MBM Arquitectes) *233*, 234, 236, 277
Böhm, Gottfried 132

Bombaim (Índia): conjunto residencial de Belapur 181-2, 180
Bonar, James; *ver* Cavaedium
Bonell, Esteve 236
Borgoricco (Itália): Prefeitura 16, *16*
Boston (Massachusetts): Faneuil Hall e Quincy Market 76
Botta, Mario 18
Boullée, Etienne-Louis 57
Brenner, Klaus Theo 135
Broken Hill (Austrália): Museu de Mineração 98
Bruxelas (Bélgica): Habitações da Faculdade de Medicina da Universidade de Louvain 170-3, *171*

Calatrava, Santiago 235, 272
Calthorpe, Peter 185, 272
Campbell, Zogolovitch, Wilkinson & Gough 215-6
Carlzon, Jan 253
Casasco, Victoria 156, *156*, 169, *187*, 188, 272
Castellanza (Itália): Universidade 10
Castillo, Fernando 176
Cavaedium 40, *40*, 272
Celebration 59
Cergy-Pontoise (França) 175
Charles, Príncipe de Gales 83, 226
Chemetov, Paul 240, *241*, 272
Chestnut Hill (Pensilvânia): Casa Vanna Venturi 14, *15*, 18, 123, 151
Chicago (Illinois): 860-880 Lake Shore Drive 7; Water Tower Place 76
Chomsky, Noam 34, 155
Cidade do México (México): Casa Barragán 153; Casa Meyer 153
Cioppa, Robert; *ver* Kohn Pederson Fox
Ciorra, Pippo 79, 272
Cofferidge Close (Inglaterra) 76

ÍNDICE REMISSIVO **297**

Colombo (Sri Lanka): Complexo do Parlamento *11*, 12-3
Colquhoun, Alan 4
Columbus (Ohio): Wexner Center 103-4, *104*
Community Redevelopment Agency (CRA – Agência de Renovação da Comunidade) 212
Congress on New Urbanism (Congresso sobre o Novo Urbanismo) 22
Coop Himmelblau 36, *36*, 272
Cooper, Robertson & Partners *182*, 183
Le Corbusier (Charles Jeanneret), 5, 9, 14, 102, 158
Correa, Charles *107*, 106-8, *108, 180*, 181-2, 273
Correa & Mila 234, *235*
Cruz, Antonio 273
Cunningham, Michael; *ver* Patkau Associates

Dallas (Texas): Las Colinas 189
Dam, Cees 24, *24*, 273
Davis, Mike 116
Davis (Califórnia): Cooperativa Habitacional Muir 184
DeBretteville, Peter 156
de Longe, Leo 184
Derossi, Pietro 137
Derrida, Jacques 31, 34-5
Díaz, Carlos 236
Díaz, José Ignacio 176
Disney Corporation 51, 57-8, 62
Disney Development Corporation 62-3
Disney, Walt 48, 51, 56, 62
Disney World (Flórida): 48, 53, 56-65, *59, 60*, 101; Beach Club 61; Instalações do Lago Buena Vista 62; Yacht Club 61; *ver* Epcot Center
Disneylândia (Califórnia) 43, 48-70, *50*

"Disney's America" 70
Docklands Consultative Committee (Comitê Consultivo das Docklands) 212
Dorr/Jendrzey 143
Doshi, B. V. 179-81, *179*, 273
Duany, Andrés (D/PZ) 22, 185-6, *186,* 188, 273
Dubnoff, Ena 189, *190*
Duinker, Margreet 273
Duinker, van der Torre 189, *190*

Edmonton (Canadá): West Edmonton Mall 72, 76, 103
Eisenman, Peter 26-7, 34, 36, 65, 85, 103-4, *104*, 136-7, *139*, 141, *154*, 154-5, 170, 273
Eisenman/Robertson 137, *139*, 141, 143
Eisner, Michael 59, 64-5
Eizenberg, Julie; *ver* Koning Eizenberg Architects
Eley, Geoff 45
Emscher Park (Alemanha): Internationale Bau Ausstellung 205
Epcot Center (Flórida) 49, 51, 56-9, *58*, 101
Erskine, Ralph 170-1, *172*, 273
Esherick, Joseph 203
Estocolmo (Suécia): Sede da SAS Airline *252*, 253
EuroDisney (França) 49, 59, 65-70, *66, 67*, 147

Fainsilber, Adrien 243
Faskel, Bernd 137
Fathy, Hassan 9, 10-1, 12, 18, 163, 168, 178-9, 273
Fiol, Carmen 236
FitzGerald, Kathleen; *ver* Cavaedium
Forster, Kurt 103, 129
Fort-Brescia, Bernardo; *ver* Arquitectonica
Foster Associates 149, 223, 255, *255*

Foster, sir Norman 98, 195, *255*, 255-7, *256*, 268, 273
Foucault, Michel 31, 34
Fox, Sheldon; *ver* Kohn Pederson Fox
Frampton, Kenneth 2, 162, 257
Franciosini, Luigi 158, *160*, 273
Franco, Francisco 232
Frankfurt-am-Main (Alemanha): Museu de Artes Decorativas 79, *80*, 103
Fraser, Nancy 45
Fukuoka (Japão): Hotel Il Palazzo 193, *194*, 226: Nexus World Kashii 69, 193-7, *194*, *197*
Fuller, Buckminster 8
Fung, Hsin-Ming; *ver* Hodgetts and Fung
Furano Northstar Resort (Japão) 53

Galí, Beth 111-2, *111*, 274
García, Enrique León 236
Gehry, Frank 10, 27-8, *30*, 36, 52, 59, 78-9, *78*, 98, 113-7, *115*, *116*, 155, 166, 169, 260-2, 261, 274,
Geiger, Siegward *146*, 147
Gênova (Itália): Teatro Carlo Felice 113-4, *114*; quinto centenário de Colombo 207
Giedion, Sigfried 4
Gill, Irving 110
Gill, Leslie 156, *157*, 274
Gómez-Pimienta, Bernardo; *ver* TEN Arquitectos
Gommersall, David 140
González, Felipe 233
Gothenburg (Suécia): cooperativas habitacionais de Stacken e Trädet 184
Graham, Bruce 236, 274
Grassi, Giorgio 18
Graves, Michael 19, 27-9, *28*, 32, 59-60, *59*, *60*, 68, 102, 170, 192, 193, 274
Great Eastern Housing Association 216

Greater London Council 210-2
Greenberg, Alan 22
Greenburgh (Nova York): West H.E.L.P. *182,* 183
Gregotti Associates 149
Gregotti, Vittorio 18, 42, 135, 147, *234*, 235, 274
Grimshaw, Nicholas 218, *220*, 274
Gropius, Walter 4, 5, 14
Gruen, Victor 73, 274
Grumbach, Antoine 67, 135
Gutbrod, Rolf 132
Gwathmey, Charles 27, 59, 274

Habermas, Jürgen 45
Hadid, Zaha M. 36, *37, * 137, *140*, 141, 192, 274
Haia (Holanda): Ministério do Bem-Estar Social e do Emprego 251
Halfmann, Jasper 135
Halifax (N.S., Canadá): Scotia Square 74
Hamer, Hardt Waltherr 127
Hanna/Olin Landscape Architects 223
Hejduk, John 137-8, 274
Hellmuth, George 177
Hellmuth, Obata e Kassabaum 247, *247*, 274
Herfolge (Dinamarca): Tinggården e Tinggården 2 184
Hertzberger, Herman 24, 137-8, *250*, 251-3, 274
Herzberg, Hendrikje; *ver* Werkfabrik
Hilmer, Heinz 135, 149-51, *149*, 275
Hilversum (Holanda): Hilversumse Meent 184
Himeji (Japão): Museu das Crianças 105, *106*
Hines, Gerald 247
Hitchcock, Henry-Russell 4
Hodgetts e Fung *112*, 112-3, 275
Hodgkinson, Peter 173
Hofu (Japão): Casa de Blocos de Brinquedo I 151, *152*

Holl, Steven *186*, 188, 195, 196, *197*, 275
Hollein, Hans 21, *22*, 65, 132, 275
Hollywood (Califórnia): Biblioteca Samuel Goldwyn *116*, 116-7, 121
Holt Hinshaw Pfau Jones 98
Holzbauer, Wilhelm 144, *145*, 275
Hopkins, Michael 218, *219*, 275
Hoshino, Furinori 196
Houston (Texas): Casa Chadwick *160*, 161; Galleria 247, *247*; Houston Fine Arts Press 262-3, *263*; Casa Jiménez 160-1, *162*; Galeria Lynn Goode *109*, 109-10; Museu Menil 95; Edifício da administração e da escola juvenil do Museu de Belas-Artes 254
Howard, Ebenezer 9
Huidobro, Borja 237, *241*
Huut, Max van *29*, 30, 271

Imagineers, 58, *58*, 66
Indore (Índia): conjunto residencial Aranya *179*, 179, 181
Ipswich (Inglaterra): Edifício Willis-Faber and Dumas 255, *255*
Irmãos Reichmann 221
Irvine (Califórnia): Universidade da Califórnia 52, *53*
Ishiyama, Osamu 195, 199, 275
Isle of Dogs Self-Build Housing Association 216
Isozaki, Arata 19-21, *21*, 59, 103, 195-9, 251, *251*, 253, 275
Izenour, Steven 14

Jaaskelainen, Paivi *140*
Jacobs, Jane 9, 13, 15, 18
Jahn, Helmut 59, 275
Jaipur (Índia): Museu Jawahar Kala Kendra 105-8, *107*, *108*
Jerde, Jon 74, *74*, 253, 275
Jestico & Whiles 216
Jiménez Carlos 109, *109*, 160-1, *161*, 169, 254, 262-3, *263*, 275

Johnson, Philip 7, 27, 32, *33*, 247, 275
Jones, Inigo 221, *225*
Joyland (Itália) 73
Juniper Hills (Califórnia): Casa Sali 166, *167*
Jystrup (Dinamarca): Savvaerket 184

Kahn, Louis 3, *3*, 14, 99, *102*, 168, *264*, 267-8, 275
Kaplan, McLaughlin Diaz 76, *77*
Kappe, Ray 156, *156*
Karmi-Melamede, Ada 157-8, *159*, 169, 276
Kassabaum, George; *ver* Hellmuth, Obata e Kassabaum
Kaufmann + Partner 143
Keynes, John Maynard 7
Kim, Susie; *ver* Koetter, Kim and Associates
Kleihues, Josef Paul 124-9, 148, 276
Klotz, Heinrich 2
Knippschild, Elmar 135
Koetter, Kim and Associates 223, 276
Kohn Pederson Fox II, 7, 222, *224*, 276
Kollhoff, Hans 150
Koning Eizenberg Architects 189, *190*, 276
Koolhaas, Rem 36, 65, 113, 150, 156, *158*, 195-6, 243, 276
Koolhaas, Teun 24, *25*, 276
Krier, Leon 22, 27, 188
Krier, Rob 132, 135, 277
Kroll, Lucien 170-3, *171*, 177, *178*, 277
Kuroe, Kenneth; *ver* Cavaedium

Labrouste, Henri 111
Laguna West (Califórnia) 185
La Jolla (Califórnia): Instituto Salk 3, *3*, *264*, 267
Landes, Joan 45

Lapena, José Antonio Martínez 237, 277
Larchmont (Nova York): Huxford House 156, *157*
Larson, Magali Sarfatti 2
Las Vegas (Nevada): Las Vegas Library and Discovery Museum (Biblioteca e Museu das Descobertas de Las Vegas) 90-1, *93*
Ledoux, Claude-Nicolas 242
Legorreta, Ricardo 89-90, *90, 248,* 249, 277
Leventhal, David M.; *ver* Kohn Pederson Fox
Lévi-Strauss, Claude 32
Libeskind, Daniel 147
Lima (Peru): Casa Hastings 168
Lisboa (Portugal): Centro Cultural de Belém 42
London Docklands Development Corporation (LDDC) 208-18, 228
Londres (Inglaterra): Burrell's Wharf 216-7; Canary Wharf 207, 215, 221-9, *224, 225*; Cascades 215; Covent Garden 74; Edifício David Mellor 218, *219*; Docklands 42, 69, 82, 147, 207-29, 210-1, 248; Edifício *Financial Times* 218, *220*; Edifício do Lloyd's 257, *258*; Maconochie's Wharf *216*, 217; Masthead Terrace 217; Millpond Estate 217; National Gallery Sainsbury Wing (Ala Sainsbury da National Gallery) 79, 82-4, *83, 86*, 101, 123; Queen's Quay Terminal 222; Storm Water Pumping Station (Estação de Bombeamento de Águas Pluviais) 219, *220*; Torre de Telecomunicações 235
Loos, Adolf 110
Los Angeles (Califórnia): Arco Towers *6*; Beverly Center 74, *75*; Comprehensive Cancer Clinic (Clínica Geral do Câncer) 265, *266*; Fox Hills Mall 73; Hollywood Boulevard 54; Loyola Law School (Escola de Direito Loyola) 10, *10*, Museu de Arte Contemporânea 103; Pacific Design Center 75, *75,* 255 arquivo de cinema da Paramount 98; Praça Pershing 248, *248*; Hotel Prentice 40, *41* Hotel Simone 189, *190* Temporary Museum of Contemporary Art (Museu Temporário de Arte Contemporânea) 98; Biblioteca Towell da Universidade da Califórnia *112*, 112-3; Universidade do Sul da Califórnia 43; Walt Disney Concert Hall 113-7, *115*; Westside Pavilion 74, *74*, 253; conjunto residencial de Willowbrook Glen 189, *190*
Lumsden, Anthony 256-7, 277

Machado e Silvetti *264,* 268, 277
Mack, Mark *164*, 165, 169, 195-6, 196, 277
Mackay, David (MBM Arquitectes) 233, 277
Maldonado, Tomás 5
Mall of America (Minnesota) 72
Manchester (Inglaterra): Arndale Centre 74
Marne-la-Vallée (França) 76, *174*, 175
Martin, Albert C. & Associates *6*, 7
Martorell, Josep (MBM Arquitectes) *233*, 277
Mateo, Josep Lluis 236, 238, 277
Mattè Trucco, Giacomo 204, *204*
Mayne, Thom (Morphosis) 265, 278
McAslan, John; *ver* Troughton McAslan
McCurry, Margaret; *ver* Tigerman
McKim, Mead and White 269
McLeod, Mary 2, 4

Mechur, Ralph 278
Meier, Richard 27, 79, *80*, 103, 195, 278
Mendelsohn, Erich 4, 158
Mérida (Espanha): Museu Nacional de Arte Romana 87, *88*, 235
Metabolistas 8
Miami (Flórida): Residência Spear 21, *22*
Michelangelo 84, 110, 151
Mies van der Rohe, Ludwig 4, 5, 7, 8, 124, 132
Milão (Itália): Monumento a Sandro Pertini 117-22, *118*
Mitterrand, François 237, 242
Mockbee, Samuel 39, *40*, 278
Módena (Itália): Cemitério de San Cataldo 16
Moneo, Rafael 86-7, *87*, *88*, 230, *231*, 234, 278
Monterrey (México): Museu de Arte Contemporânea 89, *90*
Montpellier (França): Quartier Antigone 176
Moore, Charles 19, *20*, 27, 43, 52, 59, *71*, 71-2, 131, 153, 278
Moore, Ruble, Yudell 153
Morphosis 265, *266*, 278
Morris* Aubry 247
Morris, S. I. 247
Morris, William 32
Mortensen, Robert 53
Müller, Cornelia 135
Murcutt, Glenn 98, 278
Murphy, C. F. 8
Museu Municipal de Gunma (Japão) 21, *21*

Napa (Califórnia): Casa Kirlin 165
Nasu Highlands (Japão) 53
Neuhaus e Taylor 247, *247*
Newcastle-upon-Tyne (Inglaterra): Byker Wall 170, 172, *172*
New Haven (Connecticut): Yale Center for British Art (Centro Yale de Arte Britânica) 99, *100*
New Orleans (Louisiana): Piazza d'Italia 71, *71*
New Richmond (Wisconsin): Phillips Plastics Factory (Fábrica de Plásticos Phillips) 259, *259*
Nova Gourna (Egito) 10-1
Nova York: Edifício AT&T 32, *33*, 253; Battery Park City 222; Edifício Seagram 7
Nikolic, Vladimir 137
Nishiwaki (Hyogo, Japão): Museu de Artes Gráficas de Okanoyama 19
Norten, Enrique (TEN Arquitectos) 167, *168*, 281
Norwich (Inglaterra): Sainsbury Centre 98, 257
Nouvel, Jean 65, 237, 243, *244*, 278
Nylund/Puttfarken/Sturzebecher *142*, 143, 278

Obata, Gyo; *ver* Hellmuth, Obata e Kassabaum
Olin, Laurie 223, *248*, 249, 278
Olympia and York 69, 221-5, 227-9
OMA (Office for Metropolitan Architecture) 113, 138-40, 139, 278-9
Orlando (Flórida): Edifício Team Disney *251*, 253 *ver* Disney World
Ortiz Díez, Inigo 236
Ortner, Laurids and Manfred 150
Osaka (Japão): Aeroporto Internacional Kansai 230-2, *231*
Ott, Carlos 237
Outram, John 219, *220*, 279

Pacific Palisades (Califórnia): Casa Kappe 156, *156*
Palladio, Andrea 71, 165
Paris (França): Arco da Defesa 237, *240*, 241-2; Biblioteca da França 113, 240, 243; Biblioteca

Nacional 111; Biblioteca Ste.
Geneviève 111; Disneylândia; *ver*
EuroDisney; Torre Eiffel 242;
Ministério das Finanças 237, *241*,
242; Instituto do Mundo Árabe
237, 243, *244*; Louvre 81, 237,
238, *239*; Museu de História
Natural, Galeria da Evolução 240;
Musée d'Orsay 237; Museu da
Ciência e da Indústria 243; Ópera
da Bastilha 237, 243; Centro
Pompidou 91-110, *94*, *96*, 237;
Villa Savoye 4; La Villette 237
Patkau Associates *97*, 98, 279
Pederson, William; *ver* Kohn
Pederson Fox
Pehnt, Wolfgang 129
Pei, I. M. (Pei Cobb Freed) 221-3,
238, *239*, 237-40, 279
Peichl, Gustav 131, *131*, 279
Pelli, Cesar 75, *75*, 222-6, *225*, 226,
247, 255, 279
Pequim (China): Projeto de Praça de
Habitação de Ju'er Hutong 13
Pereira and Associates 7
Pérez-Goméz, Alberto 32
Perrault, Dominique 240
Pevsner, Nikolaus 4
Piano, Renzo 91-5, *94*, *96*, 143, 204-7, 230-2, *231*, 243, 279
Plater-Zyberk, Elizabeth (D/PZ) 22,
185-6, *186*, 188, 273
Polisano, Lee; *ver* Kohn Pederson
Fox
Polyzoides, Stefanos 22
Pompidou, Georges 237
Pope, John Russell 82
Portland (Oregon): Edifício Portland
27, *28*, 32
Portman, John C., Jr. *6*, 7, 279
Portoghesi, Paolo 19, 27, 279
Portzamparc, Christian de 19, 65,
195, 199, 279
Predock, Antoine 59, 68, *66*, *67*, 90-1, *92*, *93*, *165*, 166, 279

Price, Cedric 5
Princeton (New Jersey): Estrutura de
estacionamento da Universidade
Princeton 268-9, *264*
Prix, Wolfgang; *ver* Coop
Himmelblau
Pugin, A. W. N. 32
Puigdomènech, Albert (MBM
Arquitectes) 233, 278
Purmerend (Holanda) 184
Puttfarken, Christof; *ver*
Nylund/Puttfarken/Stürzebecker

Quintana, Marius 111, *111*, 279

Reichlin, Bruno 18
Reinhardt, Fabio 18
Renwick, James, Jr. 82
Richardson, H.-H. 111
Rius, Francesc 236
Rocklin (Califórnia): Herman Miller
Western Region Manufacturing
and Distribution Facility
(Instalações de Produção e
Distribuição da Região Oeste da
Herman Miller) *260*, 260-2
Rogers, sir Richard 91-4, *94*, *96*,
257, *258*, 279
Rossi, Aldo 9-10, 15-8, *16*, 59, 113-4, *114*, 117-22, 128, *134*, 136,
141, 193-5, *194*, 223, 226, 279
Rotherhithe Community Planning
Centre (Centro de Planejamento
da Comunidade de Rotherhithe)
217
Rotondi, Michael (Morphosis) 265,
278
Rotterdam (Holanda): Villa Patio 157
Ruskin, John 32
Ryan, Mary 45

Saarinen, Eero 5
Saggio, Antonino 158, *160*, 279
Saint-Cloud (França): Casa Dall'Ava
157, *158*

Saint-Quentin-en-Yvelines (França) 175
Salgado, Manuel 42
Salvi, Nicola 71
San Cristóbal (México): Casa Egerstrom 153
Sansovino, Jacopo 110
Santa Helena (Califórnia): Casa Goldman 165
Santa Mônica (Califórnia): Casa Burns 19, *20*, 153; Edgemar Center 78, *78*; Ocean Park Housing Cooperative (Cooperativa Habitacional Ocean Park) 185; Casa Whitney *164*,165
Santiago de Compostela (Espanha): Centro de Arte Galega Contemporânea 87-9, *89*
Santos, Adèle Naudé 192, *192*, 280
São Francisco (Califórnia): The Cannery 203; Ghirardelli Square 203; Hotel Marriott 256
Sattler, Christoph 135, 149-50, *149*, 275
Sauerbruch, Matthias (OMA) 138-40, *139*, 279
Scharoun, Hans 132
Scheine, Judith 166-7, *167*, 280
Schindler, Rudolph 167
Schinkel, Karl Friedrich 71, 81, 98, 102
Schmock, Reinhard 135
Schöneweiss, Gunther 135
Schwartz, Martha 195, 198, 262, 280
Scott Brown, Denise 14, 18, 79, *83*, 83-5, *86*, 123, 169, 282 (Venturi, Scott Brown and Associates)
Scottsdale (Arizona): Casa Winandy 162, *165*
Seaside (Flórida) 188-9, 186-7
Second Isle of Dogs Self-Build Housing Association 216
Sevilha (Espanha): Expo'92 232; Aeroporto de San Pablo 230-2, *231*

Short, John 123
Siedler, Wolf Jobst 125
Silvetti, Jorge; *ver* Machado and Silvetti
Siza, Álvaro 87-9, *89*, 253-4, *254*, 280
Skidmore, Owings & Merrill 7, 8, 221-6, *224*, 229, 236, 280-1
Smerin, Piers *140*
Smith, Alan J., Partnership 217
Snow, Julie 259, *259*, 281
Soane, sir John 85, 102
Solanas, Antoni 111, *111*, 281
Southdale Mall (Minnesota) 73
Spear, Laurinda 21, *23*, 271
Spreckelsen, Johan Otto von 237, *240*
Steidle, Otto *146*, 147, 281
Stein, Clarence 9
Steiner, Ron 196
Stern, Robert A. M. 19, *20*, 27, 59-62, 67, 169, 281
Stirling, sir James 101, *101*, 129, 132-5, 133, *136*, 195, 223, 281
Stitzel, Doug 76
Stout and Litchfield Architectural Partnership *216*, 217
Stürzebecker, Peter; *ver* Nylund/Puttfarken/Stürzebecker
Stuttgart (Alemanha): Neue Staatsgalerie *101*,101-3
Superstudio 8
Sutri (Itália): casa 158, *160*
SWA Group 53
Swiczinsky Helmut; *ver* Coop Himmelblau

Tafuri, Manfredo 32
Taller de Arquitectura; *ver* Bofill
Tebbit, Norman 227
Tel Aviv (Israel): Casa Kauffman 157-8, *159*
Tempe (Arizona): Nelson Fine Arts Center (Centro Nelson de Belas-Artes) 91, *92*, *93*,

TEN Arquitectos 167, *168*, 281
Terry, Quinlan 22, 27
Thatcher, Margaret 211
3D/International 247
Tigerman, Stanley 193, (Tigerman-McCurry Architects) 260, 281
Tonon, Benedict 135
Tóquio (Japão): Century Tower *256*, 257; Clínica de Artrite Fukuhara 266, *267*; Harajuku Illuminacion 193; Sede da SDC *192,* 193; Tokyo Disney 49, 53, 59, 64
Toronto (Canadá): First Canadian Place 222
Torp, Niels *252*, 253, 281
Torres, Elias (Lapena e Torres) 237, 277
Travelstead, G. Ware 221
Troughton McAslan 223, *224*, 281
Tschumi, Bernard 65, 237-40, 281
Turim (Itália): Fábrica Fiat de Lingotto *204*, 204-5
Tusquets, Oscar 195, 236, 281

Ungers, Oswald Mathias 135, 147-50, 281
Utzon, Jørn 5

Valle, Gino 137
Valle de Bravo (México): casas de veraneio Norten 167, *168*
Vandkunsten, Tegnestuevo 184
Vasari, Giorgio 81
Venturi, Robert 9, 14-9, *15*, 27, 60, 65, 82-5, *83, 86*, 123, 128, 151, 153, 169-70, 282
Vibild, Karsten 184
Viena (Áustria): Agência Austríaca de Viagens 21, *22*; remodelação do telhado da Falkestrasse 36, *36*

Vila do Conde (Portugal): Agência bancária Borges & Irmão 253-4, *254*
Volkmann, Axel *144*

El-Wakil, Abdul 163, *163*, 169, 273
Waldhör, Ivo 173, *174*, 282
Washington (Connecticut): Residência Lang *19*, 20
Waterloo (Ontário, Canadá): Canadian Clay and Glass Gallery (Galeria Canadense de Argila e Vidro) *97*, 98
Weeda, Pieter 184
Wehberg, Jan 135
Weil-am-Rhein (Alemanha): Corpo de Bombeiros de Vitra 36, *37*
Weinstein, Edward, Associates 184, 282
Wellesley (Massachusetts): Museu e Centro Cultural Davis 86, *87*
Welton Becket Associates 7, 74, *75*
Werkfabrik *146*, 147, 282
West, Nathanael 54
Wilford, Michael 101, *101*, 132, *133*, 135, 223, 282
Wilkins, William 82, 85
Wimberly, Allison, Tong and Goo 66
Winkes, H. P. e Margaret; *ver* Werkfabrik
Winslow, David *140*
Wolfson, Michael *140*
Wren, sir Christopher 110, 221
Wright, Frank Lloyd 102
Wu, Liangyong 13, 282
Wurster Bernardi & Emmons 203

Yamasaki, Minoru 177

Zenghelis, Elia (OMA) 138, *139*, 278
Zillich, Klaus 135